미인디언은 어떻게 보호구역에 갇히게 되었는가?

지은이	김 다니엘
초판발행	2025년 2월 27일
펴낸이	배용하
책임편집	배용하
편집부	윤찬란 최지우 박민서
등록	제2021-000004호
펴낸곳	도서출판 비공
	https://bigong.org ǀ 페이스북:평화책마을비공
등록한곳	충남 논산시 매죽헌로 1176번길 8-54
편집부	전화 041-742-1424 전송 0303-0959-1424
분류	인디언 ǀ 인권 ǀ 역사
ISBN	979-11-93272-27-5 03360

값 22,000원

미인디언은 어떻게
보호구역에 갇히게 되었는가?

미국 인디언 정책 변천사

김 다니엘
H.Daniel Kim

Ph.D in Intercultural Studies.
Graduate School in Native American Studies(Montana University)

프롤로그 • ⋯ • 15

서론

   1. 인디언이란 호칭에 대하여 • ⋯ • 19
   2. 인디언은 사람인가? 자연노예인가? • ⋯ • 20
   3. 땅의 개념 차이가 불러온 비극 • ⋯ • 23
   4. 시대 구분과 주요 사건 • ⋯ • 25

1. 발견한 자가 임자다

   1. 발견이라니 • ⋯ • 28
   2. 미국이 이어받은 발견의 원리 • ⋯ • 32
   3. 청교도와 발견의 원리/신천지 • ⋯ • 35
   4. 발견의 원리 전사 토마스 제퍼슨 • ⋯ • 43

2. 땅 빼앗기 작전

   1. 발견의 원리 미 영토에 적용 • ⋯ • 47
   2. 땅 빼앗기 시동: 마샬 삼부작 • ⋯ • 50
   3. 미 정부와 원주민의 관계 설정: 보호자와 피보호자 • ⋯ • 54
   4. 인디언 제거 작전 • ⋯ • 56
   5. 작전명을 바꾸다: 명백한 운명 • ⋯ • 62
   6. 대륙 횡단 철도 프로젝트 • ⋯ • 64
   7. 샌드 크리크 대학살 • ⋯ • 65

3. 조약으로 묶어라(1778-1871)

1. 조약시대 • … • 68
2. 조약시대의 종식과 원주민 지위 • … • 74
3. 인디언 예산배정법 • … • 77
4. 조약의 반전: 보유된 권리의 원리 • … • 79
5. 왜 인디언은 그토록 땅 매매를 반대하는가? • … • 83

4. 인디언을 가두라(1850-1887): 인디언 보호구역

1. 인디언 보호구역과 허상 • … • 92
2. 그 땅마저 • … • 98
3. 중대 범죄법 • … • 100
4. 오히려 드러난 인디언 부족 정체성 • … • 105

5. 땅 나누어주기와 동화정책(1887-1934)

1. 토지 일반 할당법: 도스법 • … • 108
2. 토지 경주 • … • 113
3. 인디언 시민권법 • … • 116
4. 메리암 보고서: 연방 인디언 정책의 전환점 • … • 118
5. 연방 인디언 사무국 • … • 123
6. 코벨 대 살라자르 사건 • … • 126
7. 동화정책 • … • 127
8. 기숙학교: 그 안의 인디언을 죽이고 사람을 구하라 • … • 133
9. 론 울프 대 히치코크 사건 • … • 137

6. 인디언을 재조직하라(1934-1953)

1. 인디언 재조직법 • … • 139
2. 알래스카 인디언 재조직법 • … • 147
3. 인디언 청구위원회법 • … • 148
4. 도시 재배치 프로그램 • … • 151
5. 전통 의식의 부활 • … • 152

7. 안 되겠다. 자치권을 빼앗아라-종결과 재배치(1953-1968)

1. 종결과 재배치 •⋯• 155
2. 1956년 인디언 재배치법 •⋯• 157
3. 하원 공동 결의안 108호 •⋯• 159
4. 공법 280호 •⋯• 161
5. 브라이언 대 이타스카 카운티 •⋯• 163
6. 오클라호마 대 카스트로 후에르타 •⋯• 164
7. 종결 정책의 종결과 인디언 자결권의 부상 •⋯• 167

8. 알래스카 및 하와이 원주민의 권리

1. 연방정부 공식 인정 부족 •⋯• 170
2. 알래스카 원주민 •⋯• 172
3. 알래스카 대 베네티 부족 정부 •⋯• 175
4. 하와이 원주민 •⋯• 177
5. 미국 사과 결의안 •⋯• 181
6. 원주민 하와이 정부 재조직법 •⋯• 183
7. 하와이 원주민과 다른 인디언 그룹(본토 인디언 및 알래스카 원주민) •⋯• 184
8. 라이스 대 카예타노 •⋯• 186

9. 드디어 미원주민 자결 시대를 열다(1968-현재)

1. 인디언 자결 및 교육 지원법 •⋯• 189
2. 미원주민 자결 3원칙 •⋯• 191
3. 인디언 시민권리법 •⋯• 195
4. 인디언 아동 복지법 •⋯• 197
5. 여성폭력에 관한 법 •⋯• 199
6. 인디언 게임 규제법 •⋯• 201
7. 이중위험 금지 •⋯• 203
8. 미정부 대 휠러 •⋯• 204

10. 인디언 권리 되찾기

1. 각종 인디언 관련 소송과 의미 •⋯• 207
2. 인디언 토지 청구 합의 •⋯• 210
3. 인디언의 땅에 대한 이해와 미래적 관점 •⋯• 211
4. 대법원의 역할과 미래 방향 •⋯• 213
5. 미 원주민 권리 기금 •⋯• 221
6. 인디언 토지 소유권 분쟁 •⋯• 222
7. 권리 행사 지연의 법칙 •⋯• 224
8. 미 원주민의 시민 운동 •⋯• 226
9. 고스트 댄스와 운디드 니 학살 사건 •⋯• 228
10. 유엔 원주민 권리 선언 •⋯• 229
11. 오늘날의 원주민 저항 사건 231
12. 미국의 원주민 사과: 역사적 맥락과 의의 •⋯• 234
13. 보상 문제의 공론화와 최근 원주민 저항 운동 •⋯• 237

11. 미인디언 의식 및 종교자유

1. 미인디언의 영적 전통 •⋯• 241
2. 코스모 비전 •⋯• 245
3. 어머니 지구 •⋯• 247
4. 대정령 •⋯• 251
5. 신성한 장소 •⋯• 253
6. 미국 원주민 묘지 보호 및 반환법 •⋯• 257
7. 미원주민 종교 자유법 •⋯• 259
8. 종교 자유 회복법 •⋯• 262
9. 종교계의 반성과 사죄 •⋯• 263

12. 미 정부-미 인디언 신탁관계

1. 신탁 원칙 •⋯• 269
2. 연방권력의 해석 •⋯• 272

13. 풀어야 할 숙제(현행 이슈)

　1. 연방 인디언법의 재검토를 위하여 ·…• 285
　2. 미원주민의 식량 시스템 ·…• 286
　3. 인디언 물 권리 해결 ·…• 294
　4. 미원주민 공동체의 교육 문제 ·…• 301
　5. 보호구역에서의 범죄문제 ·…• 306
　6. 원주민 건강 격차와 건강 평등 ·…• 308
　7. 예술과 스포츠 분야에서 원주민 이미지 왜곡 문제 ·…• 311

부록

　1. 전권의 해석법 ·…• 316
　2. 연방정부 신탁책임 명령 3335호 ·…• 320
　3. 범죄 관할권 차트 ·…• 323
　4. 법률 원칙 ·…• 326
　5. 인디언 토지 구분 ·…• 329
　6. 미국 독립선언서에 반영된 미원주민 ·…• 334

　에필로그 ·…• 341
　참고문헌 ·…• 345

… 목화밭에 주저 앉아 한없이 서럽게 울었다. 하루 종일 땡볕에서 죽을 고생하면서 목화를 따는 흑인들을 채찍으로 때려가며 생산을 독려하던 농장주들이 그나마 쉬는 휴일 그들에게 깨끗한 옷을 입혀 데리고 간 곳이 교회란다. 주일 날 교회에서 180도 변신하여 인자한 웃음으로 사람들을 대하며 웃던 자신들의 주인들에게 '그렇게 믿지 마세요' 하며 만든 찬양, "신자되기 원합니다." '나는 참 신자가 되렵니다, 저들처럼 안되기를 …' 외로울 때마다 목화밭을 찾아 이들이 부른 이 영가를 나도 따라 불렀다.

쇠사슬에 묶여 팔려온 이들,
살덩이로 삽을 삼아 척박한 땅을 갈아 엎으니
봄마다 어김없이 피어오르는 그 목화꽃은 마치 그들의 혼처럼,
땅 위에서 다시 깨어나 고요히, 그러나 영원히 그 자리를 지킨다.

〈에필로그〉 중에서

프롤로그

  인디언이라니. 미국 원주민들은 유럽인의 도래 이후 지속적인 억압과 착취의 대상이 되었다. 교황 및 스페인 왕실의 합작으로 만들어진 콜럼버스의 신대륙 발견이라는 얼토당토않은 선언으로 원주민들은 졸지에 투명인간 신세가 되었고, 그들이 오랫동안 살아온 땅은 마치 무주공산처럼 간주되었다. 이러한 배경 아래 "발견의 원리(Doctrine of Discovery)"가 도입되었고, 유럽 열강은 이를 근거로 원주민의 땅을 자신의 소유로 선언하며 그들의 존재와 권리를 무시했다. 이 원리는 이후 미국 정부에 계승되어, 신대륙 개척이라는 명제를 내세운 채 원주민의 주권을 부정하고, 대규모 토지 약탈을 정당화하는 수단으로 작용하였다.

  미국 정부는 미원주민에 대한 정책을 화려한 법 기술로 조작하고 변형함으로써 원주민의 자치권을 제약하고 그들의 정신을 혼란스럽게 만들었다. 정부는 원주민을 보호구역으로 몰아넣었으며, 강제 동화와 신탁 정책을 통해 그들이 자신의 땅과 삶을 잃게 만들었다. 또한, '명백한 운명(Manifest Destiny)'과 같은 구호 아래 원주민들을 그들의 터전에서 쫓아내고, 신탁 관계를 이용해 그들의 자산을 관리·통제하면서, 이들에게 많은 고통과 어려움을 안겼다 .

  청교도들은 신의 사명을 실현해야 한다는 주장 아래 새로운 땅을 정복하는 행위를 신성시하며 원주민을 야만인으로 규정하였다. 이러한 인식은 청교도 이후에도 여전히 남아, 인디언 강제 이주법(1830) 등 다양한 정책의 형태로 나타났다. 이와 같은 정책의 결과, 원주민들은 자신의 삶의 터전에서 밀려나 보호구역에 갇히게 되었고, 그 과정에서 오랜 세월에 걸쳐 정신적·문화적 손실을 입으며 강제 동화의 압박을 받았다 .

그러나 미국 정부의 지속적인 억압과 탄압 속에서도 원주민의 혼은 결코 사라지지 않았다. 강제로 갇힌 보호구역에서 그들의 혼은 결코 갇히지 않았으며, 어머니의 품과도 같은 이 땅에서 황망히 죽어간 조상들의 혼은 후손들이 마침내 따뜻한 보금자리를 되찾을 때까지 지켜보고 있을 것이다.

이 역사적 책임은 더 이상 그들만의 문제가 아니다. 미국 정부의 불공정한 정책과 사회적 편견으로 원주민들은 심각한 문화 훼손과 정체성의 위기를 겪어야 했고, 이는 결국 우리 사회 전체가 해결해야 할 문제로 인식되어야 한다.

오늘날 우리는 "우리도 인디언이다"라는 마음으로 원주민들이 감내해온 불의와 고난을 바로잡아야 한다. 미국 원주민들이 겪어온 역사적 고통을 외면하지 않고, 그들의 아픔과 함께하며 연대함으로써 미국 사회의 진정한 정의와 평등을 실현할 책임이 우리에게 있다.

2024년 추수감사절 그들의 터전에 서서.

미인디언은 어떻게 보호구역에 갇히게 되었는가?

부제: 미연방정부의 인디언 정책 변천사

서론

1. 인디언이란 호칭에 대하여

인디언은 어디에 사는 사람들을 말하는가? 공식적으로 말하자면 인도 공화국 시민이거나 해외에 나가 사는 그 뿌리를 가진 사람들을 말해야 할 것이다. 그러나 실제로 인디언이라는 이름으로 살고 있는 사람들이 전 세계에 걸쳐 많이 있다. 콜럼버스가 착오를 일으켜서 붙인 이름 인디언. 이게 역사를 만들면서 미 원주민이 아메리칸 인디언이 되었고 남미의 원주민이 인디오로 불리게 되었다. 1960-70년 사이 일어난 미 원주민의 자각과 시민운동으로 그들의 아이덴티티에 대한 재정립을 하는 과정에서 자신들이 미 대륙에 선재적인 존재이므로 "Native Americans"으로 불러 달라는 측과 400년 이상 그렇게 불리운 자신들의 고유한 역사가 담긴 표칭이므로 그냥 "American Indians"로 불러 달라는 부류로 나뉘게 되었다. 아예 그냥 원주민("Indigenous people")로 쓰자는 부류도 있다. 아울러 특정 부족을 일컫는 경우에 그 부족 명칭을 붙여 쓰는 예가 늘어나고 있는 실정이다.

미국 공식 문서에서는 두 가지 이름을 혼용하여 쓰고 있으며 특정한 호칭을 선호하지 않는다. 다만 미국 인구 센서스에는 "아메리칸 인디언과 알래스카 원주민"(American Indian and "Alaska Native")으로 사용하고 있다. 1) 한편 캐나다에서는 아

---

1) 아메리칸 인디언은 미대륙 정복과정에서 마주했던 원주민이고 이누이트 등 북극권의 아메리카 원주민들은 인디언으로 불리지 않는다. 그것은 일반적으로 미 대륙에 거주하는 원주민과는 대조적으로 유럽인들에게 훨씬 늦게 노출되기도 했고 문화 또는 매우 다르기 때문이다. 또 미연방에 가입 역시 매우 늦은 시기에 했기 때문에 호칭 자체를 알라스카 원주민으로 부른다. 미원주민법에 "아메리칸 인디언과 알라스카 원주민"이라고 부르며 하와이 원주민을 배제한 이유는 아직까지 하와이 원주민은 미연방이 공식적으로 인정한 미원주민이 아니기 때문이다.

예 인디언이라는 뉘앙스를 배제하고 그들의 주권을 인정하여 "First Nations"라는 용어를 채택했다. 이 저서에서는 여러 가지 용어를 필요에 따라 선택적으로 사용한다는 것을 미리 밝혀둔다.

남미의 원주민을 스페인어로 "인디오"라고 부르는 게 일반적이나 이들 역시 이제는 영어의 "Indigenous People"에 해당하는 스페인어 "pueblos indígenas" 이름을 선호한다. 한편 필리핀이 스페인의 식민 지배를 받던 시절 식민 행정에서 공식적으로 필리핀의 오스트로네시아계 토착민을 '인디오'(Indio)라 부르기도 했다. 원주민들이 가장 원하는 호칭은 나바호 부족민 체로키 부족민과 같이 자신들의 정체성을 담은 출신 지역 주민으로 불러달라는 것이다.

2. 인디언은 사람인가? 자연노예인가?

−Valladolid Debate(바야돌리드 논쟁)

인디언은 사람인가? 라는 제목을 보고 이게 무슨 말도 안 되는 타이틀을 달았는가? 되묻는 독자가 있을지도 모르겠다. 하지만 이 토론 제목은 역사적 사실이다. 즉 바야돌리드 토론(Valladolid Debate)이 그것이다. 1550년부터 1551년에 스페인의 바야돌리드(Valladolid)에서 열린 토론으로 그들이 발견한 신대륙에 사는 인디오(아메리카 원주민)들의 대우와 그들의 인간성에 대한 문제를 논의한 역사적인 사건이다.

원주민들이 스페인 식민지 통치자들에 의해 강제노동에 동원되거나 잔혹하게 살해당하는 등의 참상이 스페인 사회에 알려지면서 큰 논란이 발생하자 스페인 국왕 카를로스 1세가 진상 조사를 명하였고 그와 더불어 토론회를 개최하였다. 주된 의제는 신대륙의 원주민(인디오)들이 인간으로서의 권리를 갖고 있는지 아니면 '자연노예'로 간주되어도 되는지에 대한 논의였다. 또 천주교 개종으로 식민화가 정당화되는지 여부 그리고 백인 식민자들과 신세계 원주민들 간의 관계 같은 것이었다.

이 토론에서 두 입장이 극명하게 갈렸다. 두 입장을 대표하는 인물로 스페인의 석학인 후안 세풀베다(Juan Gines de Sepulveda)와 도미니코회 수사인 바르톨로메 데 라스 카사스(Bartolomé de las Casas)가 있었다.

세풀베다는 인디언들은 본질적으로 "자연노예"(Natural Slaves)이기 때문에 그들을 노예로 부리는 것은 매우 정당한 행위다 라고 주장했다. 세풀베다는 사람들은 철저하게 "자연법"을 지켜야 한다고 주장하면서 자연법에 의하면 문명화된 인간과 그렇지 않은 존재가 있다면서 인디언들은 자연법에 의하면 인간을 섬기도록 생겨난 존재라는 것이다. 그가 인디언을 "야만인"(savages)이라고 불렀으나 그 말의 의미는 사실 인간이 아니라는 의미였다.[2]

라스 카사스는 세풀베다의 자연노예 주장에 대하여 원주민의 "자연권리"(Natural Right)를 옹호하며 이들이 오히려 세풀베다가 주장하는 자연법에 의해 태어날 때부터 이성을 가진 존재로서 어떤 다른 사람들과 똑같은 권리를 가진 존재라고 강조했다.[3]

세풀베다가 주장하는 자연법은 매우 유물사관적 사고로서 이미 세상에 문명인과 야만인으로 존재하고 있다는 사실이 자연의 이치라는 것이고 라스 카사스가 대응하는 자연권이란 사람은 태어나면서 동등한 인권과 권리를 가지고 태어난다는 천부인권론을 주장한 것이다.

토론회 결과 서로가 이겼다고 주장할 만큼 뚜렷한 결말은 나지 않았지만 식민지의 실상을 폭로하여 세상에 주의를 환기시켰다는 큰 의의가 있다.

라스 카사스는 그의 저서 아폴로지아[Apologia]에서 참상을 이렇게 폭로한

---

2) Fernández-Santamaria, J. A. (1975). Juan Ginés de Sepúlveda on the Nature of the American Indians. The Americas, 31(4), 434-451. https://doi.org/10.2307/980012

3) Ronald Perez · 2020 "Las Casas' Articulation of the Indians' Moral Agency." Hunter College CUNY.

바 있었기 때문에 많은 국민들의 공분을 일으켰고 결국 국왕까지 나서게 된 것이었다.

> "그들은 사람들 사이로 뚫고 들어가 어린이건 노인이건 임신부건 가리지 않고 몸을 찢었으며 칼로 베어서 조각을 냈다. 울타리 안에 가둔 한 떼의 양을 습격하는 것과 다를 바 없었다. 그들은 끼리끼리 그들 가운데 누가 단칼에 한 사람을 두 동강 낼 수 있는지 창으로 머리를 부술 수 있는지 또는 내장을 몸에서 꺼낼 수 있는지 내기를 걸었다. 그들은 갓난아기의 발을 잡고 엄마의 젖가슴에서 떼어내 머리를 바위에다 패대기쳤다. 어떤 이들은 아기의 어깨를 잡고 끌고 다니면서 놀리고 웃다가 결국 물속에 던져 넣고 "이 작은 악질 놈아! 허우적거려 보라!"고 말했다.… 그들은 또 구세주와 12사도를 기리기 위해 13개의 올가미를 만들어 원주민 13명을 매달고 그들의 발밑에 모닥불을 피워 산 채로 태워 죽였다."4)

원주민에 대한 이런 논쟁은 유럽에서만 있었던 것이 아니고 그 사상이 고스란히 미국으로 건너와 미국이 원주민 땅을 강탈할 때 법적으로 내세웠던 논리이기도 하다. 세풀베다가 원주민에 대해 썼던 단어 "야만인(savage) 열등한(inferior) 야수적(barbarian) 비문명적(uncivilized)"이란 단어가 그대로 미정부가 미원주민과 맺은 조약이나 각종 인디언 관계법에 들어 있을 정도니 미국 정부가 미인디언을 바라본 시각이 어떠했는지 명확하게 말해 준다. 5)

---

4) 주경철 〈대항해시대〉 서울대학교 출판사 2008. p.65
5) 가장 비근한 예가 Johnson v. McIntosh(1823) 판례에서 인디언을 "야생의 야만인"(wild savage)이라 표현하였고 이런 류의 언어가 곧 이어 무역과 교류법(the Trade and Intercourse Act of 1834)에 반영되었다.

3. 땅의 개념 차이가 불러온 비극

인디언들의 땅에 대한 개념과 유럽인들의 땅에 대한 개념

그리고 기독교인들의 땅에 대한 개념

지금 세상에서 땅은 부의 축적 수단이다. 어쩌다 땅이 부의 축적 수단이 되어 극히 일부분만이 소유할 수 있는 재물이 되었을까? 이제는 일반인들이 마음껏 밟아 볼 수도 없는 땅이 대부분이다. 주거 침입이 아니면 출입 금지된 국가 소유의 땅이 대부분이다. 사실 사람들이 다니는 땅도 겨우 허가받고 다닐 뿐 통제하면 다닐 수도 없는 교통 통제 구역들이다.

이 땅에 처음 거주했던 원주민들은 미 원주민들뿐 아니라 세계 어느 곳에 존재하던 원주민들에게도 땅을 소유한다는 개념 자체가 없었다.

유발 하라리의 주장은 꽤 설득력이 있다. 즉 호모 사피엔스에게 인지 혁명이 일어나면서 함께 살아가던 지구의 생태계에 균형이 깨지고 말았다. 인간이 등장함으로써 최상 포식자가 되었을 뿐 아니라 인간들이 새로 개척하는 땅을 밟을 때마다 그 땅에 이미 존재하던 대부분의 생물이 멸종하게 되었다.

그러다 농업 혁명이 일어나면서 인류에게는 획기적인 삶의 변화가 생기게 되었다. 더 이상 먼 곳을 다니며 목숨을 걸고 사냥을 하러 다니지 않아도 되었다. 땅에 재배하는 각종 곡식으로 안정된 삶을 영위할 수 있었고 노동의 강도를 줄이기 위해 소를 가축화하는 데 성공했다. 요즘 말로 말한다면 이제 여유 있는 삶을 위한 기반을 닦은 셈이다. 농업 혁명은 인류에게 행복을 가져다 준 천우의 기회였다.

하지만 문제는 농업 혁명 전 수렵 시절에는 없었던 비극이 하나씩 하나씩 생겨나기 시작했던 것이다. 즉 농업 혁명으로 안정적인 식량 공급은 가능해졌으나 계급 사회가 만들어지고 상류 계급의 착취로 농부들은 농업 혁명 이전보다 더 열악한 생활을 했다는 것이다. 그래서 유발 하라리는 농업 혁명을 가리켜 역

사상 최대의 사기 사건이라고 규정했다. 6)

이때부터 사람들은 땅을 소유하기 시작했고 땅은 부를 축적하는 수단이 되었고 땅은 다른 사람의 노동을 빌린다는 구실로 계급 사회를 만들었다. 이전에는 상상하지도 못한 세계가 펼쳐진 것이다.

수렵 시대와 농경 시대의 가장 큰 차이는 잉여 생산과 저장(축적)이라는 새로운 패러다임이 도출된 것이다. 그러나 이 패러다임은 인류에게 고통과 아픔을 주는 원죄가 되어 버렸다.

일용할 양식을 나누어 먹던 공유 사회가 땅을 통해 잉여 생산물을 만들어 쌓아 놓으면서 부가 편향적으로 쌓이기 시작하였고 지주와 소작농의 슬픈 계급이 생겨난 것이다. 이때부터 땅은 부를 축적하는 수단이 된 것이다.

이런 생각은 대항해 시대를 주도한 스페인/포르투갈과 그 바통을 이어받은 유럽 제국주의들이 전 지구적으로 이식했다. 그 중심에 기독교가 있었다.

우리가 아는 대로 콜럼버스가 식민지 시대의 문을 열게 된 열쇠는 교황 알렉산더 6세가 공포한 칙서다. 이 칙서가 새로 발견하는 모든 땅들을 손에 넣는 황금열쇠 구실을 하게 된 것이다. 문제는 이때부터 지구상의 모든 땅이 투기의 대상이 되었다는 데 있다.

기독교의 대사명이 "생육하고 번성하여 땅에 충만하고 땅을 정복하는 것"이라는 것이다 (창세기 1:28). 따라서 처음부터 땅은 정복하고 확장할 대상이라는 것이다.

이런 생각은 미 원주민들이 가지고 있던 생각과는 너무나 거리가 먼 것이어서 땅을 빼앗고자 덤비는 무리들에게 속수무책일 수밖에 없었다.

미 인디언들에게 땅(대지)이란? 미 인디언의 후손이자 노벨 문학상 수상자인 폴라 앨런은 말한다.

---

6) 유발 하라리 저(著) 조현욱 역(譯) 「사피엔스」 김영사, 124쪽.

"우리가 땅이다. 우리가 지구의 마음인 것처럼 지구는 우리들의 마음이다. 땅은 우리 자신과 별개로 존재하는 우리가 행동하는 장소가 아니다. 또 그것은 생존의 수단이나 우리 일의 배경이 아니다. 땅은 오히려 우리 존재의 일부이며 역동적이고 중요하고 실제적인 것이다. 땅은 우리 자신이다."[7]

사람이 땅인데 누가 누굴 판단한단 말인가! 그들의 생각을 지구인들의 삶의 철학으로 삼았다면 지금처럼 처참한 자연파괴와 빈부격차가 일어났을까?

4. 시대 구분과 주요 사건

미 원주민의 역사를 시대 구분하는 데 학자들 간에 약간의 차이가 있다. 본서의 저술 방식과 내용은 윌리엄 캔비(William Canby)의 시대 구분을 따르기로 한다.[8]

식민지 시대부터 1820년까지:

왕실 포고령(Royal Proclamations 1763): 식민지 확장과 원주민 부족들과의 상호 작용을 통제하는 영국 왕실의 지시

발견의 원리(Doctrine of Discovery): 발견에 근거한 영토 주장을 정당화하는 유럽의 법적 개념.

인디언 강제 이주 (1820-1850):

체로키 네이션 대 조지아(Cherokee Nation v. Georgia 1831): 부족들을 "국내 종속 국가"(Domestic Dependent Nation)로 규정.

---

7) Allen Gunn, Paula. "We Are the Land." Native American Literature An Anthology. Ed. Marisa L'Heureux. Contemporary Group Inc. ,1999. 191-192. 한국말 번역은 저자가 한 것임.

8) American Indian Law in a Nutshell (Nutshells) 6th Edition (William Canby Jr)의 분류에 따름.

우스터 대 조지아(Worcester v. Georgia 1832): 인디언 문제에 대한 연방 권한을 확인하고 주의 관할권을 제한.

인디언 강제 이주법(Indian Removal Act 1830): 미시시피 강 동쪽의 부족들을 서부 지역으로 이주시키도록 승인.

인디언 보호구역 (1850-1887):

보호구역 제도(Reservation System): 부족들을 종종 바람직하지 않은 위치에 지정된 보호구역에 배치.

조약 체결 시대(Treaty-Making Era): 미국 정부와 부족들 간의 수많은 조약 체결, 종종 토지 양도를 포함.

할당과 동화 정책 (1887-1934):

도스법(Dawes Act 1887)과 할당 정책(Allotment Policy): 부족 토지를 개인 구성원에게 할당하여 동화를 촉진, 결과적으로 부족 토지 소유권의 상당한 상실 초래.

동화 정책(Assimilation Policy): 원주민의 미 주류 사회 편입 시도.

인디언 재조직과 보존 (1934-1953):

인디언 재조직법(Indian Reorganization Act 1934): 할당 정책 종료, 부족 자치 정부 촉진, 부족 헌법 인식.

종결과 재배치 (1953-1968):

종결 정책(Termination Policy): 부족과 연방 정부 간의 특별 관계를 종료하려 함.

재배치 프로그램(Relocation Program): 원주민들이 보호구역에서 도시 지역으로 이동하도록 장려.

부족 자치 결정권 (1968-현재):

인디언 자치 결정권 및 교육 지원법(Indian Self-Determination and Education Assistance Act 1975): 부족들이 그들의 교육 및 사회 서비스 프로그램을 더 많이 통제할 수 있도록 허용.

인디언 게임 규제법(Indian Gaming Regulatory Act 1988): 인디언 땅에서의 게임에 대한 구조를 수립하여 많은 부족들에게 중요한 경제적 부양 제공.

1. 발견한 자가 임자다

1. 발견이라니

콜럼버스가 신대륙을 발견했다는 말을 고금동서의 진리로 받아들였던 세대들은 그 명제에 대해서 의문을 제기해 보지 않고 살아왔다. 그 이유는 콜럼버스와 정서상 동일체이기 때문이다. 그를 통해 얻게 된다는 탐험심이라는 인성 고양 교육이야 허울 좋은 가면일 뿐 모두가 그 배에 함께 타고 싶은 로망이 있었다는 말이다. 그러나 콜럼버스가 발견했다고 하는 땅에 살았던 사람들의 입장에서 생각해 본 적이 있는가? 하루아침에 날벼락이라더니 어찌 그럴 수가 있을까? 어느 날 평화롭던 어촌에 이전에 보지 못했던 어마어마하게 큰 배가 들어왔으니 신기하기도 하고 겁도 나고 했을 것이다. 그러나 원주민들은 그들에게 물과 먹을 것을 대접하고 마을 이곳저곳을 구경시켜 주었다. 선원들은 향신료를 찾았다. 원주민들은 집에 있는 것을 꺼내 주었다. 그들은 대단히 만족하였다. 또 금과 은을 찾았다. 금과 은이 나는 곳을 알려 주었다. 그날 저녁 주민들은 손님들을 위해 큰 파티를 열고 함께 춤을 추며 그들을 환대했다. 다음 날 아침 총소리에 화들짝 놀라 밖으로 나가 보니 그들이 주민들을 모두 강제로 집합시키며 금과 은을 캐오라며 강제노동을 시켰다. 그들은 본국에 보고서를 작성했다. "황금과 향신료가 가득한 새 땅 새로운 섬을 발견했습니다. 이제 곧 배에 가득 싣고 폐하께 갖다 드리겠습니다." 이 보고마저 거짓이었다. 실제로 콜럼버스의 1차 항해 일지에는 많은 양의 금과 향신료를 찾지 못해 실망으로 가득 찬 넋두리를 적고 있다.

발견을 했다니? 이 선언은 무서운 계략이 숨어 있는 말이다. 첫째는 자기들이 발견했으니 자기 것이라는 말이다. 자신들이 발견한 땅은 그 전에 그 누구도 살지 않았을 뿐더러 그 누구도 소유권을 주장하지 않았기 때문이라는 것이다. 그런데 문제는 그 땅에 사람이 살고 있었다. 그렇게 해서 짜낸 계략이 그들은 사람이라고 말할 수 있는 문명화된 존재가 아니기 때문에 그 땅을 소유할 권리가 원초적으로 그들에겐 없다는 것이다. 둘째는 그렇게 주장할 법적 또는 윤리적 근거가 국제적으로 존재하지 않았기 때문에 그런 국제적인 선언을 만들어 낼 필요가 있었다. 아무튼 세계를 장악하려는 자들에겐 어떤 논리와 권위가 필요했던 것이다. 이렇게 해서 만들어진 것이 발견의 원리다. 당시 세계의 제일 권력자가 교황이었으니 교황의 선포가 중요했던 것이고 교황의 선포는 신학적 논거를 포함해야 할 것이므로 억지로라도 그 근거를 만들어 냈던 것이다. 지금이야 말하자면 억지를 넘어 추악한 발상이라고 비난할 수 있겠지만 당시 기안자들은 아마 위대한 생각의 발견이라고 무릎을 쳤을 것이다. 그러므로 발견의 원리는 차라리 발명이라고 하는 게 맞다. 그들은 애초부터 신천지 발견을 위해 자신들의 생각부터 발명부터 했던 것이다. 혁신적인 생각을 발명한 셈이다.

콜럼버스가 신천지를 발견했다는 보고를 듣고 많은 돈을 들여 콜럼버스를 공식적으로 파견한 포르투갈에서는 그 땅을 포르투갈 땅이라고 선언했다. 이에 당시 라이벌인 스페인에서 항의를 하며 이 문제를 교황에게 가져갔다. 당시 교황의 의견이야말로 전 세계를 통치하는 신적 원리가 되는 것이므로 교황의 선언이야말로 공식적인 법이 되는 셈이기 때문이다. 이에 교황인 알렉산더 6세는 칙령을 발표했다. 그 칙령이 바로 인테르 캐테라 칙령(Inter Caetera 1493)이다. 9) 이 칙

---

9) Inter caetera divina. 번역하면 '다른 것보다 신성한'이라는 뜻이다. 이 칙령에 앞서 1452년 니콜라스(Nicholas) 교황이 둠 디베르사스(dum diversas) 교서를 발표하면서 발견의 원리가 시작되었다. 이 교서는 "기독교" 국가들이 "이교도" 민족들보다 우선적으로 법적 소유권을 주장할 수 있다는 원칙을 암암리에 주입시켰다. 이 법은 1455년 로마누스 폰티펙스(Romanus Pontifex) 교서를 통해 재천명되었다. 이후 1493년 인테르 캐테라(Inter Caetera) 교서를 통해 국제

령은 그야말로 왕실과 교황이 윈윈하는 동상이몽이 밀착한 환상궁합의 칙령이 되었다. 왜냐하면 왕실이야말로 세계를 정복할 야망을 실현할 수 있고 교황으로서도 이들을 통해 힘들지 않고 세계를 기독교화 할 수 있는 선교정책을 수립한 셈이 되는 것이니까.

인테르 캐테라(Inter Caetera 1493) 알렉산더 6세 교황 칙령의 배경을 살펴보자. 교황 알렉산더 6세는 한 해 전 콜럼버스가 발견한 아메리카 대륙의 소유권에 대한 칙령을 발표하였다. 이 칙령의 내용은 콜럼버스가 발견한 땅은 이 전에 다른 사람들이 발견한 바 없으므로 당시 스페인 국왕인 페르난도(Ferdinand II)와 여왕 이사벨(Isabella)에게 속한다. 10) 그리고 이후로 발견한 땅에 대하여는 이전에 기독교인이 소유한 땅이 아닌 모든 땅은 새로 발견한 땅으로 간주하며 스페인의 소유로 한다는 것이다. 그리고 자세한 가이드라인까지 제시하였는데 남극과 북극을 잇는 선을 기준으로 유럽으로부터 100리그11) 떨어진 곳에 선을 긋고 그로부터 서쪽의 모든 땅은 발견할 시 스페인 소유로 한다는 것이다. 이 칙령은 하나님의 권위를 실어 발표하였는데 앞으로 발견할 모든 땅은 하나님이 스페인에게 부여한 신성하고도 찬양 받아야만 할 과업으로서 기독교 왕국을 팽창시켜 나갈 중대한 미션을 부여한다고 부연하였다. 이 칙령의 중심 사상이 바로 발견의 원리(Doctrine of Discovery)다.

그렇다면 발견의 원리가 무엇이기에 도깨비 방망이가 되었을까? 이 칙령의 결론은 기독교인들이 "발견한"("discovered") 또는 "발견할" 땅("to be discovered")을 스페인 소유로 한다는 것이다. 12) 이 발견의 원리가 지니고 있는 함의는 다음과 같다.

적인 원리로 기반을 잡는다.

10) 당시 스페인 왕국은 두 왕가가 두 나라로 나누어 통치하였다. 카스티야 왕국은 이사벨이 아라곤 왕국은 페르난도가 통치하였다. 둘은 6촌 관계지만 교황의 특별허락을 받아 결혼하였고 결국 두 왕국을 통합하였다.

11) 정확히는 Azore islands로 부터 100리그. 1리그는 약 4km다.

12) Pope Alexander VI. Demarcation Bull Granting Spain Possession of Lands Discovered by Columbus, Rome, May 4, 1493. English Translation. Translation copied from http://www.

기독교인이 아닌 사람은 토지를 소유할 자격이 없다.

문명화 되지 않은 사람은 진정한 인간으로 볼 수 없다.

따라서 그들이 거주하고 있는 땅이라 하더라도 무주공산("terra nullius")으로 본다.

교황의 주장에 따른다면 가톨릭 신앙은 언제 어디서나 흥왕하고 높임을 받아야 하며 교도들은 마땅히 돌봄을 받아야 하지만 신도가 아닌 야만인들은 진정한 믿음으로 인도되거나 아니면 뿌리 뽑혀져야 한다. 이런 논지를 가지고 교황은 콜럼버스에게 다음과 같이 명령했다.

"아직 알려지지 않은 어떤 나라나 섬들이라도 지금부터 당신들의 항해로 발견되는 땅들은 그 땅들이 기독교인들이 주인이 되어 실제적으로 거주하고 있지 않는 땅이라면 당신들이 그땅뿐 아니라 거기 속하는 마을, 도시, 캠프와 더불어 관할권, 행정권, 사법권까지 권리를 가질 것이다. 우리는 이제 당신들을 앞으로 발견할 땅에 대하여 완전하고도 자유로운 권리와 권위 그리고 모든 종류의 사법권을 갖는 영주로 임명한다. 또 이 기독교인들이 발견한 이 땅에 대한 권리는 취소되거나 박탈당할 수 없다."[13]

이렇게 하여 콜럼버스는 교황으로부터 도깨비 방망이를 선물로 받고 항해를 떠난다. 이제 가는 곳마다 밟는 땅마다 도깨비 방망이를 한번 휘저으면 자기 땅으로 변하게 된다. 그러나 무주공산을 어찌 한 나라가 독차지 하도록 두겠는가? 당시에는 세계 지배를 위한 해양권을 두고 스페인과 포르투갈이 치열하게

---

catholic-forum.com/saints/pope0214a.htm.

13) Robert Miller. 2006. *Native America, Discovered and Conquered*. p.15.

경쟁하고 있었다. 스페인에 의해 선점된 발견권에 대해 포르투갈이 공식적으로 이의를 제기하고 소유권을 나누어 갖자고 해서 맺어진 조약이 토르데시야스 조약(Tordesillas 1494)이다. 이 협상에 의해 교황 알렉산더 6세는 가이드라인을 조정하였는데 새로운 라인은 케이프 베르데섬(cape verde islands)에서 서쪽으로 370 리그까지로 기존 영역을 조정하였는데 이는 포르투갈이 신대륙으로 진출할 교두보를 삼기 위해 스페인과 협상을 벌인 결과였다.

그 결과 그어진 선이 남미대륙의 동쪽 지금의 브라질 땅을 살짝 걸치게 되었다. 따라서 조약에 따라 포르투갈은 브라질 땅을 소유하게 되었고 나머지 남미의 땅들은 모두 스페인 차지가 된 것이다. 결국 지금까지도 브라질은 포르투갈어를 사용하고 다른 모든 남미국가들은 스페인어를 사용하게 되는 결과를 낳았다. 와! 이런 언어도단이 어디 있을까? 이미 발견한 땅을 넘어 앞으로 발견할 모든 땅까지 자신들의 땅으로 한다니. 기독교인들만이 땅을 소유할 자격이 된다고 못 박았으니 당시 기독교인들이란 자신들만의 종교일 뿐 다른 세상의 종교가 아니기 때문에 사실상 지구의 모든 땅을 자신들의 땅이라 못 박은 셈이다. 이런 웃지 못할 선언이 그 이후로 세계 침탈의 라이선스로 쓰였으니 누가 그들에게 면허를 주었단 말인가? 물었더니 그것은 바로 신으로부터 부여 받은 권리라 했다. 그리하여 교황의 어줍잖은 "발견" 선언으로 세계는 땅 따먹기 경쟁에 돌입하게 되었다.

2. 미국이 이어받은 발견의 원리

영국 역시 미 대륙에 식민지법을 시행하면서 발견의 원리를 적용하였다. 가장 먼저 이 원리를 적용해 미 대륙의 소유권을 주장한 예는 1622년 영국 버지니아 회사 회의록에 나타나 있다. 14)

---

14) 버지니아 회사(Virginia Company)는 제임스 왕으로 부터 권리를 부여 받아 영국의 무역을 주관했던 회사다.

"식민지는 이미 1497년 카봇(John Cabot)이 영국 왕 헨리 7세의 명에 의해 미 대륙

을 탐험하여 처음 발견했으므로 왕의 소유가 된다." 15)

그리고 왕립 선언(Royal Proclamation 1763)을 통해 영국은 아메리카 대륙 정복에 대한 협약을 프랑스와 체결하였는데 이때 발견의 원리를 적용하였다. 그렇게 해서 영국은 미시시피강 동쪽 지역을, 프랑스는 미시시피 서쪽과 캐나다 지역을 각각 자국의 영토로 선포하였다. 이때는 프랑스가 아팔라치아 산맥을 경계로 미원주민과 전쟁을 벌이고 있던 때였는데 이 선언을 통해 식민지 경계를 지음으로써 그동안 영국과 프랑스와 벌어졌던 7년 전쟁도 종식하게 되었다.

1763년의 왕립 선언은 미국의 인디언 땅에 대한 영국의 점유와 미원주민과의 관계를 규정하는 중요한 조치가 되었다. 이 선언의 주요 골자를 살펴보면 첫째 미원주민의 이동을 강제하고, 둘째 미원주민의 땅의 소유권은 영국 왕권에게 있고, 셋째 미원주민의 땅의 매매 및 교환은 오직 영국 왕권의 승인을 받아야만 한다는 것이다. 이 왕립 선언의 근거는 발견의 원리에 있었다. 결국 이 1763년 선언은 나중에 미국의 대법원이 미원주민에 대한 정책으로 발견의 원칙을 채택하는 근거가 되었다.

1781년 13개 주는 합의 하에 연방정부 헌법(안)을 제안하여 헌법의 기초를 마련한다. 이 헌법안은 여러 차례 수정을 통해 1787년에 정식으로 헌법으로 선포된다. 헌법 1조 8항에 "오로지 미의회만이 다른 나라에 대해서 또 연방에 속한 주들에 대해서 그리고 인디언 부족에 대해서 통상에 독점적 권리를 가진다" 라고 명기함으로써 원주민들의 독립적인 권리를 원천적으로 봉쇄하였다. 이 헌법에 의거하여 미 대법원은 이후 판결을 통해 미 정부가 인디언 부족들과의 관계

---

15) Robert Miller. 2006. Native America, Discovered and Conquered. p. 25. 미국영토는 1492년 콜럼부스의 발견은 대륙이 아니라 섬이었을 뿐이다. 따라서 미국이 미대륙에 발견의 원리를 적용하기 위해서 1497년 John Cobot의 탐험을 그 근거로 삼는다.

에 있어서 통상권을 넘어 모든 문제에 절대적인 권한을 가진다고 해석하였다. 비록 헌법에 발견의 원리라는 단어를 삽입하지는 않았으나 그 의미를 명백히 포함함으로써 미국의 이념으로 토대를 제공했다는 데는 이견이 없다. 그 이유는 미 대법원이 이 헌법 조항을 발견의 원리와 연결시켜 해석을 해오고 있기 때문이다.

미국 제1대 대통령 조지 워싱턴의 행적을 살펴보면 그가 처음부터 발견의 원리를 미국의 건국이념으로 삼고 있었음이 분명하다. 즉 워싱턴은 각종 행정명령을 통해 원주민의 모든 권리에 옥쇄를 채웠다. 당시 전쟁장관(Secretary of War) 이었던 헨리 녹스(Henry Knox)는 다음과 같이 연방정부의 권한에 대해 말한 바 있다. "이전부터 거주하고 있었던 인디언들이 그 땅에 대한 권리를 갖는다. 이 권리는 자신들의 자유의지에 의하거나 또는 정당한 전쟁에 의한 점령이 아니라면 빼앗기지 않는다."16) 언뜻보면 이 말이 원주민들의 권리를 옹호하는 것처럼 들린다. 그러나 여기엔 엄청난 모략이 숨어 있었다. "원주민의 자유의지에 의하거나" 이 말은 원주민들의 땅을 강제로 빼앗는다는 말을 듣지 않기 위해 수많은 방법을 동원해서 미원주민들의 땅을 파는 문서에 서명하게 만들었다. 그리고 "정당한 전쟁"이란 조건은 더욱 더 황당하다. 정당성의 판단은 오로지 미 정부가 했기 때문이다. 이후에 정당한 전쟁이라는 이유로 미원주민의 땅을 얼마나 많이 빼앗았던가.

3. 청교도와 발견의 원리/신천지 17)

필그림이 메이플라워 배에서 내리기 전 그들의 각오와 결심을 담은 결의서를

---

16) ibid, p.47

17) 이번 항목의 주요내용의 출처: Charles M. Segal; David C. Stineback.1977. Puritans, Indians, and Manifest Destiny.

작성하여 서명한 헌장이 메이플라워 서약서다.(Mayflower Compact) 18) 이 서약서를 보면 이들이 처음 밟은 땅에 대해 어떤 생각을 가지고 있었는지 알 수 있다. 또 이들의 생각이 미원주민에게 어떤 영향을 미치게 되었는지 가늠해 볼 수 있다. 다음은 서약서 전문이다.

> "하나님의 이름으로 아멘. 우리는 아래에 서명한 자들로서 우리를 두려워하게 만드는 주권자인 국왕 제임스 경의 충성스러운 신민들로서 하나님의 은혜로 대영제국 프랑스 아일랜드의 국왕이자 신앙의 수호자인 제임스 경을 따르는 자들입니다. 하나님의 영광과 기독교 신앙의 확장 그리고 우리 국왕과 나라의 명예를 위해 북부 버지니아에 첫 식민지를 세우기 위한 항해를 감행함에 있어 하나님의 존재 앞에서 그리고 서로 앞에서 이 문서를 통해 엄숙하고 상호적으로 계약을 체결하고 하나의 민간 정치체로 결합합니다. 우리는 앞서 언급한 목적의 더 나은 질서와 보존 및 진전을 위해 그리고 이로 인해 식민지의 일반적인 선을 위해 가장 적절하고 편리하다고 생각되는 공정하고 평등한 법률 조례 행위 헌법 및 직책을 수시로 제정하고 구성하며 형성할 것입니다. 이에 대해 우리는 모든 적절한 복종과 순종을 약속합니다. 이에 대한 증거로서 우리는 1620년 11월 11일 두려운 주권자인 국왕 제임스 경의 잉글랜드 프랑스 아일랜드 통치 18년째 스코틀랜드 통치 54년째에 케이프 코드에서 우리의 이름을 서명합니다." 19)

서약서에 이들은 식민지를 세우기 위해 왔다고 분명히 밝혔다. 또 이를 새 땅에서 성취하기 위해 "식민지의 일반적인 선을 위해 가장 적절하고 편리하다

---

18) 102명 중 41명의 남자들이 서명하였다. 배에는 종교의 핍박을 피해 승선한 퓨리탄, 분리주의자들과 함께 다수의 상인들이 있었지만 어떤 사람들이 어떤 기준에 의해 서명했는지는 알려지지 않았다.

19) 원문은 다음의 링크를 참조하라. https://themayflowersociety.org/history/the-mayflower-compact/

고 생각되는 공정하고 평등한 법률 조례 행위 헌법 및 직책을 수시로 제정하고 구성하며 형성할 것"이라고 구체적인 시행방법까지 염두에 두고 있었다. 과연 그들이 생각하는 식민지의 "일반적인 선"이란 누구를 위한 것일까? 적절하고 편리하다고 생각되는 온갖 방법들을 수시로 제정하고 구성하겠다는 발상에는 오로지 자신들의 편리대로 그들이 밟을 땅에 이미 자리 잡고 있는 선주민들을 대할 것이라는 생각을 담고 있었다. 초기 퓨리탄의 리더인 존 마터의 주장을 들어 보면 서약서의 내용이 분명해진다. 그는 "아담과 노예의 후손은 빈 땅이 있는 곳에 와서 거주할 자유가 있다"[20]며 "하나님이 주신 약속의 땅은 하나님의 자녀인 우리가 편리에 의해 획득하는 게 아니라 그 약속으로 얻는 것이다"[21]라고 공언했다. 그가 말한 빈 땅의 논리는 "Vacuum domicilium"(비어 있는 거주지)이다. 이 논리는 초기 정착자들이 즐겨 차용한 원리로서 그들이 발견한 땅은 그 땅에 영주하는 거민이 없을 뿐 아니라 거주한다고 해도 땅을 경작하지 않는 경우 빈 땅으로 간주한다는 것이다. [22] 또 거주의 경계를 정하지 않은 땅들은 주인이 없는 땅으로 간주한다고 주장했다. 결국 이 논리는 교황의 칙령이 주장하는 "Terra Nullius"(무주공산)와 단어만 달리 한 쌍둥이 이론인 셈이다. 결국 마터는 "인디언들은 하나님이 보낸 심부름사업에 가장 큰 방해물"이라고까지 말했다. [23]

---

20) ibid. p.31

21) ibid. p.77

22) 초기 정착민은 자신들을 자영농("Yeoman")이라고 불렀다. 이 단어는 중세와 르네상스 시대의 자영 농민 또는 중류 농민 계급을 지칭했다. 이들은 자신이 소유한 땅을 경작하며 생활한 사람들로 귀족이나 지주에게 종속되지 않고 독립적으로 농사를 지은 사람들이다. 퓨리탄과 같은 초기 백인 정착민들의 생각에는 땅을 경작하는 농부가 하나님이 정해 주신 땅에 대한 청지기라고 생각했다. 따라서 사냥을 하는 인디언들을 땅에 경작도 하지 않고 관리도 하지 않는 게으름뱅이들이라 비난하며 경작하지 않은 땅은 주인없는 땅이라 주장했다. 그러나 사실은 인디언들은 처음부터 유능한 농부들이었다. 퓨리탄들은 그걸 인정할 수 없었다.

23) ibid. p.49

존 윈드롭(John Winthrop)과 같은 청교도 지도자 역시 같은 주장을 했다. 그는 "하나님께서 나를 신천지로 보내사 하나님의 경륜에 맞는 새로운 가나안을 세우는 사명을 주셨다"[24]라고 주장하면서 하나님이 가나안을 주시면서 쓰신 섭리를 나열하였다.[25]

인디언들은 정당한 권리 없이 땅을 사용하고 있다.

이 땅은 인디언들이나 우리들이 사용하기에도 큰 땅이다.

큰 전염병으로 인디언들을 삼키사 대부분의 땅이 사람이 살지 않는 빈 땅이 되었다.

그래서 우리가 선한 목적으로 정당하게 들어오게 되었다.

초기 개척자들은 인종적으로 볼 때 인디언들은 도덕적으로나 지적으로 열등한 인종으로 간주하였다. 스페인, 프랑스, 영국, 네덜란드 모두 신대륙 개척에 힘을 들였으나 영국을 제외한 나라들은 식민지로부터 얻어낼 자원 확보 차원에 힘을 기울인 반면, 영국은 식민지에 거주할 목적에 더 큰 힘을 기울였다. 따라서 영국은 다른 나라들보다 더욱 식민사관을 확립할 필요를 느꼈고 대규모의 이민정책을 장려할 수밖에 없었다.

개척 초기에는 인디언들이 조력자로 필요했다. 모피의 공급원, 노동력, 선교의 대상자들로서. 이런 이유로 잉글랜드 지역에서 인디언에 대한 태도는 버지니아주를 비롯한 남쪽 지역에 자리잡은 유럽인들보다 훨씬 관대하였다. 남부 지역에서는 처음부터 비기독교인들, 비즈니스맨들이 중심이 되어 인디언들에게서 땅을 빼앗는 데 혈안이 되었다. 퓨리탄은 처음에는 인디언 지역으로 깊숙이 침범해서 들어가는 것에 대해서 주의를 했던 것 같다. 왜냐하면 악마가 지배

---

24) ibid. p.50
25) ibid. p.51

하고 있는 땅으로 무작정 들어가서 그들로부터 악한 영향이나 받지 않을까 하는 걱정이 있었다.26) 개인주의와 물질주의가 처음부터 팽배했던 남부 지역과는 다르게 잉글랜드 지역에서는 그래도 초기 정통파 퓨리탄들의 영향이 한동안 후대에까지 강하게 영향을 미쳤다. 인디언들을 대하는 생각에서도 인디언들을 소멸시키는 것보다는 개종시켜서 공동체 안으로 끌고 들어와야 한다는 생각이 많았다.

퓨리탄에게 있어 인디언들은 하나님 없이 사는 인류의 말종으로서 문화라는 것이 없이 사는 야만인들이었다. 따라서 인디언들이 자신들의 삶을 돌아보면서 그들 스스로가 자신들의 열등함을 깨닫고 미신을 벗어던지고 문명화된 삶을 받아들이기를 원했다. 이런 생각이 자연스레 일어나지 않는다면 이제 하나님이 허락하신 최후의 방법, 즉 "정당한 전쟁"으로 그들을 쓸어낼 수밖에 없다는 것이다. 어떤 경우가 되었든 간에 이 땅에서 악마를 내쫓는 하나님의 뜻이라고 생각했다.27)

그러나 아이러니하게도 몇 차례 휩쓸었던 대재앙(전염병)과 여러 차례 전쟁으로부터 살아남은 인디언 부족들은 결코 침략자들에 의해 뿌리 뽑히지 않는다는 자부심과 용맹심으로 무장된 반면 오히려 퓨리탄들은 세대를 거치면서 부모 세대의 가치관과 현격히 다른 양상을 보였다. 더 이상 자신들의 가치관이 인디언들의 가치관보다 더 고상하고 거룩하다는 신념과 행동을 보이지 못했다. 결국 신앙으로 다져가고자 한 사회적 가치관 역시 희미해져 갔다. 그것은 개척의 범위가 잉글랜드 지역을 넘어서면서부터 약화되기 시작했다. 개척에 따른 경쟁심과 재력 확보 등으로 세속화가 가속됨으로 인해 이제 서부 개척 프론티어 정신을 주장하면서 제국 팽창주의로 나가게 된 퓨리탄의 후예들은 더 이상 종교적

---

26) ibid. p.29
27) ibid. p.36

열심이 그들의 삶의 정신적 지주가 아니었다. 아무튼 새 땅은 번영되어 갔고 부가 넘쳐나게 되었다. 그들의 생각대로 하나님의 축복이었다. 그러나 욕심이 더해가면서 인디언들의 저항도 더 거세지게 되었다. 게다가 원래 모든 면에서 자치적이고 사회구조가 유럽인들보다 더 민주적이었던 원주민 사회의 문화마저 유럽인들이 간섭하기 시작하면서 원주민 사회도 균열이 발생하기 시작하였다. 유럽인들이 들여온 각종 좋은 물건들을 손에 넣자 그런 것들을 더 많이 얻기 위해 그들의 요구에 화답하는 무리들이 생기기 시작했다. 그들이 원하는 모피를 만들기 위해 무자비하게 동물들을 잡기 시작했고 이로 인해 사회구성원 간 위화감도 발생하였다. 한편 땅을 팔라고 회유하는 유럽인들에게 땅을 파는 일들이 생기면서 땅은 파고 사는 게 아니라는 원주민들의 삶의 원리를 짓밟는 일이 발생하게 되었다.

페코트 전쟁Pequot War 1636-37

신대륙에 하나님의 심부름을 나온 퓨리탄들은 그곳에 '하나님의 도성' 즉 새 예루살렘을 세우는 게 목적이었다. 이렇게 해서 천년왕국을 앞당기는 게 거룩한 목표였다. 1세대 퓨리탄들의 이런 생각은 사회적으로 묵시적 합의가 있었던 것으로 보인다. 본토에서 종교적 핍박을 받고 신천지에 와서 고난과 고통을 겪는 것을 곧 시작될 천년왕국 전에 있을 대환난으로 보고 더욱 더 열정적으로 신천지 점령사업에 박차를 가하게 된다. 가나안의 악한 마귀를 내쫓는 거니까. 어려운 상황에 처할 때마다 악한 마귀가 거룩한 사업을 방해하는 것으로 이해하고 이를 물리치기 위하여 모든 방법과 수단을 동원했다. 지도자 존 윈드롭은 이 땅의 마귀들이 자신들에게는 가장 큰 위협이 된다고 퓨리탄들에게 전쟁을 독려했다.[28] 그렇게 해서 벌어진 가장 큰 전쟁이 페코트 전쟁이다. 이 전쟁은 뉴

---

28) ibid. p.106

잉글랜드에 거주하고 있던 유럽인들의 연합세력이 코네티컷의 원주민 페코트 족을 쫓아내기 위한 전쟁이었는데 퓨리탄이 주도한 전쟁이었다. 이 전쟁은 퓨리탄이 뉴잉글랜드 지역에 이주한 이후 가장 크게 그리고 가장 무자비하게 치른 첫 전쟁이다. 발단은 페코트족이 영국인 스톤(Stone) 일행을 죽인 데서 기인한 다.(1634) 29)

그 이후 1636년에 다시 페코트 부족 지역으로 무역을 하러 간 무역상 올드햄 (Oldham) 일행을 페코트족의 라이벌인 나라간세트(Narragansetts) 일당이 죽여 버림 으로써 영국인의 분노가 극에 달하게 되었다. 문제는 이 일을 벌인 자들이 페코 트족의 라이벌인 나라간세트 일당임에도 불구하고 사건이 일어난 지역이 페코 트 부족 관할이라는 이유로 그 지역을 완전히 불태워 버렸다. 그리하여 대대적 전투가 벌어지게 되었는데 결국 페코트 부족의 추장 사사코스(Sassacus)가 항복을 하면서 이웃 모호크(Mohawk) 부족으로 망명을 하였으나 이들이 추장을 죽임으로 써 전쟁이 끝나게 되었고 하트포드 조약(Hatford Treaty 1638)에 도장을 찍었다. 그렇 게 하여 살아남은 약 200명 정도의 부족원들은 인질로 잡혀 노예가 되거나 버뮤 다 또는 다른 지역으로 팔렸다. 이 전쟁은 미 영토에서 일어난 인디언과의 최초 의 전면전이었으며 유럽식 전략을 구사한 최초의 전쟁으로 평가된다.

필립 왕 전쟁King Philip's War 1675-76

메타콤(Metacom)은 왐파노아그(Wampanoag) 부족의 추장이었다. 메타콤은 필립 왕이라는 영국식 이름을 가지고 있었다. 아버지가 죽자 추장이 된 아들 메타콤 은 백인들을 믿을 수 없다고 하면서 다른 인디언 부족과 동맹을 맺으려 하고 영 국과는 관계를 끊으려 한다. 이에 식민지 정부는 이 왐파노아그 부족과 상업 교

---

29) 페코트족은 평소 자신들을 괴롭히고 있는 네덜란드사람인 줄 알고 죽였다고 하며 사죄 사절 단을 보냈으나 영국이 거절했다.

류를 금하고 압박에 들어갔다. 존 사싸몬(John Sassamon)이라는 "기도하는 인디언"(praying Indian) 30)이 있었는데 하버드대를 졸업할 만큼 수재였다. 메타콤의 통역관 겸 자문역을 맡고 있었는데 존이 식민 정부 측에 메타콤이 식민지를 공격하기 위해 다른 인디언 부족과 손을 잡으려 한다고 일러바쳤다. 이에 메타콤이 법정의 소환을 받아 경고를 받았다. 그러자 얼마 지나지 않아 존은 시체로 발견되었다. 31)

메타콤의 소행으로 판단한 식민 정부는 6명의 인디언 지도자를 목 매달아 처형했다. 이후 전쟁이 발발하였다. 이 전쟁에 대해 서로가 상대방에게 전쟁에 책임이 있다고 주장하였다. 이때 퓨리탄의 지도자 코튼 마터(Cotton Mather)는 "사탄이 메타콤의 마음에 들어가 전쟁을 유발시켰다"라고 영적으로 해석했다. 또한 존 엘리엇(John Elliot)은 "하나님께서 영국인들을 겸손케 하시려고 전쟁을 허용하신 것"이라고 해석하면서 일부 퓨리탄들이 인디언들에게 술을 판매함으로써 그들의 정신을 흐리게 한 죄가 있다고 질책하였다. 곁들여 퓨리탄들의 영적 교만과 세속화를 맹렬히 질타하였다. 32) 또 어떤 이들은 강제로 인디언들을 개종시키려 한 것은 잘못이라고 반성하기도 했다. 그러나 매사추세츠주 법원은 전쟁 발발의 이유로 "퓨리탄들이 자신들의 신앙을 매일의 삶에 적용하지 못했기 때문이다. 즉 진중한 자녀교육, 겸허한 옷차림, 퀘이커 교도 같은 이교도 배척, 적당한 음주, 권위에 복종, 인디언에게 주류 판매 금지 등을 철저히 지키지 못했기 때문이다"고 판시했다. 33) 또 한 명의 퓨리탄 지도자 잉크리스 마터(Increase Ma-

---

30) 퓨리탄이자 인디언 선교사였던 존 엘리엇이 세운 기도촌(praying town)에서 자라난 "기도하는 인디언"(praying Indian)들의 역할이 독특하게 주어졌다. 기도촌에서 익힌 영어나 영국식 문화가 익숙한 이들은 양측의 중재자 또는 통역관, 때로는 식민정부측의 앞잡이역할을 했다.

31) 전쟁이 끝나고 전쟁상황을 공식적으로 기록한 plymouth 식민정부 기록에는 "Sassamon이 하나님과 영국인을 위해 충성으로 일하다 죽었다. 그러나 쉬운 말로 표현한다면 그는 영국의 스파이였다"라고 기록하였다.

32) ibid, p.182

33) ibid, p.183

ther)는 "이번 전쟁을 통해서 하나님이 얼마든지 우리들을 파멸시킬 수도 있음을 보여주신 것이다"라고 경고했다. 34) "전쟁과 전염병 모두 하나님의 심판이다"라고 진단했다. 35)

결국 이 전쟁의 원인은 하나님이 악마인 인디언들을 약동시켜 퓨리탄들을 다시 새롭고 강하게 하기 위한 것으로 본 것이다. 그래서 전쟁을 통해 자신들을 삼키려 하는 발악하는 인디언을 강력하게 응징하여야 한다고 주장하며 보복을 결심하였다. 전쟁의 결과 메타콤이 전사함으로 전쟁이 끝났으나 이 전쟁으로 약 9천 명의 사상자가 발생했는데 이 중 2/3가 인디언이었다. 뉴잉글랜드 타운의 절반 이상이 인디언의 공격을 받았으며 많은 도시가 폐허가 되었다. 반면 인디언 마을도 쑥대밭이 되었고 인디언들은 버뮤다나 또 다른 캐리비안 지역으로 노예로 팔려갔다. 36) 그리고 약 2천 명 정도의 인디언들은 뿔뿔이 흩어져 다른 부족에 섞여 살게 되었다.

이 전쟁을 치르면서 퓨리탄도 그 색이 많이 바랬다. 전쟁을 겪으면서 인간성 상실과 함께 자기 것을 챙기려는 욕심과 세속화가 거세게 몰아쳤다. 또 1692년 이후에는 식민정부도 퓨리탄들이 아닌 비신자들이 집권하기 시작했다. 퓨리탄 정신이 쇠퇴하기 시작하였다. 한편 이미 기독교로 개종해서 그들 속에 섞여 사는 인디언들에게도 그들을 신뢰하지 못한다는 이유로 전쟁 참여를 허락하지 않았고 전쟁이 끝난 후에는 이들을 오히려 교화소로 보내 분리시켜버렸다. 37) 가까스로 전쟁을 승리한 퓨리탄들은 그들의 부모세대가 그리던 새 예루살렘이 현

---

34) ibid, p.183

35) ibid, p.186

36) 메타콤의 아들이 포함되었다. 처음에 9살난 아들을 노예로 파는 문제로 퓨리탄 지도부간에 이견이 있었으나 팔기로 결론내렸다.

37) ibid, p.185

실에서 좀 더 멀어 보였다. 그럼에도 불구하고 잉크리스 마터는 "새 예루살렘
이 땅은 모든 열방 앞에서 하나님께 들려 올려질 기쁨과 찬송이며 영광의 이름
이다. 이제 모든 열방들은 하나님이 우리에게 하신 일들을 보고 들음으로써 두
려움에 떨 것이며 우리에겐 무한한 번영을 주실 것이다"라고 후손들을 격려했
다. 38) 식민정부는 정착민들에게 군 복무의 대가로 인디언 땅을 분양해 주면서
전쟁의 사기를 고무시켰다.

이런 이들의 신천지 사상은 아이러니하게도 오히려 식민정부가 차용해서 명
백한 운명(Manifest Destiny) 정신으로 이어가게 된다.

4. 발견의 원리 전사 토마스 제퍼슨

토마스 제퍼슨에게서 발견의 원리를 찾아보는 것은 다음과 같은 이유에서
그 의미가 있다. 첫째 미합중국의 건국의 아버지로서 추앙받는 그의 정치적 행
적을 살펴보면 그가 발견의 원리를 어떻게 이해하고 적용했는가를 알 수 있다.
둘째 제퍼슨은 미국의 영토를 순식간에 메가톤급 사이즈로 늘린 루이지애나 영
토를 사들이는 데 중심적인 역할을 했다. 이때 루이지애나 토지를 미원주민으
로부터 수용할 때 바로 발견의 원리를 적용하였기 때문이다. 셋째 그의 태도가
다음 세대에 어떻게 영향을 미쳤는가 이해하는 데 도움을 준다. 39)

제퍼슨이 변호사로 재임하던 시절(1767-1774) 그가 맡았던 941건의 케이스 중
429건이 토지 분쟁이었다는 사실을 보면 그가 미국의 땅 문제의 핵심을 명확하
게 파악하고 있었음을 알 수 있다. 그는 발견의 원리를 적용하여 인디언 타이틀
40)을 무효화할 수 있는지를 알고 있었으며 그것을 근거로 케이스를 승소로 이

---

38) ibid. p.186

39) Robert Miller. 2006. *Native America, Discovered and Conquered*. p.59.

40) 인디언 타이틀(Indian Title)은 원주민들이 그들의 고유한 방식으로 사용하는 땅에 대한 권리
　　를 뜻한다. 이는 그들이 오랜 시간 동안 그 땅을 사용하고 관리해 온 전통적인 권리를 의미한
　　다. 인디언 타이틀은 일반적으로 법적으로 인정된 소유권이 아니며, 원주민들이 그 땅을 계속

끌었던 것이다. 또 버지니아주 의원 시절이던 1776년에는 버지니아주법 제정에 관여하여 주 관할 하에 있는 모든 토지에 발견의 원리를 적용한다고 적시하였고 버지니아주 지사 시절(1776-1779)에만 총 3천 건의 인디언 타이틀을 수용하였다. 미국무장관 시절(1789-1793)에는 미정부만이 인디언의 땅에 대한 독점적 권리가 있음을 공고히 하고 그대로 실행되는데 총력을 기울였다. 그는 교활하게도 '발견의 원리' 라는 용어 자체는 사용하지 않았다. 대신 발견의 원리의 핵심 키워드를 사용하여 그 원리를 확고하게 적용하였던 것이다. 그가 사용한 용어들은 선점 권한(power of preemption), 인디언 타이틀(Indian title), 거주권(right of occupancy), 무주공산(terra nullius), 인디언 문명의 필요성(civilization of Indian people), 주권(sovereignty) 등등인데 결국 발견의 원리의 핵심 주제어들이었다.

제퍼슨의 이런 행보는 초대 대통령 조지 워싱턴의 입장으로부터 크게 이탈하는 것이었다. 조지 워싱턴 대통령은 미국 건국 초기부터 원주민들과의 관계를 중요하게 여겼으며 이와 관련하여 원주민들의 권리를 보호하려는 노력을 기울였다. 그의 정책은 주로 공정한 조약 체결과 원주민의 땅 권리 보호를 목표로 했다. 한 예로 1789년 노스웨스트 조례(Northwest Ordinance of 1789)를 통해 원주민들의 땅 권리를 인정하고 그들의 땅을 무단으로 침해하는 것을 금지했다. 이 조례엔 "그들(원주민)의 재산 권리 및 자유를 절대적으로 존중해야 한다"라는 내용이 포함되어 있다.

그럼에도 불구하고 조지 워싱턴이 선언한 원주민 권리와는 다르게 정부가 대대적으로 미 인디언 땅을 수용해 나가자 원주민들도 항거하기 시작했다. 이때 워싱턴 대통령이 각료들에게 물었다고 한다. "인디언들에게 사들인 땅들을 얼마 정도라도 되돌려 줄 수 있는 방법이 없겠는가?" 제퍼슨은 답했다. "미정부는

사용하고 관리할 수 있는 권리를 의미한다. 미국 대법원은 1823년 존슨 대 맥킨토시(Johnson v. M'Intosh) 사건에서 인디언 타이틀을 설명하며, 원주민들이 그들의 땅을 사용하고 거주할 수 있는 권리는 인정하되, 최종 소유권은 미국 정부에 있다고 판결했다. 이 판결은 원주민들이 그들의 땅을 다른 개인이나 단체에게 팔 수 없도록 제한했다.

인디언들의 땅에 대한 선점 권한과 독점 매수권이 있습니다. 이 권리를 정부가 가지고 있는 이유는 다른 나라에 땅을 빼앗기는 것을 막을 수 있고 인디언들을 보호할 목적입니다. 인디언들은 자신들이 거주하고 있는 땅에서 완전하고도 독립적인 지위를 가지고 그들이 원하는 동안-그것이 영구히 될 수도 있을 만큼-거주할 수 있습니다."[41] 제퍼슨의 답변은 결국 발견의 원리를 그대로 고수하였고 미합중국의 제3대 대통령(1801-1809)이 되어 더욱 세차게 이 원리를 적용하여 미 영토를 확장해 나갔다.

그는 프랑스로부터 루이지애나 영토를 구입할 때 독점 매수권을 발동하였다. 당시 루이지애나 영토는 프랑스가 발견의 원리를 들어 권리를 주장하고 있었다. 그 후 프랑스는 이 땅을 스페인과 영국에 그 권리(발견의 원리)를 양도했다. 스페인은 미시시피강 서쪽을, 영국은 미시시피강 동쪽을 각각 양도받았다. 그러나 1800년에 스페인은 그 권리를 다시 프랑스에 넘겼다.

땅 문제의 전문 변호사였던 제퍼슨 대통령은 프랑스가 스페인으로부터 영토를 양도받을 때 맺었던 문건들을 자세히 연구해 본 결과 발견의 원리를 제대로 적용하지 않았다는 사실을 찾아냈다. 따라서 프랑스가 스페인으로부터 땅을 양도받은 것 자체가 문제가 있으므로 땅에 대한 독점 매수권이 있는 미국에 팔라고 재촉한 것이었다. 처음에 미국은 뉴올리언즈를 포함한 미시시피강 일부 지역을 팔라고 했으나 오히려 프랑스가 루이지애나 영토 전부를 사라고 하자 미국이 재빨리 사들였다.[42]

하지만 미 연방정부가 출범하면서 인디언 부족들에 대한 자치권을 부여하고 그들의 땅에 거주할 권한을 부여하였기에 미 정부도 이전에 하던 것처럼 무차별

---

41) ibid, p.68

42) 1800년 프랑스의 통치자가 된 나폴레옹이 처음엔 루이지애나를 통해 미대륙의 통치를 공고히하고자 할 목적으로 상당한 관심을 보였으나 15년째 계속되던 하이티의 노예혁명에서 프랑스가 손을 들고 또 영국의 힘에 밀리기 시작하자 군비를 더 확보하고자 루이지애나 전체를 포기하고 급매하였다.

하게 인디언 땅을 수용할 수는 없었다. 그러나 제퍼슨은 루이지애나를 매입하면서 발견의 원리를 한 번 더 확인하고 적용함으로써 미정부가 미 대륙 전 영토에 대한 소유권이 있음을 분명히 했다

2. 땅 빼앗기 작전

1. 발견의 원리 미 영토에 적용

존슨 대 매킨토시 Johnson v. McIntosh, 1823 판결과 그 의미

이 재판은 존슨과 매킨토시 간의 토지 소유권 분쟁에 관한 것이다. 존슨은 1775년 그의 부모가 피안케쇼(Piankeshaw) 부족으로부터 산 땅을 상속받아 1818년까지 사용해 왔다. 그런데 이때 매킨토시는 존슨이 소유한 땅의 일부인 11,000에이커의 땅을 미 정부로부터 사들였다. 이에 존슨이 소유권을 주장하여 소송을 걸었으나 존슨이 패소하였다.

판결의 근거는 이러했다. '발견의 원리에 의하여 인디언들은 토지를 점령하고 있을 뿐 땅의 완전한 소유권을 가지고 있는 것은 아니다. 따라서 땅을 타인에게 마음대로 팔지 못하며 영국 국왕으로부터 모든 권한을 승계받은 미국 정부만이 원주민 토지 거래의 당사자가 될 수 있다.' 이렇게 판결함으로써 미국 역사상 처음으로 공식적으로 발견의 원리라는 용어를 사용하여 원주민들의 토지 소유권을 무효화한 역사적 판결이 되었다. 이 사건은 미국 법원에서 원주민에 관한 최초의 사건이었으나 아이러니하게도 미 원주민이 직접 참여하지 않은 재판이었다.

존슨 대 매킨토시(Johnson v. McIntosh, 1823) 판결문에 적시한 마샬 판사의 논거를 요약하면 다음과 같다. [43]

발견의 원리: 마샬 판사는 "완전한 최종 소유권은 발견에 의해 획득된 것으로

---

43) Johnson & Graham's Lessee v. McIntosh, 21 U.S. 543 (1823). https://supreme.justia.com/cases/federal/us/21/543/

간주되며 원주민의 거주권은 침해할 수 없다"고 언급했다. 이로써 발견의 원리가 판결의 근거가 됨을 확실히 했다.

유럽의 주권: 마샬은 발견한 영토에 대해 "유럽 국가들이 배타적 지배권을 가지고 있다"고 인정했다. 그는 "구세계의 군주들은 그들에게 무제한적인 독립을 제공하는 대가로 신세계의 주민들에게 문명과 기독교를 전파함으로써 충분한 보상을 했다"고 언급했다.

토지 소유권에 대한 법적 근거: 마샬 판사는 토지 소유권에 대해 설명하면서 "미국 정부는 영국 정부로부터 전권을 받았기 때문에 다른 모든 유럽인을 배제할 수 있는 권리를 받았다"고 말했다. 이는 미국 정부가 원주민으로부터 토지를 사들이고 그 땅에 정착지를 세울 수 있는 유일한 권리가 '발견의 원리'에 기반하고 있음을 분명히 한 것이다. 그러나 그는 또한 원주민들이 그 땅에 살 권리는 여전히 인정된다고 판시했다.

역사적 선례: 마샬 판사는 자신의 주장을 뒷받침하기 위해 역사적 사례를 언급했다. 그는 "미국이 발견된 때부터 지금까지의 역사는 이러한 원칙을 널리 인정해 왔다"고 주장했다. 이는 그 원칙이 오랜 시간 동안 보편적으로 받아들여져 왔다는 것을 강조한 것이다.

마샬 판사의 판결문이 채택한 중요한 논거를 몇 가지 발췌하면 다음과 같다.[44]

인디언들의 권리 부재: 인디언들은 땅에 대한 개인적, 단체적, 국가적 권리가 없다.

발견의 원리 우선: '발견의 원리'에서 온 권리가 다른 어떤 권리보다 우선한다.

---

44) Johnson & Graham's Lessee v. McIntosh, 21 U.S. 543 (1823). https://supreme.justia.com/cases/federal/us/21/543/

발견의 원리와 창조주의 역할: 발견의 원리는 기독교인들과 문명인들에게 창조주가 부여한 권리이자 책무이다. 이 원리를 수행하기 위해 때로는 전쟁이 불가피했다.

영국의 우선권: 미 대륙의 발견에 대한 권리는 영국이 가지며, 스페인, 프랑스, 네덜란드 등 다른 유럽 국가들은 이 원리를 완전히 적용하지 못했기 때문에 실패했다.

미국 정부의 유일한 합법적 권리: 미 대륙의 영토는 영국 왕실에서 부여받은 권리를 승계한 미국 정부만이 유일한 합법적 권리를 가지며, 인디언이 점령하고 있는 모든 토지에 대한 전권을 가진다.

인디언들로부터의 토지 구매: 경우에 따라 인디언들로부터 땅을 사기도 했지만, 이는 적대감을 방지하기 위한 정책일 뿐 그들의 소유권을 인정한 것은 아니다.

정부 권한의 무비판적 수용: 연방대법원은 정부의 이러한 권한에 대해 어떤 의문도 제기하거나 판단하지 않는다.

정복에 의한 소유: 정복에 의해 소유된 땅은 그 이전의 거주자들이 더 이상 소유권을 주장할 수 없다.

이렇게 마샬 판사는 인디언들의 땅을 공식적으로 빼앗는 판결을 내림으로써 이후에 미국 정부는 이 판결을 공식적으로 삼아 집요하게 인디언의 땅을 빼앗는다. 마샬 판사가 비록 미 정부가 땅을 가져간 대가로 인디언들에게 집과 의복, 식량 등을 제공하여 그들을 보호할 책임이 있다고 판시하긴 했으나, 그 결과 인디언 보호구역이라는 울타리를 만들었다. 과연 그것이 그들을 보호하는 것일까? 가두어 놓은 것일까? 동물도 아닌 미 원주민들이 왜 보호구역 안에서 보호를 받아야 한다는 말인가? 그것은 보호가 아니라 감금이다.

마샬의 논리는 유럽 국가들이 적용해 온 발견의 원리를 재천명한 것에 불과하다. 그는 알렉산더 6세의 인테르 캐테라 칙령을 언급하며 이 문서가 충분하고 완전하다고 판단하였다. 따라서 미 대륙을 발견한 카봇(Cabots)이 이 원리에 따라 당시 알려지지 않은 미국 대륙을 발견했기 때문에 정당하다고 주장했다.

판결문에 밝힌 그의 견해를 그대로 인용해 보자.45)

"발견한 것으로 자격이 생긴다. 그 자격은 점유로써 완성될 수 있다."

"사람이 사는 땅을 발견해서 정복지로 바꾸었다는 주장이 터무니없어 보일지 모르지만 그 원칙이 주장된 처음부터 그 이후로 계속 유지되어 왔다면, 즉 그 원칙 아래에서 나라가 세워졌고 유지되어 왔다면, 또 그 공동체 대다수의 재산이 그것에서 나온 것이라면, 그 원칙이 토지 소유의 법이 되는 것이 맞다. 그것은 의문시되어서는 안 된다."

"이것이 천부 인권에 반한다 하더라도, 또 문명 국가의 관습에 맞지 않는다 하더라도, 그것이 그 제도에 필수적인 것이어서 그 아래에서 나라가 자리 잡아 왔다면, 그리고 인권과 관습 양쪽의 실질적인 조건에 맞게 적응해 왔다면, 그것은 이성의 지지를 받을 수 있을 것이다. 당연히 법정에 의해 거부되어서도 안 된다."

"개인들의 사적인 견해나 억측이 어떠하든, 정복으로 인해 부여된 자격을 법정이 부인할 수는 없다."

2. 땅 빼앗기 시동: 마샬 삼부작

"마샬 삼부작"(Marshall Trilogy)은 미국 연방 인디언 법을 형성하는 데 중요한 역할을 한 세 가지 주요 대법원 판례를 지칭한다. 이 사건들은 모두 존 마샬 대법

---

45) 데릭 젠슨. 거짓된 진실 – 계급.인종.젠더를 관통하는 증오의 문화. 이현정 옮김. 아고라 출판사. 2008. 마샬 판결문 인용과 이 부분에 대한 젠슨의 해석은 이 책 23–24쪽에서 인용했다. 원전: Derrick Jensen. *The Culture of Make Believe*. 2004.

원장의 재임 기간 동안 결정되었으며, 미국 정부와 미 원주민 부족들 간의 법적 관계의 기초를 마련했다. 마샬 삼부작에 포함된 세 가지 사건은 이미 살펴본 존슨 대 매킨토시 사건과 함께 체로키 네이션 대 조지아 사건(Cherokee Nation v. Georgia, 1823)과 워스터 대 조지아 사건(Worcester v. Georgia, 1832)을 포함한다.

존슨 대 매킨토시 사건(Johnson v. McIntosh, 1823): 이 판결은 위에서 살펴본 대로 원주민의 주권에 대해 발견의 원리를 적용했다는 점에서 그 역사적 의미를 가지고 있다. 이 사실 외에도 이 판결이 원주민의 삶을 규정한 또 하나의 역할이 "인디언 타이틀"(Indian Title)이라는 용어를 처음 도입하여 인디언 토지에 대한 정의를 만들었다는 점이다. 인디언 타이틀이란 인디언들이 오랫동안 사용해 온 땅을 말하지만, 그렇다고 해서 그 땅이 인디언의 소유라는 뜻은 아니다라고 규정한 것이다. 다만 역사적으로 그 땅에 거주해 왔기 때문에 인디언들의 거주권은 인정한다고 선심 쓰는 듯한 판결을 하였다.

체로키 네이션 대 조지아 사건(Cherokee Nation v. Georgia, 1831): 미 사법 역사상 가장 중요한 의미를 지닌 판결 중 하나인 '체로키 국가 대 조지아주' 사건에서 법원은 체로키 국가를 미국 헌법상 외국 국가로 간주할 수 있는지에 대한 문제를 다루었다.

원주민의 법적 지위 규정: 체로키 네이션을 "국내 종속 국가"(Domestic Dependent Nation)로 규정하면서 이들은 독립된 외국이 아니라 미국 정부의 보호 아래 있는 자치 공동체임을 명확히 했다.

주권과 자치의 인정: 판결에서 체로키 네이션이 어느 정도의 자치권을 갖고 있지만, 완전한 주권 국가로서의 권리는 없음을 밝혔다. 이는 원주민 부족들이 자치적으로 운영되지만, 미국 연방 정부의 궁극적인 권한 아래 있다는 것을 의미한다.

연방 보호 의무: 체로키 네이션과 같은 원주민 부족들이 미국 정부의 보호를

받는다는 것을 강조했다. 이는 연방 정부가 원주민들의 권리와 이익을 보호해야 할 책임이 있다는 의미이다.

주정부의 권한 제한: 주 정부가 원주민 부족에 대해 직접적인 법적 권한을 행사할 수 없음을 명시했다. 이는 주 정부가 원주민의 토지와 자치권에 대해 간섭할 수 없도록 제한하는 중요한 판결이다.

조약의 중요성: 체로키 네이션이 미국과 맺은 조약의 유효성을 인정함으로써, 연방 정부가 원주민과 체결한 조약을 존중하고 준수해야 할 의무를 재확인했다.

연방–원주민 관계의 법적 틀 마련: 이 판결은 미 원주민의 주권과 법적 권리를 국가적인 차원에서 인정한 최초의 판결이다. 이후 원주민 관련 법률과 판결에 큰 영향을 미쳤다.

원주민 권리의 제약: 체로키 네이션이 연방 법원에서 소송을 제기할 수 있는 자격을 갖지 못한다는 결론을 통해, 원주민들의 법적 권리와 소송 능력에 제한을 두었다. 이는 원주민들이 연방 법원에서 자신들의 권리를 직접 주장하는 데 어려움을 겪게 하는 결과를 초래했다.

미 원주민의 주권을 인정한 최초의 판결이라는 큰 의미를 갖는 판결이지만, 사실상 이 판결로 인해 미 원주민의 각 부족들은 이제 일대일로 미 정부와 조약을 체결하여야 하며, 기존 체결한 조약을 준수할 의무를 강요받은 것과 마찬가지다. 문제는 미 정부와 체결한 기존 조약이나 앞으로 체결할 조약들이 도무지 원주민들이 수용할 수 없는 불평등 조약이라는 데 있다. 이 판결로부터 미 원주민은 미 정부의 손아귀에 넘어간 셈이 되었다. 아무튼 이 판결로 인해 미 원주민 각 부족을 칭할 때, 예를 들어 나바호 네이션(Navajo Nation)이라고 공식적으로 국가라는 명칭을 붙이게 되었다.

워스터 대 조지아 사건(Worcester v. Georgia, 1832): 이 사건은 사무엘 워스터(Samuel Worcester)와 다른 선교사들이 조지아주 정부의 허가 없이 체로키 네이션의 땅에서 거주하고 활동한 것과 관련이 있다. 조지아주는 이들을 체포하고 투옥했는데, 체로키 네이션은 그것이 바로 그들의 주권을 침해한 행위라고 보았다. 이 판결의 주요 쟁점은 조지아주의 법이 체로키 네이션 땅에서 일어나는 일에 대한 효력을 가지는지, 그리고 연방 정부와 원주민 부족 간의 관계에서 주정부가 어떤 권한을 가지는지에 관한 것이었다. 판결의 내용은 다음과 같다.

주정부 권한의 제한: 조지아주가 원주민 보호구역 내에서 법을 시행할 권한이 없음을 명확히 했다. 이는 주정부의 권한이 원주민 보호구역 내에서는 제한된다는 중요한 법적 선례를 남겼다.

연방 정부의 권한 강화: 원주민과의 관계에 있어서 연방 정부가 주정부보다 우위에 있음을 확인했다. 이는 원주민 보호구역 내에서 연방 정부가 주된 관리 권한을 가진다는 것을 의미한다.

원주민 자치권 인정: 체로키 네이션을 독립적인 정치 공동체로 인정함으로써, 그들 스스로가 자치적으로 통치할 권리를 가진다고 판결했다. 이는 원주민의 자치권을 존중하는 중요한 판례가 되었다.

조약의 법적 효력 강조: 연방 정부와 체로키 네이션 간에 체결된 조약이 법적으로 유효하며 이를 존중해야 한다고 명확히 했다. 이는 연방 정부가 원주민과의 조약을 준수해야 할 법적 의무가 있음을 강조했다.

주권 국가로서의 원주민 인정: 체로키 네이션이 주권 국가로서 미국 정부와의 조약을 통해 그 지위를 인정받았음을 재확인했다. 이는 원주민의 독립된 정치적 지위를 인정한 중요한 판결이다.

주정부의 원주민 법 적용 무효화: 조지아주가 체로키 네이션 내에서 비원주민(즉, 선교사)을 체포하고 법을 적용한 것이 무효라고 판결했다. 이는 주정부가 원주민 보호구역 내에서 법적 권한을 행사할 수 없음을 다시 한번 분명히 한 것이다.

체로키 네이션의 권리 보호: 체로키 네이션의 영토와 권리를 보호하기 위해 연방 법원이 개입할 수 있음을 보여줬다. 이는 원주민의 권리를 보호하는 연방 법원의 역할을 강화하는 데 기여했다.

연방 대법원의 권위 강화: 연방 대법원이 주정부의 법적 행위를 무효화할 수 있는 권한을 가지고 있음을 입증했다. 이는 연방 대법원의 권위를 강화하고 주정부의 과도한 권력 행사를 견제하는 역할을 했다.

대법원은 원주민 부족이 독립적인 정치 공동체임을 인정하며, 그들의 영토에서 주정부의 법이 효력을 가지지 않기 때문에 조지아주는 체로키 네이션의 땅에서 법을 집행할 수 없다고 판시하여 조지아주는 워스터와 다른 선교사들을 석방해야 했다. 이 판결은 원주민 부족의 자치권과 주권을 인정한 중요한 판례로 연방 정부와 원주민 부족 간의 특별한 관계를 확인하였고 주정부의 간섭을 받지 않는다는 사실을 재확인하였다. 따라서 이 판결은 '체로키 국가 대 조지아주' 사건과 비교하면 원주민의 주권적 권리와 지위를 더욱 강조한 판결로 평가된다. 그럼에도 불구하고 당시 대통령 앤드루 잭슨(Andrew Jackson)은 이 판결을 무시하고 조지아주의 체로키 강제 이주 정책에 편을 들어 결국 인디언 강제 이주법(The Indian Removal Act)을 통과시켜 그 악명 높은 "눈물의 길(Trail of Tears)"의 슬픈 자취를 남겼다.

3. 미 정부와 원주민의 관계 설정: 보호자와 피보호자

마샬 삼부작이 발견의 원리를 적용하여 미 원주민의 주권을 제한하고 그들의 땅을 빼앗는 것을 합리화했다는 역사적 의미를 가진다. 이렇게 마샬 삼부작은 미 원주민의 주권과 권리를 규정하는 중요한 판결로 미 정부와 원주민의 관계를 '보호자'(Guardian)와 '피보호자'(Ward)라는 단어를 사용하여 판결함으로써 원주민들이 미 정부의 보호 아래 있는 주종 관계임을 암시했다. 이는 원주민의 주권을 인정하고 각 부족을 주권국(Nation)으로 인정한다고 선언하면서도 그 주권은 어디까지나 미 정부의 그늘 아래 있다고 못 박은 것이다. 이 얼마나 야누스적 이중성을 나타낸 판결인가. 마샬 삼부작이 미 원주민 역사에 가장 결정적이면서도 심대한 악영향을 미쳤다는 점이 바로 마샬의 판결이 가지고 있는 이중성 때문이다. 이 판결 이후 미 원주민에 대한 법적 다툼이 있을 때마다 마샬의 판결이 전가의 보도처럼 사용되어 지금까지 법적 올가미가 되어 원주민들의 삶 전체를 규정하고 있다.

요약하자면 마샬 삼부작은 첫째, 미 원주민의 주권을 제한하고 그들의 땅을 빼앗는 것을 합리화하였다. 둘째, 원주민의 주권을 인정하면서도 그 주권은 미 정부의 보호 아래 있다는 이중성을 가지고 있다. 셋째, 이후 원주민에 대한 법적 다툼에서 마샬의 판결이 반복적으로 인용되어 원주민들의 삶을 규정하게 되었다.

이 점에서 체로키 네이션 대 조지아 사건 판결이 결정적인 역할을 하였다. 이 재판에서 마샬은 미 원주민이 비록 주권(Sovereignty)을 가진 독립적인 국가이지만, 그렇다고 어디까지나 외국(Foreign) 국가는 아니고 "국내 종속 국가"(domestic dependent nations)이며 미 정부와 원주민의 관계는 "후견인과 피후견인"(Ward and Guardian)이라고 규정하였다. 46) 마샬 판사가 채택한 용어는 지극히 모호성과 간교성을 이중적으로 가지고 있다. 주권과 후견이 어떻게 공존할 수 있을까? 그것은 바로 지금 미국 법이 규정하고 있는 후견인 제도의 규정을 보면 이해할 수 있다. 즉 모든 인간이 각자 주권을 가지고 있는 존재이지만 미성년자나 어떤 질병

---

46) William C. Canby, 2015. *American Indian law in a nutshell*. p.20, 85.

또는 지적 상태로 인해 자신의 주권을 사용하지 못할 때 후견인이 대신 그 권리를 사용한다는 것이 후견인 제도다. 개인 복지적 차원에서 적용할 때 유용할 수 있지만, 이 제도를 국가적 차원에서 사용하였다는 점에서 매우 간교하다는 것이다. 왜냐하면 후견이 성립하려면 상대가 미성년, 질병 또는 지적 상태가 낮은 상태일 때이어야 하기 때문이다. 그렇다면 원주민들이 이런 수준에 있기 때문에 미 정부가 원주민에 대해 후견인이 되어야 한다는 주장이다. 실제로 원주민들을 야만인이나 비문명인, 열등한 자 등으로 지칭한 판결문이 상당수다.[47]

4. 인디언 제거 작전

제거 작전 1: 인디언 강제 이주법Indian Removal Act, 1830: 눈물의 길

결국 미국 정부는 원주민들을 조상 대대로 살아온 땅에서 쫓아내고 강제 이주시키는 정책을 시행했다. 약 12만 5천 명의 원주민들이 그들이 조상 대대로 살던 조지아, 테네시, 앨라배마, 노스캐롤라이나, 플로리다에서 쫓겨나 강제 이주를 당했다. 그들이 빼앗긴 땅은 수백만 에이커에 달했으며, 이 땅들은 면화를 재배하고자 하는 백인 정착민들에게 주어졌다. 연방 정부는 원주민들에게 고향을 떠나 미시시피 강 건너 특별히 지정된 "인디언 영토"로 이동하라고 강요했다. 이 과정에서 원주민들은 엄동설한에 수백 마일을 걸어가야 했다. 처음에 원주민 부족들은 이주를 강력히 거부했다. 그러나 미국 정부는 협박과 강요를 통해 조약을 체결하도록 압박했다. 예를 들어, 1835년 체로키 족의 일부 지도자들과 체결된 뉴 에코타 조약(Treaty of New Echota)가 그 악명 높은 조약으로서, 대부분의 체로키 족이 반대했음에도 불구하고 강제 이주를 명령하는 데 사용되었다. 이 조약은 체로키 족에게 이주를 강요했으며, 이를 따르지 않을 경우 군사

---

47) Walter R. Echo-Hawk. 2010. *In the Courts of the Conqueror: The 10 Worst Indian Law Cases Ever Decided*. p.5, 41

적 강제 이주가 시행될 것이라는 협박이 뒤따랐다. 이후 체로키 족의 비극적인 '눈물의 길(Trail of Tears)' 로 이어졌다.

체로키 족은 미국 정부의 이주 압박에 저항했다. 체로키 족은 미국 법원에 소송을 제기하여 자신의 권리를 보호하려 했으며, 체로키 네이션 대 조지아 사건(Cherokee Nation v. Georgia, 1831)과 워스터 대 조지아 사건(Worcester v. Georgia, 1832)에서 연방 대법원의 판결로 어느 정도의 법적 승리를 거두었다. 그러나 이러한 법적 승리에도 불구하고, 앤드루 잭슨 대통령과 조지아 주 정부는 체로키 족의 강제 이주를 강행하려 했다. 체로키 족 내부에서도 이주에 대한 의견이 갈렸다. 체로키 네이션의 대다수는 이주를 반대했으나, 일부 지도자들은 이주를 피할 수 없는 현실로 받아들이고 미국 정부와 협상을 시작했다. 이주를 찬성한 지도자들 중 존 리지(John Ridge)와 메이저 리지(Major Ridge), 일라이저 바운즈(Elijah Bounds) 등이 있었다. 이들은 체로키 족의 고통을 줄이기 위해 협상을 통해 더 나은 조건을 얻고자 했다.

1835년 12월 29일, 조지아주 뉴 에코타에서 체로키 족의 일부 지도자들과 미국 정부 대표가 뉴 에코타 조약을 체결했다. 이 조약은 체로키 족이 동부의 모든 땅을 포기하고 미시시피강 서쪽의 인디언 준주로 이주하는 것을 주요 내용으로 한다. 조약 체결에 참여한 체로키 족 지도자들은 전체 부족의 대표성을 갖추지 못했음에도 불구하고, 미국 정부는 이를 정당한 조약으로 인정하고 강제 이주를 추진했다. 뉴 에코타 조약에 따라 체로키 족은 530만 에이커의 동부 땅을 포기하고, 그 대가로 500만 달러와 미시시피강 서쪽의 새로운 영토를 받기로 했다. 조약이 체결된 후에도 체로키 족의 대다수는 이주를 거부했으나, 미국 정부는 군사적 강제력을 동원하여 이주를 실행에 옮겼다. 이 과정에서 체로키 족은 혹독한 여정을 겪으며 미시시피강 서쪽으로 강제 이주당했고, 많은 이들이 '눈물의 길' 에서 목숨을 잃었다.

체로키 족을 비롯한 여러 부족들은 다양한 경로를 통해 이동해야 했다. 주요 경로로는 육로, 강로, 그리고 바다 경로가 있었다. 이 여정은 약 800마일에 이르렀으며, 이동 중에 식량과 물 부족, 질병, 추위, 기아 등으로 많은 이들이 목숨을 잃었다. 체로키 족의 경우, 약 16,000명 중 4,000명 이상이 여정 중에 사망한 것으로 추정된다. 48) 이는 전체 체로키 족 인구의 25%에 해당하는 수치다. 강제 이주는 매우 가혹한 환경에서 이루어졌다. 원주민들은 군사적 압박과 함께 집과 마을을 떠나야 했으며, 수백 마일을 걸어가야 했다. 겨울철 추위와 눈보라 속에서 많은 이들이 저체온증과 질병으로 고통받았다. 식량 부족은 상황을 더욱 악화시켰다. 정부가 제공한 식량은 부실했으며, 이동 경로상의 식량 공급은 거의 없었다. 그 결과 많은 이들이 기아로 목숨을 잃었다. 특히 체로키 족의 여정은 "눈물의 길"로 알려지게 되었다. 체로키 족은 육로를 통해 이동하면서, 수많은 이들이 기아, 질병, 피로로 사망했다. 이들은 매일 긴 거리를 걸어야 했으며, 충분한 휴식을 취할 수 없었다. 이러한 가혹한 여정 속에서 체로키 족은 서로를 의지하며 버텨냈지만, 많은 이들이 끝내 살아남지 못했다. 49) 이주 중 발생한 사망의 주요 원인은 기아, 질병, 피로 등이었다. 이러한 비극적인 상황은 원주민들에게 깊은 상처를 남겼다. 그들의 문화와 공동체는 큰 타격을 받았으며, 많은 이들이 사랑하는 사람들을 잃는 슬픔을 겪어야 했다. 원주민들의 고통은 단지 육체적인 것이 아니라, 정신적, 감정적인 측면에서도 깊은 상처를 남겼다.

---

48) 눈물의 길에서 사망한 사람의 숫자에 대해서는 여러 가지 추측이 있다. 미국인 의사이자 선교사였던 엘리자 버틀러는 한 무리와 같이 갔던 사람이었는데 집결지에서 2,000명, 도중에 2,000명이 죽었다고 추정했다. 그래서 총 4,000명이라는 숫자가 자주 인용되게 되었다. 1973년 학자들의 인구통계 조사에서는 총 2,000명이 죽었다고 주장했다. 또 1984년 다른 조사에서는 총 8,000명이 죽었다고 주장했다.

49) 여행 도중에 사람들은 《어메이징 그레이스》를 노래하면서 사기를 높였다고 전해진다. 이 전통적인 기독교 찬송가는 훨씬 이전에 선교사 사무엘 우스터와 체로키 족 일라이어스 부디놋트의 도움으로 이미 체로키어로 번역되었다. 이후 이 노래는 체로키 인디언에게 일종의 국가가 되었다.

체로키 족, 촉토 족, 치카소 족, 크리크 족, 세미놀 족 등 강제 이주를 겪은 부족들은 새로운 땅에서의 생활 역시 극심한 어려움을 겪었다. 미국 정부는 초기의 약속을 지키지 않거나 불충분한 지원을 제공했다. 원주민들은 그들의 생활 방식을 버리고 미 정부가 제시한 문명화의 길을 따르도록 강요받았다. 이는 그들이 새로운 환경에 적응하는 과정에서 많은 어려움을 초래했다. 이러한 강제 이주는 원주민들에게 엄청난 고통을 안겨주었다. 체로키 족을 포함한 다섯 부족들이 강제 이주를 겪은 후 "눈물의 길"로 불리는 비극적인 여정을 통해 새로운 땅에 도착했지만, 그들의 고난은 끝나지 않았다. 새로운 땅에서의 생활은 그들의 전통과 문화와는 전혀 다른 환경에서 이루어졌으며, 이는 적응 과정에서 큰 어려움을 겪게 했다.

체로키 족, 촉토 족, 치카소 족, 크리크 족, 세미놀 족은 강제 이주 후 "문명화된 부족들"로 불리게 되었다. 이는 참으로 아이러니한 명칭이었다. 문명화라는 명목 아래 그들은 자신들의 모든 문화와 전통을 말살당했다. 강제 이주와 새로운 땅에서의 생활은 그들의 전통적인 삶의 방식을 파괴하고, 공동체의 정체성을 심각하게 훼손했다. 인디언 강제 이주법은 원주민들의 아이덴티티와 삶을 심각하게 파괴한 결과를 가져왔다. 이 법은 원주민들과 맺은 조약과 협정을 위반하고, 원주민 부족들의 주권을 무시하며, 원주민 공동체의 권리와 복지를 무시했다. 강제 이주는 전통적인 삶의 방식을 방해하고, 공동체의 삶의 방식이었던 땅에 뿌리를 내리고 있었던 생명을 질식시키는 결과를 가져왔다.

원주민들은 그들의 고유한 문화와 전통을 지키기 위해 노력했지만, 강제 이주와 새로운 환경에서의 생활은 그들에게 큰 시련을 안겨주었다. 원주민들은 자신들의 땅과 문화, 전통을 잃었고, 새로운 땅에서의 생활은 많은 도전을 동반했다. 그들의 고통과 희생은 미국 역사에서 잊히지 않을 비극적인 장면으로 남아 있다. 원주민 강제 이주는 단순히 땅을 빼앗기는 것 이상의 의미를 가지고 있었다. 이는 원주민들의 정체성과 공동체의 생명을 파괴하는 과정이었다. 그들의 전통과 문화를 잃고, 새로운 환경에서의 생활에 적응해야 했던 원주민들은 엄청난 고통과 어려움을 겪었다. 이러한 역사는 원주민들의 권리와 정체성을 보호하고 존중하는 것의 중요성을 일깨워준다.

제거 작전 2: 무역 및 교류법 Trade and Intercourse Act, 1834

무역 및 교류법(Trade and Intercourse Act)은 미국 연방 정부와 원주민 부족 간의 무역과 교류를 규제하고, 원주민들의 권리와 영토를 보호하기 위해 제정된 법률이다. 이 법은 원주민과의 관계를 관리하고, 그들의 영토에 대한 백인 정착민들의 불법적인 침입을 방지하기 위해 마련되었다. 이 법의 목표에는 식민지에서의 평화를 유지하기 위해 식민지와 원주민 공동체 간 상호 작용에 대한 명확한 지침을 수립하는 것이 포함되었다. 예를 들면 백인들이 인디언 경계를 넘어 땅에 정착하는 것을 금지하여 갈등을 완화하고 원주민 영토를 존중하는 것을 목표로 했다. 또 이 법은 "영구적" 인디언 경계를 설정하여 원주민 영토와 식민지 땅 사이의 경계를 명확히 하였다. 주요 내용은 다음과 같다.

무역 규제: 원주민들과의 무역은 연방 정부의 허가를 받은 사람들만이 할 수 있도록 규정했다. 이는 원주민들이 불공정한 무역으로 피해를 입지 않도록 보호하기 위한 조치였다. 무역업자들은 연방 정부로부터 라이선스를 받아야 했으며, 무역 활동은 엄격하게 통제되었다.

영토 보호: 백인 정착민들의 원주민 영토 침입을 금지하고, 원주민들의 영토를 보호하기 위한 조치가 포함되었다. 원주민 영토 내에서의 불법적인 정착을 방지하기 위해 군사적 조치를 취할 수 있도록 했다.

법 집행: 법을 위반하는 자에 대한 처벌 규정을 포함하고 있으며, 연방 정부는 법 집행을 위한 권한을 부여받았다. 원주민 영토 내에서 발생하는 범죄에 대

해 연방 법원이 관할권을 행사할 수 있도록 했다.

조약 이행: 연방 정부가 원주민들과 맺은 조약을 존중하고 이행할 의무를 강조했다. 원주민들의 권리와 영토를 보호하기 위해 연방 정부가 책임을 진다는 점을 명확히 했다.

역사적 의미를 찾는다면,

원주민 보호 조치: 이 법은 원주민들의 권리와 영토를 보호하기 위한 중요한 법적 조치였다. 이는 백인 정착민들의 불법적인 침입을 방지하고, 원주민들의 생활을 보호하는 데 기여했다.

연방 정부의 책임 강화: 연방 정부가 원주민들과의 관계를 관리하고 보호할 책임이 있음을 명확히 함으로써, 원주민들의 권리를 보호하기 위한 법적 근거를 마련했다.

무역 통제: 원주민들과의 무역을 통제함으로써, 원주민들이 불공정한 무역으로 인한 피해를 입지 않도록 보호했다. 이는 원주민 경제의 안정을 도모하는 데 중요한 역할을 했다.

법적 선례: 무역 및 교류법은 이후 원주민과의 관계를 규제하는 법률의 기초가 되었으며, 연방 정부가 원주민 영토를 보호하고 그들의 권리를 존중하는 법적 근거를 제공했다.

이 법 또한 명목상으로는 원주민들의 영토 보존과 백인들에 대한 침탈을 막기 위한 것이라 하지만, 사실은 이 법을 통해 미 정부가 원주민을 통제하고 간섭하는 데 사용하였으며, 결국 원주민들의 자유와 주권, 그리고 그들의 문화와 생활 방식을 심각하게 침해하게 되었다.

5. 작전명을 바꾸다: 명백한 운명(Menifest Destiny)

이제 미 정부의 작전은 유럽에서 온 식민 정책의 색깔을 탈색하여 발견의 원리(Doctrine of Discovery)에서 더욱 세련된 용어인 "명백한 운명"(Manifest Destiny, 1845)으로 작전명을 변경한다. 발견의 원리가 미 대륙의 점령을 합리화한 것이라면, 이제 명백한 운명을 통해 서부 개척이라는 미국의 미래 비전을 제시한 셈이다. 이 용어는 1845년에 존 오설리번(John L. O'Sullivan) 기자가 처음 사용한 것으로, 그는 영토를 확장하는 것이 신의 섭리에 따른 운명이기 때문에 역사적인 필연이라는 주장을 펼쳤다. 이런 주장이 나온 배경은 역시 미국의 팽창주의 열망에서 나온 것이다. 루이지애나 매입(1803), 텍사스 합병(1845)과 같은 일련의 영토 확장 정책으로 미국인들은 서부로의 팽창을 통해 경제적 기회를 찾으려 했다. 더불어 미국인들은 독립 전쟁 이후 더욱 강한 민족적 자부심을 느끼게 되었고, 이를 바탕으로 더 넓은 영토와 더 강력한 국가를 꿈꾸게 되었다. 이런 꿈을 성취하기 위해서는 종교적 신념을 고취할 필요가 있었다.

즉, 미국의 영토 확장이 신의 뜻이라는 믿음에 기반을 두고 있다. 이는 미국이 북아메리카 대륙 전역을 차지하게 되는 것이 신의 계획이자 운명이라는 주장이다. 이 사상은 미국인들에게 영토 확장을 도덕적으로 정당화하는 근거를 제공했다. 명백한 운명은 미국의 영토 확장을 통해 민주주의와 문명을 북아메리카 대륙 전역에 전파해야 한다는 사명을 강조했다. 이는 미국이 더 나은 사회 체제를 가지고 있으며, 이를 다른 지역에 전파하는 것이 도덕적 의무라는 생각을 반영했다.

또 명백한 운명 사상은 미국의 영토 확장 정책을 정당화하는 데 사용되었다. 이는 텍사스 합병(1845), 오레곤 협정(1846), 멕시코-미국 전쟁(1846~1848) 등 주요 영토 확장 사건에 큰 영향을 미쳤다. 멕시코-미국 전쟁의 결과로, 미국은 캘리포니아, 네바다, 유타, 애리조나, 뉴멕시코, 콜로라도, 와이오밍 등의 영토를 획득했다. 이를 통해 미국은 현재의 대륙 횡단 영토를 형성하게 되었다.

한편, 이 사상은 여러 가지 부정적인 영향을 미치게 되었다.

원주민과의 갈등 심화: 명백한 운명 사상은 원주민의 권리를 무시하고 그들의 영토를 침해하는 결과를 초래했다. 원주민들은 자신들의 땅에서 쫓겨나거나 강제 이주당하는 등의 피해를 입었다. 이는 원주민과의 갈등을 심화시키고, 그들의 문화와 생활 방식을 파괴하는 결과를 낳았다.

미국 내 갈등 초래: 영토 확장은 미국 내에서도 갈등을 초래했다. 북부와 남부 간의 노예제 문제, 새로운 영토의 관리와 통치 문제 등이 미국 사회를 분열시키는 원인이 되었다.

명백한 운명과 발견의 법칙은 모두 미국의 영토 확장을 정당화하는 역할을 했다. 발견의 법칙이 법적 근거를 제공했다면, 명백한 운명은 도덕적, 이념적 정당성을 부여했다. 발견의 법칙이 미국 정부가 원주민의 땅을 법적으로 소유할 수 있는 근거를 제공했다면, 명백한 운명은 미국인들에게 영토 확장이 신의 뜻이라는 믿음을 심어주어 도덕적 정당성을 제공했다. 이는 영토 확장을 통해 민주주의와 문명을 전파해야 한다는 사명을 부여했다.

명백한 운명과 발견의 법칙은 이후 미국의 사상과 정책에 깊은 영향을 미쳤다. 두 사상은 미국의 제국주의와 확장주의 정책을 정당화하는 데 중요한 역할을 했다. 이는 미국이 북아메리카 대륙을 넘어 해외로 영토를 확장하는 데에도 영향을 미쳤다. 19세기 말과 20세기 초의 필리핀, 푸에르토리코, 하와이 등 해외 영토 획득은 이러한 사상의 연장선상에 있다.

명백한 운명은 미국인들에게 민족적 자부심과 예외주의(미국이 특별한 사명을 가진 국가라는 믿음)를 강화했다. 이는 미국의 대외정책과 국제정치에서 중요한 역할을 했다. 미국의 민주주의와 자유를 전 세계에 전파해야 한다는 믿음은 이후 냉전 시대와 현대 외교정책에도 영향을 미쳤다. 두 사상은 원주민 정책에 지속적인 영향을 미쳤다. 원주민들의 권리와 주권을 제한하고 그들의 땅을 **빼앗는** 정책은 미국 역사에서 지속적으로 반복되었다. 이는 원주민과의 갈등을 심화시키고, 오늘날까지도 원주민 공동체에 깊은 상처를 남겼다.

6. 대륙 횡단 철도 프로젝트

19세기 중반, 미국은 명백한 운명(Manifest Destiny)이라는 사상 아래 영토를 서쪽으로 확장하는 데 주력했다. 이러한 확장의 일환으로 대륙 횡단 철도 프로젝트가 추진되었다. 이 프로젝트는 대서양 연안과 태평양 연안을 철도로 연결하여 미국의 경제적, 사회적 발전을 촉진하고, 영토 통합을 이루는 데 중요한 역할을 했다. 1862년, 아브라함 링컨 대통령은 태평양 철도법(Pacific Railway Act)에 서명하여 대륙 횡단 철도 건설을 공식적으로 승인했다. 이 법은 유니온 퍼시픽 철도와 센트럴 퍼시픽 철도가 각각 동부와 서부에서 철도를 건설하도록 했다. 연방 정부는 철도 건설을 촉진하기 위해 철도 회사에 토지와 자금 지원을 제공했다. 대륙 횡단 철도 건설에는 수많은 이민자 노동자들이 참여했다. 특히 중국인 노동자들이 센트럴 퍼시픽 철도의 건설에 중요한 역할을 했다.

명백한 운명과 영토 확장: 대륙 횡단 철도는 명백한 운명의 이념을 실현하는 중요한 수단이었다. 철도를 통해 서부로의 이동과 정착이 용이해지면서, 미국은 북아메리카 대륙 전역으로 영토를 확장할 수 있었다. 철도 건설은 서부 개척자들과 정착민들에게 새로운 기회를 제공하여 서부 지역의 개발을 촉진했다.

경제적 발전: 철도는 동부와 서부를 연결하여 물류와 교역을 활성화시켰다. 이는 미국 경제의 발전을 크게 촉진하는 역할을 했다. 철도를 통해 서부의 자원을 동부로 운송할 수 있게 되면서, 농업, 광업, 목축업 등의 산업이 급속도로 발전했다.

사회적 변화: 철도 건설로 인해 새로운 도시와 마을이 형성되었고, 이는 서부

지역의 인구 증가와 사회적 변화를 이끌었다. 철도는 미국 내 다양한 문화와 사람들이 이동하고 교류할 수 있는 기반을 제공했다.

원주민과의 갈등: 철도 건설은 원주민들의 땅을 침범하고, 그들의 생활 방식을 파괴하는 결과를 초래했다. 많은 원주민들은 철도 건설로 인해 자신들의 영토를 잃고 강제로 이주당하는 등의 피해를 입었다. 철도 건설 과정에서 원주민과의 충돌과 갈등이 빈번하게 발생했으며, 이는 원주민 공동체에 큰 상처를 남겼다.

대륙 횡단 철도 프로젝트는 명백한 운명 사상을 실현하는 중요한 수단으로, 미국의 서부 개척과 영토 확장을 촉진했다. 철도는 경제적, 사회적 발전을 이끄는 중요한 역할을 했지만, 원주민들에게는 큰 피해와 고통을 안겨주었다.

7. 샌드 크리크 대학살(Sand Creek Massacre)

명백한 운명이라는 깃발을 꽂고 내달린 미 서부 개척은 필연적으로 원주민들과 마찰을 일으킬 수밖에 없었다. 그중 하나가 바로 샌드 크리크 대학살 사건(Sand Creek Massacre)이다. 이 사건은 1864년 11월 29일, 미국 콜로라도 준주에서 발생한 사건으로, 콜로라도 민병대가 샤이엔(Cheyenne)과 아라파호(Arapaho) 부족을 공격하여 많은 인명을 희생시킨 참혹한 사건이다.

배경을 살펴보자면:

서부 확장과 원주민 갈등: 19세기 중반, 미국의 서부 확장 정책은 원주민들과의 갈등을 심화시켰다. 백인 정착민들은 원주민의 땅을 침범하며 갈등이 증폭되었다. 1858년에 콜로라도에서 금이 발견되면서 많은 백인들이 이 지역으로 몰려들었고, 이는 원주민들의 영토와 자원을 침범하게 되었다. 이로 인해 원주민들과의 충돌이 빈번해졌다.

원주민과의 협정: 1851년 포트 라라미 조약(Fort Laramie Treaty)에서 샤이엔과 아라파호 부족은 특정 지역에서 거주할 수 있는 권리를 보장받았다. 그러나 백인 정착민들의 침범으로 이 조약은 제대로 이행되지 않았다. 1861년 새로운 조약이 체결되어 원주민들은 콜로라도 준주 남동부의 작은 지역으로 강제 이주당했다.

콜로라도 민병대의 압박: 콜로라도 준주 주지사 존 에반스(John Evans)는 원주민들을 적대 세력으로 간주하고, 콜로라도 민병대에게 원주민 문제를 해결할 것을 명령했다. 민병대 대장 존 치빙턴(John Chivington)은 원주민에 대한 강경책을 주장하며, 원주민 마을을 공격하기로 결정했다.

대학살:

공격 계획: 1864년 11월 28일 밤, 치빙턴 대령은 약 700명의 민병대를 이끌고 샌드 크리크에 위치한 샤이엔과 아라파호 마을을 향해 출발했다. 원주민 마을은 대부분 여성, 어린이, 노인들로 구성되어 있었고, 이들은 평화를 원하며 미군 기지 근처에 머물고 있었다.

학살: 11월 29일 새벽, 치빙턴과 민병대는 샌드 크리크 마을을 기습 공격했다. 마을 주민들은 미군의 보호를 받고 있다고 믿고 있었기에 저항하지 않았다. 민병대는 무차별적으로 원주민들을 학살했다. 이 과정에서 약 150명에서 200명의 원주민이 목숨을 잃었다. 희생자 대부분은 여성과 어린이였다.

잔혹성: 민병대는 학살 후에도 잔인한 행동을 멈추지 않았다. 희생자들의 시신을 훼손하고, 그들의 신체 일부를 전리품으로 가져갔다. 이러한 행위는 당시에도 큰 충격을 주었다.

결과와 영향:

공분과 조사: 샌드 크리크 대학살 소식이 전해지자, 미국 내에서 큰 공분이 일

어났다. 의회와 군 당국은 이 사건에 대한 조사를 시작했다. 조사 결과, 치빙턴 대령과 민병대의 행위는 과도한 폭력과 학살로 규정되었으나, 치빙턴은 어떠한 처벌도 받지 않았다.

원주민과의 갈등 심화: 샌드 크리크 대학살은 원주민들과의 갈등을 더욱 심화 시켰다. 많은 원주민 부족들은 미국 정부에 대한 불신을 강화하고, 저항 운동을 벌였다. 이 사건은 이후로도 원주민과의 평화 협정을 어렵게 만들었으며, 더 많 은 충돌과 학살이 이어졌다.

샌드 크리크 대학살은 미국 역사에서 가장 비극적인 원주민 학살 사건 중 하 나로, 당시의 폭력성과 불의를 보여주는 중요한 사례이다. 이 사건은 원주민들 과의 갈등을 심화시키고, 미국 정부에 대한 불신을 강화하는 결과를 초래했다. 오늘날에도 이 사건은 역사 교육과 원주민 권리 운동에서 중요한 위치를 차지 하고 있다.

3. 조약Treaty으로 묶어라 1778-1871

1. 조약시대

조약시대로 구분한 이 기간(1778-1871)은 첫 조약인 델라웨어 네이션과 조약 (The Treaty with the Delaware Nation 1778)으로부터 미의회가 조약시대 종료를 선언한 1871년까지 370개의 조약을 체결하였다. 그러나 이후 조약이라는 방법을 사용하지는 않았으나 각종 법령(Acts)을 제정하여 미인디언들의 주권에 계속 관여하였다.

많은 인디언 지도자들은 조약에 서명할 때 미국의 법과 관행에 익숙하지 않아서 서명한 내용을 완전히 이해하지 못한 경우가 비일비재하였다. 그러나 시간이 지나면서 조약은 동등한 파트너 간의 합의된 협상으로 인정되었다.

조약시대(1778-1871)는 미국 정부와 원주민 부족 간의 관계 형성에 있어 중요한 역할을 한 시기임에는 틀림없다. 이 시기 동안 체결된 조약들은 원주민 정책에 중대한 내용을 형성했다. 조약의 주요 역할을 정리하면 다음과 같다.

원주민 주권 및 자치권 인정과 제한: 조약은 원주민 부족의 주권과 자치권을 인정하고 보호하는 역할을 했다. 이는 원주민들이 자신들의 내부 문제를 자치적으로 해결할 수 있는 권리를 포함한다. 예를 들어 워스터 대 조지아 사건 (Worcester v. Georgia 1832)에서 연방 대법원은 원주민 자치권을 인정하고 주 정부의 간섭을 제한하는 판결을 내렸다. 그러나 많은 조약은 동시에 원주민의 자치권을 제한하기도 했다. 이는 연방 정부가 원주민 영토 내에서의 법적 권한을 가지며 원주민 자치권이 연방 정부의 관리 아래 있다는 것을 명확히 했다.

영토 경계 설정: 조약은 원주민 부족에게 특정 영토를 할당하고 그 경계를 명

확히 설정하는 역할을 했다. 이러한 영토 할당은 주로 원주민들이 자신들의 전통적 땅을 포기하고 새로운 지역으로 이주하게 만드는 내용을 포함했다. 예를 들어 체로키 족과의 뉴 에코타 조약(Treaty of New Echota)은 체로키 족이 동부의 모든 땅을 포기하고 미시시피강 서쪽의 인디언 준주로 이주하게 했다.

평화 유지 수단: 많은 조약들은 원주민과 미국 정부 간의 평화와 협력을 촉진하기 위한 목적으로 체결되었다. 이는 주로 백인 정착민들이 원주민 영토를 침범하지 않도록 하고 원주민들도 정착민들과의 충돌을 피하도록 하는 내용을 포함했다. 예를 들어 1851년의 포트 라라미 조약은 원주민들과 백인 정착민들 간의 경계를 설정하여 충돌을 방지하려 했다.

경제적 교류와 무역 규제: 조약들은 원주민과 미국 정부 간의 무역을 규제하고 경제적 협력을 촉진하는 역할을 했다. 이는 원주민들이 미국 정부와 무역을 통해 필요한 물품을 얻을 수 있도록 하고 경제적 자립을 도모하는 내용을 포함했다. 예를 들어 무역 및 교류법(Trade and Intercourse Act 1790)은 원주민들과의 무역을 규제하여 공정한 거래를 보장하려 했다.

사회적 정치적 문제 해결: 조약들은 종종 원주민 사회의 다양한 문제를 해결하는 데 사용되었다. 이는 교육, 의료, 사회 복지 등의 분야에서 원주민의 생활수준을 향상시키기 위한 노력이 포함된다.

정책적 변화의 기초: 조약시대는 이후 미국의 원주민 정책 변화에 중요한 기초를 제공했다. 1871년 조약 체결이 중단된 후에도 이전에 체결된 조약들은 원주민의 권리와 미국 정부의 의무를 규정하는 중요한 법적 근거로 남아 있다.

요약한다면 연방 정부와 부족 간의 조약 체결의 중요한 목적은 부족들과의 관계를 명확히 정의하고 토지 경계를 설정하며 평화를 보장하고 무역을 규제하며 사회, 정치 및 경제 문제를 해결하는 데 있었다. 이러한 조약들은 부족 주권을 인정하고 권리와 책임을 분명히 하기 위한 법적 틀을 제공했다. 1871년 의회가 조약 체결을 종료할 때까지 370여 개의 조약들이 맺어졌다.

그러나 헌법 제6조가 조약을 "국가의 최고 법률"로 규정하고 있음에도 불구하고 미국은 원주민 부족에 대한 약속을 자주 지키지 않았다. 많은 합의가 거짓된 명분으로 이루어졌으며 협상자들은 토지 할양을 확보하기 위해 부족들을 호도하고 이후에 약속을 번복했다. 결국 미국 정부는 원주민으로부터 땅을 강압적으로 빼앗는 방식을 보다 정교하게 발전시켰다. 바로 조약이라는 형식을 통해서였다. 조약을 체결하지 않은 모든 땅은 미국 정부의 소유라는 극단적인 주장을 내세우게 된 것이다.

조약시대에 체결된 주요 조약

델라웨어 네이션과의 조약The Treaty with the Delaware Nation 1778

내용: 미국과 레나페(델라웨어) 부족 사이에 체결된 포트 피트 조약(Treaty of Fort Pitt)은 미국 독립 전쟁 중 체결된 조약이다. 이 조약은 대륙회의가 원주민 부족들과 동맹을 맺어 전쟁에서 그들의 도움과 중립을 확보하고자 했던 시기에 체결되었다. 레나페 부족은 오하이오 지역에서 자신들의 땅을 보호하고 아팔라치아 산맥 서쪽의 영국군 요새에서 영국군을 몰아내기를 원했다. 이 조약은 두 나라 사이에 불안한 평화를 정립하고 양측에서 중요한 약속을 했다.

의의: 미 정부와 원주민이 맺은 첫 번째 조약. 조약시대 개막.

포트 스탠윅스 조약 Treaty of Fort Stanwix 1784

내용: 미국과 이로쿼이 연맹 사이에 체결된 첫 번째 조약 중 하나로 미 정부는 이로쿼이 부족에게 뉴욕 서부와 오하이오 지역의 광범위한 토지를 할양받았다.

의의: 이 조약은 미국이 혁명 전쟁 이후 최초로 원주민과 체결한 조약으로 영토 확장을 위한 중요한 발판이 되었다. 미국의 서부 확장을 위한 토지 확보의 시

작을 의미한다.

포트 맥킨토시 조약 Treaty of Fort McIntosh 1785

내용: 이 조약은 미국과 델라웨어, 와이언도트, 오타와, 치페와 부족들 사이에 체결되어, 이 부족들이 오하이오 강 북서부의 영토를 미국에 양도하고 지정된 보호구역으로 이동하는 내용을 포함하고 있다.

의의: 이 조약은 미국이 북서부 영토를 확장하고 원주민 부족들의 영토를 축소시키는 또 다른 중요한 조치로 초기 미국의 영토 확장 정책을 보여준다.

그린빌 조약 Treaty of Greenville 1795

내용: 이 조약은 미국과 여러 원주민 부족들(쇼니, 마이애미, 델라웨어 등) 사이에 체결되어, 현재의 오하이오주와 인디애나주의 대부분을 미국에 양도하는 내용을 포함하고 있다.

의의: 이 조약은 북서부 인디언 전쟁을 종식시키고, 미국의 서부 확장을 가속화하며, 원주민과 미국 간의 경계를 명확히 함으로써 오하이오 강 너머의 정착을 촉진했다.

체로키 조약 Treaty with the Cherokee 1805

내용: 이 조약은 미국과 체로키 족 사이에 체결되어, 체로키 족이 테네시와 조지아 북부의 일부 영토를 미국에 양도하는 내용을 포함하고 있다.

의의: 이 조약은 미국의 남동부 확장을 촉진하고, 체로키 족의 전통적인 영토를 점진적으로 축소시키는 결과를 초래하였다.

포트 잭슨 조약 Treaty of Fort Jackson 1814

내용: 이 조약은 미국과 크리크 족 사이에 체결되어, 크리크 족이 조지아와 앨라배마의 약 2,300만 에이커에 달하는 영토를 미국에 양도하는 내용을 포함하고 있다.

의의: 이 조약은 크리크 전쟁을 종식시키고, 미국의 남동부 영토 확장을 촉진하며, 크리크 족의 전통적인 영토를 크게 축소시키는 결과를 초래했다.

세인트 루이스 조약 Treaty of St. Louis 1816

내용: 이 조약은 미국과 오지브와, 오타와, 포타와토미 부족들 사이에 체결되어, 일리노이와 미주리의 일부 영토를 미국에 양도하는 내용을 포함하고 있다.

의의: 이 조약은 미국의 중서부 확장을 촉진하고, 해당 지역에서 원주민들의 영토를 축소시키며, 원주민과 미국 간의 긴장을 고조시켰다.

캠프 무터크리 조약 Treaty of Camp Moultrie 1823

내용: 미국과 세미놀 부족 사이에 체결되어 세미놀 족이 플로리다 중부의 영토를 양도하고 플로리다 반도 남부로 이주하는 것을 규정하고 있다.

의의: 플로리다의 원주민 영토를 줄이고 세미놀 전쟁의 배경을 형성하여 원주민 이주 정책을 강화했다.

인디언 스프링스 조약 Treaty of Indian Springs 1825

내용: 미국과 크리크 족 사이에 체결되어, 크리크 족이 조지아 주의 대부분의 영토를 미국에 양도하는 내용을 포함하고 있다.

의의: 크리크 족의 영토를 크게 축소시키고, 조지아 주의 백인 정착을 촉진하며, 크리크 족 내부의 분열을 초래했다.

포트 깁슨 조약 Treaty of Fort Gibson 1832

내용: 미국과 치카소 족 사이에 체결되어 치카소 족이 미시시피 강 서쪽의 영토로 이주하는 것을 규정하고 있다.

의의: 치카소 족의 강제 이주를 촉진하고 원주민 이주 정책의 일환으로 미국의 남부 영토 확장을 강화했다.

뉴 에코타 조약 Treaty of New Echota 1835

내용: 미국과 체로키 족 일부 지도자들 사이에 체결되어 체로키 족이 동부의 모든 땅을 포기하고 미시시피강 서쪽의 인디언 준주로 이주하는 것을 주요 내용으로 한다.

의의: 체로키 족의 강제 이주를 본격화하고 '눈물의 길'로 알려진 비극적인 강제 이주를 초래했다.

포트 라라미 조약 Treaty of Fort Laramie 1851

내용: 이 조약은 미국 정부와 여러 원주민 부족들(수우, 샤이엔, 아라파호 등) 사이에 체결되어 원주민 부족들이 특정 영토에서 거주하고, 미국 정부는 그들의 영토를 침범하지 않으며, 원주민들에게 연간 지원금을 제공하는 내용을 포함하고 있다.

의의: 이 조약은 원주민들과 미국 정부 간의 평화와 상호 존중을 약속했으나, 이후 미국의 서부 확장과 금광 발견으로 인해 원주민 영토 침해가 지속되면서, 조약이 제대로 이행되지 않아 원주민과 미국 정부 간의 갈등이 더욱 심화되었다.

메디신 로지 조약 Medicine Lodge Treaty 1867

내용: 이 조약은 미국 정부와 여러 대평원 원주민 부족들(키오와, 코만치, 아파치, 샤이엔, 아라파호) 사이에 체결되어 이 부족들이 오클라호마의 보호구역으로 이주하고, 그 대가로 미국 정부가 이들에게 식량, 교육, 주거 등의 지원을 제공하는 내용을 포함하고 있다.

의의: 메디신 로지 조약은 대평원 원주민 부족들의 생활 방식을 크게 변화시켰으며, 이주와 보호구역 생활을 강요함으로써 그들의 전통적인 유목 생활과 자립 경제를 파괴했다. 이 조약은 또한 미국의 서부 확장과 정착민의 이주를 촉진했으며, 원주민과 미국 정부 간의 갈등을 심화시키는 결과를 초래했다.

살펴본 대로 조약들을 보면 한결같이 미 정부가 부족들의 영토를 할양받는 형식을 취하여 부족들의 영토를 줄이는 데 안간힘을 썼으며, 미국의 영토 확장 정책의 기반으로 삼았다는 것을 알 수 있다. 이 조약들은 종종 원주민들을 속이거나 강압적으로 체결되었고, 많은 경우 미국 정부는 조약의 내용을 지키지 않았다. 그 결과 원주민들은 토지를 잃고 문화적, 사회적 타격을 입었다.

원주민들의 권리를 보장하겠다는 명목으로 체결된 조약들이 어떻게 그들의 땅을 빼앗는 결과를 낳았는지 살펴보면, 이는 전혀 예상치 못한 결과가 발생한 것이 아니라 처음부터 미 정부의 철저하게 계산된 조약 체결임을 알 수 있다. 그것은 미 정부가 조약의 내용을 얼마나 잘 지켜왔는지를 보면 그 의도를 금방 눈치챌 수 있다.

2. 조약시대의 종식과 원주민 지위

조약시대를 마감하게 된 직접적 계기와 원인은 다양한 요인에 의해 복합적으로 작용했다. 1871년 미 의회는 원주민과의 조약체결 관행을 종식시키는 인디언 예산배정법(Indian Appropriations Act)을 통과했다. 이 법은 정부가 새로운 조약을 체결하는 것을 금지했지만, 1871년 3월 3일 이전에 이미 체결되고 비준된 모든 조약까지 무효로 하지 않았다. 이 법에서 가장 중요한 핵심 내용은 인디언들을 더 이상 독립된 국가로 인정하지 않으며, 모든 인디언을 개별적으로 취급하고 연방 정부의 "피보호인(wards)"으로 규정하였다.

그렇다면 여기서 조약을 종식하게 된 결정적 이유를 유추할 수 있을 것이다. 비록 미 정부와 대등한 입장에서 조약을 맺어온 것은 아니지만, 그래도 어디까지나 원주민 부족은 국가적 지위와 주권을 가진 집단으로 인정받아 국가와 국가 간의 계약인 조약(treaty)을 맺어온 것인데, 이 조약을 종식하고 더 이상 독립된 국가로 인정하지 않겠다고 한 것이기에 원주민 역사에 가장 치욕적인 결정이다.

유구한 역사를 이어온 원주민의 존재 자체를 부정할 수 없어 그들의 땅을 쟁취한 대가로 명목적으로나마 원주민의 체면을 겨우 세워주며 원주민 부족을 독립적인 주권국가로 인정한다고 판결했던 체로키 네이션 대 조지아 사건(Cherokee Nation v. Georgia 1831) 판결마저 완전히 뒤엎어버린 판결이다.

조약시대를 마감하겠다는 미국 정부의 고심을 몇 가지로 정리해 보면 다음과 같다.

첫째, 19세기 후반부터 20세기 초반으로 들어오면서 조약 체결보다는 인디언들을 통합하거나 토지를 강제로 할당하는 방식의 정책이 우세해지면서 조약의 중요성이 감소했다는 점이다.

둘째, 미국의 확장과 인디언 영토의 감소로 인해 토지 소유권 문제가 심각해지면서 조약 체결이 더 이상 효과적인 해결책이 아니라고 여겨졌다. 더불어 원주민과 미국 정부 간의 갈등이 심화되면서 조약 체결이 상호 협력과 평화를 유지하는 수단으로서의 역할을 잃게 되었기 때문이다.

조약시대의 종료로 인해 그나마 유지하고 있었던 원주민들의 지위에 엄청난 부정적 영향을 받게 되었다.

첫째, 토지 상실: 조약을 통해 보장받았던 영토들이 축소되거나 아예 박탈되었다. 미국 정부는 원주민들이 거주하던 영토를 강제로 빼앗고, 원주민들은 좁은 보호구역으로 강제 이주당했다. 물론 이는 미 정부의 계략의 결과이기도 하다. 이로 인해 원주민들의 경제적 안정성이 훼손되었다.

둘째, 자치권 제약: 조약을 통해 보장받았던 원주민들의 자치권에 큰 제약을 받았다. 원주민들의 자치권이 제한되고 중앙집권적인 시스템 아래에서 통제되는 상황으로 들어가게 되었다.

셋째, 문화적 타격: 강제 이주와 보호구역 생활은 원주민들의 문화와 전통을 심각하게 훼손했다. 조약 시대가 종료됨에 따라 미국 정부는 원주민들에게 미국식 교육과 문화를 강요했다.

넷째, 사회적 불안 야기: 조약을 통해 보장받던 법적 보호가 사라졌다. 원주민들은 더 이상 자신들의 권리를 주장할 법적 근거를 잃게 되었고, 원주민들의 사회적 안전망이 약화되어 부족들 간의 관계나 지역사회의 안정성에 금이 가게 되었다.

이렇게 조약시대의 종료는 인디언들의 생활과 권리에 부정적인 영향을 미치며 인디언들의 지위와 상황이 악화되는 결과를 초래했다. 의회는 1934년 인디언 재조직법(Indian Reorganization Act(IRA))으로 일부 인디언 주권을 회복시켰다. 그러나 의회는 부족에게 투표를 강요하고 자신의 헌법을 쓰도록 강요하여 많은 부족이 인디언 재조직법을 정부의 다른 지령으로 보았다. 현재 대부분의 연방 인정 부족이 어떤 형태의 자치권을 가지고 있지만, 1871년 법안에서 거부된 온전한 인디언 주권을 위한 싸움은 계속되고 있다.

3. 인디언 예산배정법(Indian Appropriations Act 1871)

언제나 그러듯 미 정부는 원주민과의 조약이나 법을 제정할 때 가장 중요한 내용은 그 법의 취지와는 상관없는 법에 살짝 끼워 넣기하는 식으로 처리한다. 인디언 예산배정법이라는 생뚱맞은 이름의 법을 통해 인디언들의 정체성을 뒤엎는 이런 어마어마한 판결을 내린 것이다.

1851년에 처음 제정된 인디언 예산배정법(Indian Appropriations Act)은 서부 부족들을 인디언 보호구역으로 이동시키기 위해 자금을 할당하는 법이었다. 이 법은 인디언 보호구역 시대를 열며 원주민들의 생활 방식을 근본적으로 변화시키는 데 중요한 역할을 했다. 그러나 이 법안에는 원주민 국가의 지위와 원주민의 지위를 일순간에 격하시키는 조항이 포함되어 있었고, 이는 미국 정부의 의도적인 정책 변화의 신호였다.

법안의 의도와 목적: 인디언 예산배정법에 포함된 원주민 국가의 지위 격하 조항은 단순한 예산 할당을 넘어선 목적을 가지고 있었다. 이는 원주민들을 국내법과 예산배정의 틀 안에 묶어 두려는 미국 정부의 의도적인 속셈을 반영한 것이다. 이 법안은 원주민 보호구역이라는 새로운 제도를 도입함으로써 원주민들의 주권과 자치권을 제한하고 그들을 더욱 강력하게 통제하려는 목적을 가지고 있었다. 원주민 보호구역은 사실상 원주민들을 특정 지역에 가두고 그들의 이동과 생활 방식을 철저히 관리하기 위한 수단이었다.

법안의 주요 내용

1851년 제정: 이 법은 서부 부족들을 인디언 보호구역으로 이동시키기 위해 자금을 할당하는 내용을 포함했다. 이는 원주민들을 기존의 영토에서 쫓아내고 지정된 보호구역으로 강제 이주시킬 수 있는 법적 근거를 마련했다.

1871년 수정: 1871년 인디언 예산배정법은 원주민을 미국 정부의 "독립 국가"

의 구성원으로 간주하지 않으며 미국 정부가 더 이상 원주민들과 조약을 체결할 수 없게 만들었다. 이는 원주민들을 미국 정부의 보호대상으로 만들고 그들의 주권을 사실상 박탈하는 결과를 초래했다. 또한 이 법은 원주민들에 대한 미국 정부의 토지와 생활에 대한 권한을 강화하는 다른 법률들을 만드는 기반을 마련했다.

1885년 수정: 1885년 수정된 인디언 예산배정법은 인디언 부족과 개별 인디언들이 자신들의 소유라고 주장하는 미개발 토지를 판매할 수 있도록 허용했다. 이는 원주민들의 토지 소유권을 약화시키고 그들의 경제적 기반을 흔드는 결과를 초래했다.

1889년 최종 수정: 1889년 마지막으로 수정된 이 법은 홈스테드법(Homestead Act)의 원칙에 따라 원주민에게 배정되지 않은 땅을 비원주민 정착민들에게 공식적으로 개방했다. 이는 비원주민들이 공식적으로 원주민들이 소유했던 땅을 소유할 수 있는 문을 열어 놓았다.

법안의 영향: 이러한 일련의 과정은 인디언 예산배정법이란 이름으로 원주민 국가의 지위와 원주민들의 지위와 권리에 심각한 침해를 가했다. 미국 정부는 이 법을 통해 원주민들의 주권을 단계적으로 폐지하고 그들의 전통적인 생활 방식을 근본적으로 변화시켰다. 원주민들은 자신들의 땅을 잃고 강제 이주와 보호구역 생활로 인해 많은 고통을 겪었다.

조약 의무의 무효화: 비록 이 법은 이전 조약이 유효하다고 약속했지만 이는 원주민의 주권을 폐지하는 첫 번째 단계였다. 이러한 주권 폐지는 1898년 커티스법(Curtis Act)으로 완성되었으며, 이전 조약 의무의 무효화는 최종적으로 1903년에 의회에 의해 완성되었다. 이는 원주민들이 미국 정부와 체결한 조약들이 더 이상 법적 효력을 가지지 않게 되었음을 의미하며, 원주민들의 권리와 자치를 더욱 축소시켰다.

결론적으로 인디언 예산배정법은 표면적으로는 원주민들의 복지를 위한 자금을 할당하는 법이었으나 실제로는 원주민들의 주권을 제한하고 그들의 땅을 빼앗기 위한 철저히 계산된 법안이었다. 인디언 예산배정법이라는 한갓 예산법안이 어처구니없게도 원주민 사회를 통째로 뒤엎어버린 어마어마한 결과를 잉태했다. 이 법을 통해 미국 정부는 원주민들을 보호구역에 가두고 그들의 생활을 철저히 통제하며 결국 원주민들의 주권과 권리를 크게 훼손했다. 이는 미국 역사에서 원주민 정책의 어두운 면을 보여주는 대표적인 사례이다. 결국 다음과 같은 시대적 상처를 남기고 말았다:

인디언 국가 아이덴티티 상실

원주민 아이덴티티 상실

조약시대 종식

인디언 보호구역 시대 개막

4. 조약의 반전: 보유된 권리의 원리 (Doctrine of Reserved Rights)

조약 체결 시대에 원주민의 권리를 박탈하고 그들의 땅을 차지하려는 목적에서 체결된 조약들이 많았다는 것은 주지의 사실이다. 미국 정부는 원주민의 영토를 점진적으로 축소시키고 그들의 자치권과 생활 방식을 억압하기 위해 수많은 조약을 체결했다. 그러나 이러한 조약들이 비록 악법이었으나 원주민들을 달래려는 몇 가지 조항들을 포함하고 있었기에 원주민들은 이 조항들을 접점으로 하여 자신의 권리를 재조명하고 되찾을 수 있는 길을 모색하기 시작했다. 즉, 자신들을 억압하려고 만든 조약을 역이용하여 빼앗긴 권리를 되찾아 오는 운동이 시작된 것이다.

미국 사회가 현대에 들어와서 원주민의 권리와 주권을 점점 더 인정하게 되었고, 이는 법적 시스템에서도 반영되었다. 20세기 중반 이후 원주민 권리 운동은 더욱 활발해졌으며, 원주민들은 법적 투쟁을 통해 자신들의 권리를 주장하고 회복하기 위한 노력을 계속해왔다. 그 대표적인 사례가 바로 '미국 정부 대 위난 형제(United States v. Winans)' 재판에서 이끌어낸 '보유된 권리의 원리'다. 이 원리는 원주민들이 자신들의 조약에 명시되지 않았더라도, 조약 체결 당시 이미 보유하고 있던 권리들을 계속해서 가질 수 있다는 법적 원칙이다.

보유된 권리의 원리(Doctrine of Reserved Rights): 보유된 권리의 원리는 원주민들이 사냥, 어로, 물 사용 등에 대한 권리를 주장할 수 있는 근거가 되었다. 이는 조약에 명시되지 않았지만 원주민들이 조약 체결 이전부터 가지고 있던 권리들을 보호하는 원칙이다. 이 원리는 원주민들이 자신들의 전통적 생활 방식을 유지하고 경제적 자립을 도모하는 데 중요한 역할을 한다. 보유된 권리의 원리는 이후 여러 법적 사례에서 원주민들의 권리를 보호하고 확대하는 데 중요한 근거가 되었다. 원주민들은 이 원리를 바탕으로 자신들의 전통적인 사냥터와 어로장을 보호하고 물 사용권을 주장할 수 있었다. 또한, 이 원리는 원주민들이 환경 보호와 자원 관리에 있어서 중요한 역할을 수행할 수 있게 하였다.

보유된 권리의 원리는 현대에 이르러 원주민들의 권리를 재조명하고 그들의 주권을 회복하는 데 중요한 법적 도구가 되었다. 이는 단순히 과거의 권리를 인정받는 것에 그치지 않고, 원주민들이 현대 사회에서 자신의 권리를 적극적으로 주장하고 경제적, 사회적 자립을 이루는 데 기여하고 있다.

결론적으로 조약 체결 시대의 악법들이 원주민들에게 큰 고통을 안겨주었지만, 원주민들은 이를 역이용하여 자신의 권리를 되찾고자 하는 운동을 전개해왔다. 보유된 권리의 원리는 이러한 운동의 중요한 성과 중 하나로, 원주민들이 자신의 전통적 권리를 보호하고 주권을 회복하는 데 중요한 역할을 하고 있다.

이는 원주민들이 과거의 상처를 딛고 미래를 향해 나아가는 데 중요한 발판이 되고 있다.

최근에 들어 미국 법원은 여러 판례를 통해 과거에 체결된 불평등한 조약을 재해석하거나 원주민의 권리를 회복시키는 결정을 내리고 있다. 이러한 판례들은 원주민 권리와 주권을 재확인하는 중요한 역할을 한다. 몇 가지 중요한 최근 판례들을 소개하면 다음과 같다.

맥거트 대 오클라호마 McGirt v. Oklahoma 2020

사건 개요: 짐시 맥거트(Jimcy McGirt)는 1997년에 오클라호마 주 법원에서 성폭행 혐의로 유죄 판결을 받았다. 그러나 맥거트는 범죄 발생한 지역이 크리크 네이션(Muscogee (Creek) Nation) 영토 내이므로 주 법원이 아닌 연방 법원에서 관할해야 한다고 주장했다. 맥거트의 주장은 미국과 크리크 네이션 간의 19세기 조약에 근거하여 이 지역이 여전히 크리크 네이션의 영토로 남아있다는 것이었다.

판결 결과: 대법원은 맥거트의 주장을 받아들여 크리크 네이션의 형사 사건이 주정부 관할이 아닌 연방정부와 인디언 국가 관할에 있음을 판결했다. 5 대 4로 다수결 판결에서 법원은 초기 조약과 법률이 크리크 인디언 국가의 경계를 명확히 설정했으며 이를 변경할 권한이 있는 것은 의회뿐이라고 판단했다.

의의: 이는 주정부가 원주민 영토 내에서 일어난 특정 형사 사건에 대해 관할권이 없음을 확인하고 원주민 주권을 인정한 중요한 판례가 된다. 또 이 결정은 부족 땅에서 저지른 범죄에 대한 관할권을 결정하는데 역사적 조약과 연방 법률의 중요성을 재확인했다.

해레라 대 와이오밍 Herrera v. Wyoming 2019

사건 개요: 클레이빈 헤레라는 2014년 겨울 와이오밍 주의 빅혼 국유림에서

엘크를 사냥하다가 와이오밍 주법에 따라 불법 사냥 혐의로 기소되었다. 헤레라는 자신이 크로우(Crow) 부족의 일원으로서 1868년 크로우 부족과 미국 정부 간에 체결된 조약에 따라 해당 지역에서 사냥할 권리를 가지고 있다고 주장했다. 이 조약은 크로우 부족에게 영토 내에서 "평화로운 삶을 위한 전통적인 사냥"을 허용하는 권리를 부여했다.

판결 결과: 2019년 5월 20일 미국 대법원은 5-4 판결로 헤레라의 주장을 받아들였다. 대법원은 1868년 조약의 사냥권이 여전히 유효하며 와이오밍의 주 승격이 이러한 권리를 소멸시키지 않았다고 판결했다. 대법원은 와이오밍 주의 주권이 크로우 부족의 조약에 명시된 사냥권을 무효화하지 않는다고 명시했다.

의의: 대법원은 19세기 체결된 조약이 여전히 법적 효력을 지니고 있음을 재확인했다. 또 이 판결은 크로우 부족 및 다른 원주민 부족의 주권과 권리를 재확인하는 중요한 판례가 되었다.

미연방정부 대 워싱턴 United States v. Washington 2018

사건 개요: 이 사건은 워싱턴주의 도로와 인프라가 원주민의 어획량에 미치는 영향과 관련된 판례다. 이 사건은 1974년 볼트 판결(Boldt Decision)의 후속 사건으로, 볼트 판결은 원주민들이 조약에 따라 워싱턴주 내에서 전통적인 어업 활동을 할 권리를 재확인한 바 있다. 2018년의 사건은 워싱턴 주의 도로 구조물이 연어의 이동을 방해함으로써 원주민 어업권을 침해하는 지에 대한 것이었다.

판결 결과: 연방 법원은 원주민들의 조약 권리를 인정하며 주정부가 원주민들의 어업권을 침해하지 않도록 명령했다. 또 워싱턴 주가 연어 이동을 방해하는 도로 구조물을 수정하거나 제거할 책임이 있다고 판결한 하급심의 판결을 인정한 결과로서, 원주민의 생계와 문화적 권리를 보호하는 중요한 판례로 평가받고 있다. 즉 도로와 인프라 구조물이 원주민의 전통적 권리를 침해할 경우

정부가 이를 해결할 책임이 있다는 점을 명확히 했다.

의의: 이 판결은 연방 정부와 주정부가 원주민 조약 권리를 침해해서는 안 된다는 중요한 원칙을 재확인했다.

이러한 판례들은 원주민의 권리를 보호하고 과거의 불평등한 조약을 재평가하는 데 중요한 역할을 하고 있다.

5. 왜 인디언은 그토록 땅 매매를 반대하는가?

미 원주민들의 땅에 대한 이해와 백인 정착민들의 땅에 대한 개념은 근본적으로 상충한다. 백인 정착민들은 그들의 조상이 미 대륙에 도착한 이후 서부로 팽창해 나가는 과정에서, 신대륙 개척이 신이 부여한 축복이자 과제라는 신념을 가지고 있었다. 비록 모든 백인 정착민들이 같은 종교적 신념을 가지고 있지는 않았으나, 그들에게는 땅을 정복하고 다스리라는 성경의 명령을 정당화의 근거로 삼는 묵시적 동기부여가 있었다.

백인 정착민들은 땅을 차지하는 것이 경제적 번영의 기초라고 믿었다. 농업, 광업, 목축업 등을 통해 땅을 활용하면 부를 축적하고 경제적 안정을 이룰 수 있다고 생각했다. 그들은 원주민들이 광활한 땅을 차지하고 있지만 경제적 활동을 하지 않는 것은 신의 명령을 거부하는 행동이라고 보았고, 그 땅을 경제적으로 활용하는 것은 개인과 국가 모두에게 이익이 된다고 여겼다. '명백한 운명'이라는 개념을 믿는 백인 정착민들에게 땅은 경제적 목적을 위해 정복하고, 사고파는 물건에 불과했다.

그러나 미 원주민들에게 땅은 전혀 다른 의미를 가진다. 미 원주민들은 땅을 단순한 물질적 자원으로 보지 않는다. 그들에게 땅은 생명의 근원이며, '어머니 대지(Mother Earth)'로 여겨진다. 이 개념은 땅이 어머니의 품처럼 생명을 잉태하고 양식을 공급하며 보호하는 존재라는 생각에서 비롯된다. 땅은 곧 생명 그 자체이기에, 땅을 잃는다는 것은 단순히 물리적인 공간을 잃는 것이 아니라 생명선이 끊기는 것과 같다고 생각한다.

땅은 원주민들의 생명을 유지하는 필수적인 요소이며, 그곳에서 얻는 식량과 물, 생활에 필요한 모든 것은 그들의 생명을 지탱하는 근간이 된다. 원주민들에게 땅은 시간과 공간이 공존하는 곳이다. 시간적으로는 땅이 그들에게 생명을 전해주고, 부족의 역사와 전통이 깃들어 있어 자신의 정체성을 정의하는 중요한 요소가 된다. 공간적으로는 땅이 조상들이 숨 쉬던 곳으로, 현재 자신들이 그들과 함께 숨쉬며 관계를 유지하는 공간이다. 이러한 공간적 관계를 통해 원주민들은 자신의 정체성을 인식하고, 조상들과 끊임없이 연결을 유지하며 공동체로서의 아이덴티티를 지탱한다.

땅은 그 자체로 이야기를 가진다. 조상의 일들을 말해주고, 그들의 생각을 전해주며, 땅에서 있었던 일들을 고발한다. 땅은 또한 위로의 존재이다. 더 나아가 땅은 단지 토지 자체만을 의미하지 않는다. 땅에서 사는 모든 동식물과 땅에 존재하는 산과 강, 그 위에 떠다니는 구름, 땅 위에 존재하는 공기까지 모두 포함된다. 땅은 신성한 존재이므로 특정 집단의 소유물이 될 수 없다.

이러한 이유로 원주민들은 땅을 사고팔 수 없다고 여긴다. 어머니의 품을 팔아버릴 수 없는 것과 같은 이치이다. 백인 정착민들이 원하면 함께 살 수는 있으며, 필요한 만큼 나누어 줄 수도 있다. 그러나 혼이 깃든 땅을 팔 수는 없다. 미 원주민들은 자신들의 땅을 지키기 위해 끊임없이 투쟁하고 있다. 그들에게 땅은 단순한 경제적 자원이 아니라, 생명과 역사, 문화와 전통이 공존하는 신성한 공간이기 때문이다.

본질적으로 미 인디언은 땅의 개념을 시간과 공간이 공존하는 곳으로 생각한다. 시간적으로 말한다면 땅은 처음부터 그들에게 생명을 전해주고 각자에게 연결된 생명의 이야기를 간직하고 있는 아이덴티티다. 그래서 전해 오는 부족의 역사와 전통에 관한 이야기가 자신이 누구인지를 정의하는 중요한 요소가 된다. 또 공간적으로 말한다면 땅은 조상들이 숨 쉬던 곳으로 현재는 자신들이 그들과 함께 숨 쉬며 관계를 유지하는 공간이다. 이러한 공간적 관계를 통해 그들은 자신의 아이덴티티를 인식하고 조상들과 끊임없이 연결을 유지하며 공동체로서 아이덴티티를 지탱한다. 한마디로 말해서 땅이 말한다. 조상의 일을 말해준다. 그들의 생각을 전해 준다. 땅에서 있었던 일들을 고발한다. 땅은 또 위로한다.

더 나아가 땅은 단지 땅만을 말하는 게 아니다. 땅에서 사는 모든 동식물과 땅에 존재하는 산과 강, 그리고 그 위에 떠다니는 구름, 땅 위에 존재하는 공기까지 땅이다. 그러기에 땅은 신성한 존재다. 그 어느 특정 집단의 소유물이 될 수가 없다. 이러한 이유로, 이들은 땅을 사고 팔 수가 없는 것이었다. 어떻게 엄마의 품을 팔아 버릴 수 있겠는가? 백인 정착민들이 원하면 얼마든지 함께 살수는 있다. 또 필요한 만큼 나누어 줄 수도 있다. 하지만 우리의 혼이 있는 땅을 팔지는 않겠다. 이렇게 미 원주민들은 자신들의 땅을 지키기 위해 끊임없이 투쟁하고 있다.

인디언들의 이런 삶의 철학은 저 유명한 시애틀 추장의 연설문에 잘 나타나 있다. 이 연설문은 1854년 피어스 미 대통령이 인디언 부족들에게 그들이 조상 대대로 살아온 땅을 팔라고 강제한 데 대한 답변이다.

〈우리는 결국 모두 형제들이다〉–시애틀 인디언 추장 연설[50]

50) 미국 서부 지역에 거주하던 두아미쉬–수쿠아미쉬 족(族)의 추장 시애틀의 연설문이다. 이 연설이 행해진 것은 1856년, 미합중국 대통령 피어스에 의해 파견된 백인 대표자들이 이 인디언 부족이 전통적으로 살아온 땅을 팔 것을 제안한 데서 비롯되었다. 지금의 워싱턴 주에 해당하는 이 지역 토착민들의 삶터를 차지하는 대신에 그들이 평화롭게살 수 있는 보존 지구를 주겠다는 것이 백인 정부의 제안이었다. 여기에 대해서 몸집이 장대하고 우렁찬 목소리를 가졌다고 전해지는 시애틀 추장은 다음과 같이 답하였는데, 이 거의 시적이라고 할 만한 연설문은 오늘날 환경과 자연에 대한 분별없는 파괴의 결과로 인하여 전 인류가 심각한 고통에 직면

워싱턴 대추장[51]이 우리 땅을 사고 싶다는 전갈을 보내왔다. 대추장은 우정과 선의의 말도 함께 보내왔다. 그가 답례로 우리의 우의를 필요로 하지 않는다는 것을 잘 알고 있으므로 이는 그로서는 친절한 일이다. 하지만 우리는 그대들의 제안을 진지하게 고려해볼 것이다. 우리가 땅을 팔지 않으면 백인이 총을 들고 와서 우리 땅을 빼앗을 것임을 우리는 알고 있다.

그대들은 어떻게 저 하늘이나 땅의 온기를 사고 팔 수 있는가? 우리로서는 이상한 생각이다. 공기의 신선함과 반짝이는 물을 우리가 소유하고 있지도 않은데 어떻게 그것들을 팔 수 있다는 말인가? 우리에게는 이 땅의 모든 부분이 거룩하다.

빛나는 솔잎, 모래 기슭, 어두운 숲속 안개, 맑게 노래하는 온갖 벌레들, 이 모두가 우리의 기억과 경험 속에서는 신성한 것들이다. 나무속에 흐르는 수액은 우리 홍인[52]의 기억을 실어 나른다. 백인은 죽어서 별들 사이를 거닐 적에 그들이 태어난 곳을 망각해 버리지만, 우리가 죽어서도 이 아름다운 땅을 결코 잊지 못하는 것은 이것이 바로 우리 홍인의 어머니이기 때문이다.

우리는 땅의 한 부분이고 땅은 우리의 한 부분이다. 향기로운 꽃은 우리의 자매이다. 사슴, 말, 큰 독수리, 이들은 우리의 형제들이다. 바위산 꼭대기, 풀의 수액, 조랑말과 인간의 체온 모두가 한 가족이다.

워싱턴의 대추장이 우리 땅을 사고 싶다는 전갈을 보내온 것은 곧 우리의 거의 모든 것을 달라는 것과 같다. 대추장은 우리만 따로 편히 살 수 있도록 한 장소를 마련해 주겠다고 한다. 그는 우리의 아버지가 되고 우리는 그의 자식이 되는 것이다. 그러니 우리 땅을 사겠다는 그들의 제안을 잘 고려해보겠지만, 우리에게 있어 이 땅은 거룩한 것이기에 그것은 쉬운 일이 아니다.

하게 된 시대에 오히려 생생한 호소력을 가지고 있다.
51) 미국 대통령을 지칭
52) 인디언 자신들을 표현하는 말

개울과 강을 흐르는 이 반짝이는 물은 그저 물이 아니라 우리 조상들의 피다. 만약 우리가 이 땅을 팔 경우에는 이 땅이 거룩한 것이라는 걸 기억해 달라. 거룩할 뿐만 아니라, 호수의 맑은 물속에 비추인 신령스러운 모습들 하나하나가 우리네 삶의 일들과 기억들을 이야기해 주고 있음을 아이들에게 가르쳐야 한다. 물결의 속삭임은 우리 아버지의 아버지가 내는 목소리이다.

강은 우리의 형제이고 우리의 갈증을 풀어준다. 카누를 날라주고 자식들을 길러준다. 만약 우리가 땅을 팔게 되면 저 강들이 우리와 그대들의 형제임을 잊지 말고 아이들에게 가르쳐야 한다. 그리고 이제부터는 형제에게 하듯 강에게도 친절을 베풀어야 할 것이다.

아침 햇살 앞에서 산안개가 달아나듯이 홍인은 백인 앞에서 언제나 뒤로 물러났었지만 우리 조상들의 유골은 신성한 것이고 그들의 무덤은 거룩한 땅이다. 그러니 이 언덕, 이 나무, 이 땅덩어리는 우리에게 신성한 것이다. 백인은 우리의 방식을 이해하지 못한다는 것을 우리는 알고 있다. 백인에게는 땅의 한 부분이 다른 부분과 똑같다. 그는 한밤중에 와서는 필요한 것을 빼앗아가는 이방인이기 때문이다. 땅은 그에게 형제가 아니라 적이며, 그것을 다 정복했을 때 그는 또 다른 곳으로 나아간다.

백인은 거리낌 없이 아버지의 무덤을 내팽개치는가 하면 아이들에게서 땅을 빼앗고도 개의치 않는다. 아버지의 무덤과 아이들의 타고난 권리는 잊혀지고 만다. 백인은 어머니인 대지와 형제인 저 하늘을 마치 양이나 목걸이처럼 사고 약탈하고 팔 수 있는 것으로 대한다. 백인의 식욕은 땅을 삼켜 버리고 오직 사막만을 남겨놓을 것이다.

모를 일이다. 우리의 방식은 그대들과는 다르다. 그대들의 도시의 모습은 홍인의 눈에 고통을 준다. 백인의 도시에는 조용한 곳이 없다. 봄 잎새 날리는 소리나 벌레들의 날개 부딪치는 소리를 들을 곳이 없다. 홍인이 미개하고 무지하기 때문인지는 모르지만, 도시의 소음은 귀를 모욕하는 것만 같다. 쏙독새의 외로운 울음소리나 한밤중 못가에서 들리는 개구리 소리를 들을 수가 없다면 삶에는 무엇이 남겠는가?

나는 홍인이라서 이해할 수가 없다. 인디언은 연못위를 쏜살같이 달려가는 부드러운 바람소리와 한낮의 비에 씻긴 바람이 머금은 소나무 내음을 사랑한다. 만물이 숨결을 나누고 있으므로 공기는 홍인에게 소중한 것이다. 짐승들, 나무들, 그리고 인간은 같은 숨결을 나누고 산다. 백인은 자기가 숨쉬는 공기를 느끼지 못하는 듯하다. 여러 날 동안 죽어가고 있는 사람처럼 그는 악취에 무감각하다.

그러나 만약 우리가 그대들에게 땅을 팔게 되더라도 우리에게 공기가 소중하고, 또한 공기는 그것이 지탱해 주는 온갖 생명과 영기를 나누어 갖는다는 사실을 그대들은 기억해야만 한다. 우리의 할아버지에게 첫 숨결을 베풀어준 바람은 그의 마지막 한숨도 받아준다. 바람은 또한 우리의 아이들에게 생명의 기운을 준다. 우리가 우리 땅을 팔게 되더라도 그것을 잘 간수해서 백인들도 들꽃들로 향기로워진 바람을 맛볼 수 있는 신성한 곳으로 만들어야 한다.

우리는 우리 땅을 사겠다는 그대들의 제의를 고려해보겠다. 그러나 제의를 받아들일 경우 한 가지 조건이 있다. 즉 이 땅의 짐승들을 형제처럼 대해야 한다는 것이다. 나는 미개인이니 달리 생각할 길이 없다. 나는 초원에서 썩어가고 있는 수많은 물소를 본 일이 있는데 모두 달리는 기차에서 백인들이 총으로 쏘고는 그대로 내버려둔 것들이었다.

연기를 뿜어내는 철마가 우리가 오직 생존을 위해서 죽이는 물소보다 어째서 더 중요한지를 모르는 것도 우리가 미개인이기 때문인지 모른다. 짐승들이 없는 세상에서 인간이란 무엇인가? 모든 짐승이 사라져버린다면 인간은 영혼의 외로움으로 죽게 될 것이다. 짐승들에게 일어난 일은 인간들에게도 일어나게 마련이다. 만물은 서로 맺어져 있다.

그대들은 아이들에게 그들이 딛고 선 땅이 우리 조상의 뼈라는 것을 가르쳐야 한다. 그들이 땅을 존경할 수 있도록 그 땅이 우리 종족의 삶들로 충만해 있다고 말해주라. 우리가 우리 아이들에게 가르친 것을 그대들의 아이들에게도 가르치라. 땅 위에 닥친 일은 그 땅의 아들들에게도 닥칠 것이니, 그들이 땅에다 침을 뱉으면 그것은 곧 자신에게 침을 뱉는 것과 같다.

땅이 인간에게 속하는 것이 아니라 인간이 땅에 속하는 것임을 우리는 알고 있다. 만물은 마치 한 가족을 맺어주는 피와도 같이 맺어져 있음을 우리는 알고 있다. 인간은 생명의 그물을 짜는 것이 아니라 다만 그 그물의 한 가닥에 불과하다. 그가 그 그물에 무슨 짓을 하든 그것은 곧 자신에게 하는 짓이다.

그러나 우리는 우리 종족을 위해 그대들이 마련해준 곳으로 가라는 그대들의 제의를 고려해보겠다. 우리는 떨어져서 평화롭게 살 것이다. 우리가 여생을 어디서 보낼 것인가는 중요하지 않다. 우리의 아이들은 그들의 아버지가 패배의 굴욕을 당하는 모습을 보았다. 우리의 전사들은 수치심에 사로잡혔으며 패배한 이후로 헛되이 나날을 보내면서 단 음식과 독한 술로 그들의 육신을 더럽히고 있다.

우리가 어디서 우리의 나머지 날들을 보낼 것인가는 중요하지 않다. 그리 많은 날이 남아있지도 않다. 몇 시간, 혹은 몇 번의 겨울이 더 지나가면 언젠가 이 땅에 살았거나 숲속에서 조그맣게 무리를 지어 지금도 살고 있는 위대한 부족의 자식들중에 그 누구도 살아남아서 한때 그대들만큼이나 힘세고 희망에 넘쳤던 사람들의 무덤을 슬퍼해 줄 수 없을 것이다. 그러나 내가 왜 우리 부족의 멸망을 슬퍼해야 하는가? 부족이란 인간들로 이루어져 있을 뿐 그 이상은 아니다.

인간들은 바다의 파도처럼 왔다가는 간다. 자기네 하느님과 친구처럼 함께 걷고 이야기하는 백인들조차도 이 공통된 운명에서 벗어날 수는 없다. 결국 우리는 한 형제임을 알게 되리라.

백인들 또한 언젠가는 알게 되겠지만 우리가 알고 있는 한 가지는 우리 모두의 하느님은 하나라는 것이다. 그대들은 땅을 소유하고 싶어 하듯 하느님을 소유하고 있다고 생각할지 모르지만 그것은 불가능한 일이다. 하느님은 인간의 하느님이며 그의 자비로움은 홍인에게나 백인에게나 꼭 같은 것이다.

이 땅은 하느님에게 소중한 것이므로 땅을 해치는 것은 그 창조주에 대한 모욕이다. 백인들도 마찬가지로 사라져 갈 것이다. 어쩌면 다른 종족보다 더 빨리 사라질지 모른다. 계속해서 그대들의 잠자리를 더럽힌다면 어느날 밤 그대들은 쓰레기더미 속에서 숨이 막혀 죽을 것이다. 그러나 그대들이 멸망할 때 그대들을 이 땅에 보내주고 어떤 특별한 목적으로 그대들에게 이 땅과 홍인을 지배할 권한을 허락해 준 하느님에 의해 불태워져 환하게 빛날 것이다. 이것은 우리에게는 불가사의한 신비이다.

언제 물소들이 모두 살육되고 야생마가 길들여지고 은밀한 숲 구석구석이 수많은 인간들의 냄새로 가득차고 무르익은 언덕이 말하는 쇠줄로 더럽혀질 것인지를 우리가 모르기 때문이다. 덤불은 어디에 있는가? 사라지고 말았다. 독수리는 어디에 있는가? 사라지고 말았다. 날랜 조랑말과 사냥에 작별을 고하는 것은 무엇을 의미하는가? 삶의 끝이자 죽음의 시작이다.

우리 땅을 사겠다는 그대들의 제의를 고려해보겠다. 우리가 거기에 동의한다면 그대들이 약속한 보호구역을 가질 수 있을 것이다. 아마도 거기에서 우리는 얼마남지 않은 날들을 마치게 될 것이다. 마지막 홍인이 이 땅에서 사라지고 그가 다만 초원을 가로질러 흐르는 구름의 그림자처럼 희미하게 기억될 때라도, 기슭과 숲들은 여전히 내 백성의 영혼을 간직하고 있을 것이다.

새로 태어난 아이가 어머니의 심장의 고동을 사랑하듯이 그들이 이 땅을 사랑해 달라. 그러므로 우리가 땅을 팔더라도 우리가 사랑했듯이 이 땅을 사랑해 달

라. 우리가 돌본 것처럼 이 땅을 돌보아 달라. 당신들이 이 땅을 차지하게 될 때 이 땅의 기억을 지금처럼 마음속에 간직해 달라. 온 힘을 다해서, 온 마음을 다해서 그대들의 아이들을 위해 이 땅을 지키고 사랑해 달라. 하느님이 우리 모두를 사랑하듯이.

한 가지 우리는 알고 있다. 우리 모두의 하느님은 하나라는 것을. 이 땅은 그에게 소중한 것이다. 백인들도 이 공통된 운명에서 벗어날 수 없다. 결국 우리는 한 형제임을 알게 되리라.

4. 인디언을 가두라₁₈₅₀₋₁₈₈₇ : 인디언 보호구역

1. 인디언 보호구역과 허상

인디언 보호구역의 정책과 허상 시애틀 추장이 예상한 대로 그들은 인디언 보호구역으로 강제적으로 밀려났고, 그가 내건 한 가지 소박한 조건조차도 결코 지켜지지 않았다. "개울과 강을 흐르는 이 반짝이는 물은 그저 물이 아니라 우리 조상들의 피다. 만약 우리가 이 땅을 팔 경우에는 이 땅이 거룩한 것이라는 걸 기억해 달라. 거룩할 뿐만 아니라 호수의 맑은 물속에 비친 신령스러운 모습들 하나하나가 우리네 삶의 일들과 기억들을 이야기해 주고 있음을 아이들에게 가르쳐야 한다. 물결의 속삭임은 우리 아버지의 아버지가 내는 목소리이다."

인디언 예산 배정법을 통해 조약 시대를 종식시키면서 각 인디언 부족의 주권을 부정하고 인디언 개개인을 이제 연방 정부가 돌보아야 할 피부양인으로 보았다. 그런데 문제는 미 정부가 이들을 다른 미 시민들과 같은 온전한 시민으로 대하는 것이 아니라, 이들을 한군데 모아 돌보겠다는 지극히 고아원 같은 발상이었으니, 기실 이것도 명목일 뿐 인디언들이 소유한 알짜배기 땅을 모두 빼앗겠다는 속셈이라고 볼 수 있다.

각 부족들을 한 곳에 모아 돌보겠다는 생각으로 인디언 보호구역을 설정하였으나 정작 그 보호구역이라는 곳이 원주민들이 살던 곳에서 멀리 떨어진 곳이거나 살기 힘든 불모지 같은 땅이었다. 이렇게 원주민들이 고향에서 추방되고 토지를 몰수당한 후 연방 정부가 지정해 준 보호구역으로 이동하게 되었다.

보호구역 정책은 원주민들을 강제로 머무르게 하면서 미 정부가 그들을 탈부족화하는 과정을 가속화할 수 있게 하였다. 이 전술은 새로운 것이 아니었다.

식민지 시기부터 앵글로-아메리카인들은 원주민을 제거하기 위해 보호구역을 사용해 왔다. 1850년대 급속한 대륙 확장 정책으로 서부 부족의 영토를 흡수하기 시작하면서 백인 정착민의 원주민 제거 요구는 더욱 거세졌다. 결국 부족 영토는 축소되었고, 원주민들은 주로 캘리포니아, 태평양 북서부, 로키산맥에 있는 보호구역으로 배정되었다.

이렇게 시작된 보호구역은 19세기 중반에 종종 '강제 수용소'의 성격을 띠게 되었으며, 그 결과 원주민들은 이전에 그들이 점유했던 땅이 점점 더 백인 정착민의 통제하에 들어가게 되었다. 보호구역 시대는 대략 1887년까지 지속되었으며 이는 참기 힘든 고통스러운 경험이었다. 이 기간 동안 연방 정부는 원주민을 개량하기를 원했다. 즉 자유롭게 돌아다니는 사냥꾼과 약탈자에서 정착하여 평화롭게 법을 준수하며 자립적인 농업과 목축을 하는 보호구역 거주자로 마법처럼 변화시키기를 기대했다.

당시 미국 시민들도 원주민 국가들이 제한된 보호구역에서 살면서 탈부족화가 되어야 한다는 견해에 공감했다. 이러한 장소에 원주민을 집중시키는 것은 그들의 미국화를 효율적으로 진행할 수 있게 한다는 것이었다. 정책 입안자들은 원주민의 변화는 필수적이며, 원주민다움은 악이며 소중한 국가적 가치에 대한 위협이라고 생각했다. 그곳에 감금되고 연방 군대에 의해 경비되는 동안 그들의 비워진 영토는 농부, 목재업자, 광부, 철도 건설업자, 도시 개발자 및 토지 투기꾼들이 차지하였다.

보호구역에서 부족을 관리해야 한다는 연방 정부의 정책은 여러 면에서 인디언의 문명화와 궁극적인 동화가 가능하다는 제퍼슨주의 교리를 재연하는 것이었다. 보호구역 시스템은 미국 정부가 원주민들을 유럽-미국 사회에 동화시키기 위해 사용한 도구였다. 이는 원주민들을 "야만" 상태에서 "문명화된" 상태로 전환시키려는 사회 진화 프로그램의 일환이었다.

보호구역 정책의 구체적인 전개와 영향

대륙 확장과 보호구역 설립: 19세기 중반 미국의 대륙 확장은 빠른 속도로 진행되었다. 백인 정착민들은 서부로 이동하며 새로운 영토를 차지하기 위해 원주민들의 땅을 빼앗았다. 이 과정에서 원주민들은 강제로 보호구역으로 이동되었고, 그들의 전통적인 삶의 터전은 점점 축소되었다. 보호구역은 사실상 강제 수용소와 다름없었다. 원주민들은 자유를 빼앗긴 채 정부의 통제하에 놓이게 되었다.

탈부족화와 동화 정책: 보호구역 정책의 핵심 목표 중 하나는 원주민들의 탈부족화였다. 정부는 원주민들이 기존의 부족 정체성을 버리고 미국 사회에 동화되기를 원했다. 이를 위해 원주민들은 정착 생활을 강요받았고, 사냥과 채집 대신 농업과 목축을 하도록 유도되었다. 또한, 원주민 아이들은 정부가 운영하는 기숙학교에 보내져 영어와 미국 문화를 배우도록 강요받았다. 이러한 동화 정책은 원주민들의 전통적인 생활 방식을 파괴하고 그들의 문화와 언어를 사라지게 하는 결과를 초래했다.

경제적 착취와 환경 파괴: 보호구역에 강제 수용된 원주민들의 땅은 백인 정착민들에 의해 경제적으로 착취되었다. 농부들은 비옥한 땅을 차지하고 목재업자들은 산림을 벌목하며 광부들은 자원을 채굴했다. 철도 건설업자들은 원주민들의 땅을 가로질러 철도를 놓았고, 도시 개발자들은 원주민들의 영토를 개발하여 도시를 세웠다. 이러한 경제 활동은 원주민들의 생활 터전을 파괴하고 환경을 훼손시켰다.

사회적 갈등과 저항: 보호구역 정책과 대륙 확장으로 인해 원주민들과 백인 정착민들 사이의 갈등이 심화되었다. 원주민들은 자신들의 땅과 권리를 지키기 위해 저항했으나 정부와 군대의 압도적인 힘 앞에서 많은 경우 실패했다. 이러한 저항은 종종 무력 충돌로 이어졌고, 수많은 원주민들이 희생되었다. 대표적

인 사례로는 1876년의 리틀 빅혼 전투(Battle of Little Bighorn)와 1890년의 운디드 니 학살(Wounded Knee Massacre)이 있다.

정책의 결과와 유산: 보호구역 정책은 원주민들에게 심각한 고통과 상처를 남겼다. 원주민들은 전통적인 생활 방식을 잃고 경제적 자립을 이루기 어려워졌다. 또한, 문화적 정체성이 훼손되고 사회적 지위가 약화되었다. 그러나 원주민들은 이러한 어려움 속에서도 자신들의 문화와 전통을 지키기 위해 노력해왔다. 오늘날 많은 원주민들은 보호구역에서 여전히 생활하고 있으며, 자신들의 권리와 주권을 되찾기 위한 운동을 계속하고 있다.

결론적으로 보호구역 정책은 원주민들을 강제로 머무르게 하면서 탈부족화 과정을 가속화하였고, 이는 원주민들에게 심각한 피해를 입혔다. 그러나 원주민들은 이러한 어려움을 극복하고 자신들의 권리와 문화를 지키기 위해 끊임없이 투쟁해왔다. 오늘날 우리는 이러한 역사를 되새기며 원주민들의 권리를 존중하고 보호해야 할 책임이 있다.

보호구역 시스템은 다음과 같은 5단계로 구성된 공식을 통해 인디언을 미국화하려고 했다.

자립: 인디언을 사냥에서 농업이나 목축으로 전환시켜 경제적 자립을 기한다.
고립: 인디언을 백인들로부터 분리시켜 고립시킨다.
교육: 탈인디언 교육을 시켜 주류 문화에 동화시킨다.
기독교: 기독교가 문명화로 이끄는 중요한 매개체다.
법제도: 공동 소유에서 개인 재산권으로 전환시킨다.

결과적으로 보호구역은 원주민들이 광대한 토지를 양도하고 손바닥만한 대가로 받은 것이었다. 미국은 보호구역이 원주민들의 영구적인 소유가 될 것이며 주정부를 포함한 인근 백인 주민들의 간섭으로부터 연방 정부에 의해 보호될 것이라고 약속했다. 그러나 보호구역에 갇힌 원주민들은 백인 정착민들과의 역할이 완전히 역전된 현실을 마주하게 되었다.

정치적 권한은 원주민 지도자로부터 미국 정부 관리에게 넘어갔다. 원주민들이 운영하던 자체 생계 시스템은 백인에 의해 통제되는 시스템으로 대체되었다. 부족 의식이나 전통 법률을 지속할 자유는 새로운 권위에 의해 부정되거나 제한되었다. 인디언 남성의 주요 활동 중 하나였던 사냥이 승인된 활동 목록에서 제거된 것만으로도 원주민들에게 큰 타격이 되었다. 생계 활동, 법과 질서, 교육에 관한 결정들이 이제는 원주민 지도자가 아닌 인디언 에이전트에 의해 이루어지기 시작하면서 원주민들은 희망을 완전히 상실하게 되었다. 원주민들은 자신들의 땅을 잃었을 뿐만 아니라, 자신들의 삶과 문화를 유지할 수 있는 기본적인 권리마저 박탈당한 채 새로운 권위 아래에서 통제와 억압을 경험하게 되었다.

한편 미 정부의 인디언 보호구역 정책은 인디언 추방과 보호구역 정착이라는 두 가지 목적을 가지고 있었다. 첫째, 서부 확장에 방해가 되는 원주민의 땅을 제거하고 재배치하는 것이다. 둘째, 원주민 부족들을 보호구역에 가두어 그들을 소규모 농민 공동체로 만들어 미국화하는 프로그램이다. 그러나 이 두 가지 목표 중 어느 것도 제대로 달성하지 못했다.

보호구역 시대 동안 원주민을 미국 사회에 동화시키기 위해 사용된 주요 전략들이 미 원주민 부족들에게 남긴 상처들을 보면 다음과 같다.

수많은 조약을 부족들과 체결: 이 조약들은 원주민들이 그들의 토지를 양도하고 보호구역으로 이동하는 대가로 일정한 보상을 약속받는 형태였다. 이러한 조약은 불공평하게 작성되었고, 이마저도 미국 정부는 약속을 제대로 이행하지 않았다.

인디언 부족의 주권 문제: 보호구역은 철저하게 인디언 요원이라고 불리는 연방 관리들에 의해 감시받았다. 또 정부는 그들의 생활 방식을 바꾸고 농업에 종사하도록 강요했다.

서구 문화적 관행 강요: 정부는 원주민들이 전통적인 생활 방식을 버리고 서구 문화적 관행을 채택하도록 강요했다. 여기에는 "미개한" 것으로 간주된 원주민의 의식, 의례, 언어를 억압하고 미국의 관습과 가치를 홍보하는 것이 포함되었다. 예를 들어, 태양 춤, 땀 오두막 의식, 원주민 의술 관행 등이 억압되거나 지하로 숨어서 행해지게 되었다. 이러한 관행을 억압하기 위해 투옥 위협이나 배급 중단 등의 방법이 사용되었다.

법적 강화로 원주민 억압: 1883년에 인디언 범죄 법원(Court of Indian Offenses)이 설립되었고, 1885년에는 인디언 중대 범죄법(Indian Major Crimes Act)이 제정되었다. 이 법적 메커니즘은 동화 정책을 시행하기 위해 사용되었으며, 인디언 전통 춤을 "옛 이교도 춤"이라 비하하며 억제하고, 동화 노력에 반하는 활동에 참여한 보호구역 인디언의 체포를 승인했다.

이동의 자유 제한: 보호구역에 거주하는 원주민들은 이동의 자유에 제한을 받았다. 보호구역 당국의 허가 없이 보호구역을 떠나면 감옥에 갈 수도 있었다.

일반 할당법(General Allotment Act): 1887년의 일반 할당법, 일명 도스법(Dawes Act)을 통해 보호구역 내의 공동 소유 토지를 분할하여 개인 소유로 전환하고 원주민들에게 사유 재산 개념을 도입하여 원주민의 동화를 촉진하고자 했다.

전통적인 원주민 경제 붕괴: 보호구역 생활로의 전환은 전통적인 원주민 경제를 붕괴시키고 많은 공동체에 경제적 어려움을 가져왔다. 보호구역 시스템은 원주민 사회의 경제적 인프라를 변경시켜 그들을 미국 정부의 피보호민으로 만들었다.

이와 같은 동화 정책과 사회 공학적 전략은 원주민의 문화적 정체성, 사회 구조, 경제 관행 및 전반적인 생활 방식에 심오한 영향을 미쳤다. 원주민들은 새로운 현실에 적응하기 위해 고군분투하며 문화적 동화의 도전에 직면해야 했다.

미국 정부가 기울인 모든 노력에도 불구하고, 그 어떤 전략도 원주민을 백인으로 바꾸는 데 성공하지 못했다. 미국의 보호구역 정책은 실패했다. 이는 단순히 원주민을 무장 해제하고 분리시켜 백인 정착민을 괴롭히지 않도록 하는 것이 아니라, 원주민을 백인으로 또 기독교인으로 만들려는 거대한 사회 실험을 수행하려 했기 때문이다. 그러나 문화적 유산은 단순한 군사력, 의회의 입법, 또는 교육적 명령으로 뒤엎을 성질의 것이 아니었다.

그럼에도 불구하고 보호구역에 살던 미 원주민들은 얼마 지나지 않아 또 하나의 추가적인 시련을 맞닥뜨렸다. 그것은 할당 정책이라는 또 하나의 원주민 흔들기 정책이었다.

2. 그 땅마저

인디언 각 부족이 차지하고 있었던 땅에서 몰아내고 아주 쓸모없는 땅을 인디언 보호구역이라는 이름으로 배당했음에도 불구하고, 그 땅마저 노리는 사건들이 자주 발생하였다.

포트 라라미 조약 Treaty of Fort Laramie, 1868

배경 및 내용: 1868년 포트 라라미 조약은 미국 정부와 수우(Sioux)족을 비롯한 여러 인디언 부족들 사이에 체결된 조약이다. 이 조약은 미국 정부와 수우 족 및

그 동맹 부족들 사이의 갈등을 해결하고 평화를 유지하기 위해 체결되었다. 조약은 수우 족의 전통적인 땅, 특히 블랙 힐즈(Black Hills)를 포함한 라코타(Sioux) 영토를 인정했다. 이 지역은 수우 족의 영구적인 보호구역으로 설정되었다. 미국 정부는 백인 이주자들이 수우 족의 영토로 들어오지 않도록 하고, 수우 족은 블랙 힐즈와 그 주변 지역에서 자유롭게 생활할 수 있도록 보장받았다. 또한, 미국 정부는 수우 족에게 식량, 의복, 농기구 등 필수적인 보급품을 제공하고 교육과 농업 기술 지원을 약속했다.

하지만 1874년, 조지 암스트롱 커스터(George Armstrong Custer) 중령이 이끄는 탐사대가 블랙 힐즈에서 금을 발견하면서 금광을 찾으려는 백인 이주자들이 조약을 무시하고 대거 몰려들었다. 이는 수우 족과 미국 정부 간의 긴장을 급격히 고조시켰다. 미국 정부는 이주자들의 불법 침입을 막지 않았고, 오히려 그들의 탐사를 허용했다. 이는 포트 라라미 조약을 직접적으로 위반한 행위였다. 이후 정부는 블랙 힐즈를 수우 족으로부터 강제로 사들이려고 시도했으나, 수우 족은 이를 거부했다.

1876년 리틀 빅혼 전투(Battle of the Little Bighorn)에서 수우 족과 그 동맹 부족들이 커스터 중령이 이끄는 미국 기병대를 격파하면서 갈등이 절정에 달했다. 이 전투는 미국 정부가 수우 족에 대한 군사적 대응을 강화하는 계기가 되었다. 이후 미국 정부는 더 이상 인디언 부족들과의 협상을 통한 평화 유지를 우선시하지 않았다. 대신 인디언 부족들을 힘으로 제압하고 그들의 영토를 강제로 빼앗는 정책을 채택했다. 1877년 미국 정부는 일방적으로 블랙 힐즈를 수우 족으로부터 강제로 빼앗고, 수우 족을 더 작은 보호구역으로 이주시키기 시작했다.

결국, 1868년 포트 라라미 조약은 수우 족의 영토를 보장하고 평화를 유지하기 위한 시도로 체결되었지만, 금광 발견과 미국 정부의 조약 위반으로 인해 파기되었다. 이러한 조약 위반과 강제 이주 정책은 수우 족과 미국 정부 간의 갈등을 심화시키고 인디언 보호구역 시대의 문제점을 드러냈다.

미국 기병대마저 원주민의 저항에 격퇴되자 미 정부는 더 이상 무력으로 원주민을 다스리는 것이 무리라는 판단으로 그다음 단계의 전략을 구사했다. 그것이 바로 보호구역을 분할하여 원주민 개개인에게 땅을 할당함으로써 집단적인 부족 공동체를 해체하고 주류 사회로 동화시키는 정책이었다. 이른바 도우스법(Dawes Act, 1887)은 원주민들의 공동 소유 토지를 개인별로 나누어 할당하는 것이었다. 이를 통해 원주민들에게 사유 재산 개념을 도입하고, 그들을 미국식 농부로 만들려 했다.

그러나 결과적으로 많은 원주민이 자신의 땅을 잃었고 보호구역의 크기가 크게 줄어들었다. 이는 원주민 공동체의 파괴와 문화적 정체성의 상실을 초래했다. 미국 정부의 끈질긴 계략으로 인해 미 원주민의 땅은 점점 줄어들게 되었고, 이로 인해 인디언 타이틀로 권리가 주어진 인디언 거주 지역에서 9천만 에이커의 땅을 상실하게 되었다.

3. 중대 범죄법(Major Crimes Act, 1885)

크로우 독 사건Ex Parte Crow Dog, 1883

배경 및 내용: 크로우 독 사건은 1881년 8월 5일에 발생한 사건으로, 당시 다코타 준주(현 사우스다코타주)에서 크로우 독(Crow Dog)이라는 수우(Sioux) 족 전사가 같은 부족의 지도자인 스팟티드 테일(Spotted Tail)을 살해한 사건이다. 크로우 독은 부족의 전통적 관습에 따라 살인에 대한 처벌을 받았지만, 미국 연방 법원은 이 사건을 다시 조사하고 크로우 독을 재판에 회부했다. 크로우 독은 연방 법원에서 유죄 판결을 받고 사형을 선고받았다.

판결: 크로우 독은 자신의 처벌이 부족의 전통적인 법률과 관습에 따라 이미

이루어졌으므로 연방 법원의 재판이 부당하다고 주장하며 연방 대법원에 상고하였다. 1883년 미국 대법원은 크로우 독의 주장을 받아들여 연방 법원의 판결을 뒤집었다. 대법원은 미국 정부가 인디언 보호구역 내에서 발생한 범죄를 처리할 권한이 없으며, 이는 인디언 부족의 자치권을 침해하는 것이라고 판시했다. 이로써 크로우 독은 석방되었다.

의의 및 영향: 크로우 독 사건의 판결은 인디언 부족의 자치권을 인정한 중요한 사례로, 인디언 보호구역 내에서 발생한 범죄는 부족의 전통적인 법률과 관습에 따라 처리해야 한다는 원칙을 재확인했다. 크로우 독 사건은 인디언 자치권과 연방 정부의 법적 권한 사이의 복잡한 관계를 보여주는 사례로 남아 있다. 이 사건을 통해 미국 사회는 인디언 자치권의 중요성을 재확인했지만, 동시에 연방 정부는 인디언 보호구역 내에서의 법적 통제를 강화하는 방향으로 정책을 전환하게 되었다. 따라서 이 사건은 또한 미국 정부가 인디언 보호구역 내에서 법적 권한을 강화하기 위해 새로운 법률을 제정하는 계기가 되었다.

인디언 중대 범죄법Indian Major Crimes Act, 1885

크로우 독 사건 이후, 미국 의회는 1885년에 인디언 중대 범죄법(Indian Major Crimes Act)을 제정하였다. 이 법은 인디언 보호구역 내에서 발생한 특정 중대 범죄(살인, 강간, 방화 등)에 대해 연방 정부가 관할권을 가지도록 규정하였다. 이로 인해 인디언 부족의 자치권은 크게 제한되었고, 연방 정부의 법적 권한이 강화되었다.

법의 제정 목적:

인디언 보호구역 내에서 발생하는 중대 범죄에 대해 연방 법원이 관할권을 가지도록 하여 법적 통제를 강화한다.

부족의 전통적인 법률과 관습에 따른 처벌이 아닌 연방 법에 따른 처벌을 통해 법적 일관성을 확보한다.

인디언 보호구역 내에서 발생하는 중대 범죄를 연방 정부가 직접 관할함으로써 공공 안전을 강화한다.

법의 초기 주요 범죄: 법은 원래 7개의 주요 범죄를 다루었다. 이후 개정과 추가를 통해 더 많은 범죄가 포함되었다. 초기 주요 범죄는 고의살인, 과실치사, 강간, 폭행치사, 방화, 절도, 무기를 사용한 폭행 등이다. 연방 정부가 원주민 자치구역 내에서 발생한 이러한 주요 범죄에 대하여 형사 관할권을 가지며, 이러한 사건은 연방 법원에서 처리한다. 중대 범죄 이외의 경미한 범죄나 원주민 법에 따라 다루어질 수 있는 범죄는 여전히 원주민 부족의 관할권 하에 있다.

법의 영향:

인디언 보호구역 내에서의 자치권을 크게 제한하고 연방 정부의 법적 권한을 강화하였다.

이 법으로 인해 연방 정부와 원주민 부족 사이의 관계를 더욱 복잡하게 만들었고, 원주민 자치권과 연방 정부의 권한 사이의 갈등을 부각시키며 인디언 부족의 전통적인 법률 체계와 연방 법률 체계 간의 충돌을 초래하였다.

연방 정부와 인디언 부족 간의 관계에 중요한 변화를 가져왔다. 인디언 보호구역 내에서의 법적 문제에 대해 연방 정부가 더 큰 영향력을 행사하게 되었다.

현재 시행 중인 중대 범죄법에 따라 연방 정부가 원주민 자치구역 내에서 관할하는 중대 범죄들은 다음과 같다: 살인, 과실치사, 유괴, 신체 훼손, 성폭력/성폭행, 근친상간, 살인 미수, 위험한 무기를 사용한 폭행, 중대한 신체 손상을 초래한 폭행, 배우자/친밀한 파트너 또는 데이트 파트너에게 상당한 신체 손상을 초래한 폭행, 16세 미만의 사람에 대한 폭행, 배우자/친밀한 파트너 또는 데

이트 파트너를 교살한 폭행, 중범죄 아동 학대 또는 방치, 방화, 절도, 강도 등이다.

미정부 대 카가마 사건United States v. Kagama, 1886

미정부 대 카가마 사건은 인디언 중대 범죄법(Indian Major Crimes Act, 1885)의 합헌성을 다룬 사건이다. 이 사건은 인디언 보호구역 내에서 발생한 중대한 범죄에 대해 연방 정부가 관할권을 행사할 수 있는지 여부를 판결한 것이다. 카가마(Kagama)는 캘리포니아 주의 후파 인디언 보호구역(Hoopa Valley Reservation)에서 같은 보호구역에 거주하는 또 다른 인디언인 아이크 보아이트(Ike Boaite)를 살해한 혐의로 기소되었다. 카가마는 인디언 보호구역 내에서 발생한 범죄는 연방 정부가 아닌 부족 자체의 법률과 관습에 따라 처리되어야 한다고 주장했다. 카가마는 연방 정부가 인디언 보호구역 내에서 발생한 범죄에 대해 관할권을 행사하는 것이 헌법에 위배된다고 주장했다. 한편, 연방 정부는 인디언 보호구역 내에서의 법적 통제권을 유지하기 위해 이 법의 합헌성을 주장했다.

미국 대법원은 만장일치로 연방 정부의 손을 들어주며 인디언 중대 범죄법이 헌법에 합치된다고 판결했다. 법원은 주요 범죄에 대한 기소가 헌법의 상업조항에 따라 미국 의회에 부여된 인디언 부족들과의 상거래를 규제할 수 있는 의회의 권한에 해당하지 않는다고 동의했으나, 연방 정부와 부족이 신탁 관계에 있으므로 의회가 부족 문제를 규제할 의무와 권한을 가진다고 판결했다. 대법원은 다음과 같은 이유로 이 법의 합헌성을 인정했다.

인디언 부족은 연방 정부의 보호하에 있으며 따라서 연방 정부는 인디언 보호구역 내에서의 법과 질서를 유지할 권한이 있다.

헌법이 연방 정부에게 인디언과의 교역 및 관계를 규제할 권한을 부여하고 있다. 따라서 연방 정부는 인디언 보호구역 내에서의 중대한 범죄를 관할할 권한이 있다고 판단했다.

이 판결은 연방 정부가 인디언 보호구역 내에서 발생하는 중대한 범죄에 대해 관할권을 행사할 수 있음을 명확히 하였다. 이는 연방 정부의 권한을 강화하는 결과를 가져왔다. 이로써 인디언 부족의 자치권은 크게 제한되었다. 인디언 보호구역 내에서의 범죄에 대한 처벌이 부족의 전통적인 법률과 관습에 따르기보다는 연방 법에 따라 이루어지게 되었다. 이 판결은 인디언 법률 역사에서 중요한 법적 선례가 되었다. 이후 인디언 관련 법률과 정책에 대한 해석과 적용에 있어서 중요한 참고점이 되었다.

이런 인정은 의회가 그 다음 해 도스법을 통과할 수 있는 발판을 마련했다. 이 판결은 헌법이 의회에게 부여하지 않은 권한을 부여했다는 점에서 법학자들의 비판을 받았지만, 여전히 효력 있는 판례로 남아 있다.

맥거트 대 오클라호마 사건(McGirt v. Oklahoma, 2020) 맥거트 대 오클라호마 사건은 인디언 보호구역 내의 범죄 관할권에 관한 중요한 판결이다. 이 사건은 짐시 맥거트(Jimcy McGirt)가 오클라호마주 법원에서 성폭행 혐의로 유죄 판결을 받은 것에 대한 항소에서 비롯되었다. 맥거트는 범죄가 발생한 장소가 크리크 네이션(Creek Nation) 보호구역 내에 있었기 때문에 주 법원이 아닌 연방 법원에서 재판을 받아야 한다고 주장했다.

대법원은 5-4로 맥거트의 손을 들어주며 크리크 네이션 보호구역이 여전히 존재하며, 그 지역 내에서는 주 법원이 아닌 연방 법원이 관할권을 가진다고 판결했다. 이 판결은 주정부의 법적 권한을 제한하고 부족의 자치권을 강화하였다. 대법원은 미국 정부가 크리크 네이션과 맺은 조약을 존중해야 한다고 판결했다.

이 판결은 크리크 네이션의 역사적 경계를 "인디언 국가"로 인정함으로써 부족 주권을 재확인하고 강화했다. 조약과 법령을 존중해야 한다는 점을 강조하면서 연방 정부가 부족 주권과 권리를 보호할 법적 의무가 있음을 명확히 했다. 또, 이 판결은 오클라호마주가 부족 경계 내에서 발생한 특정 범죄에 대해 관할권을 가지지 않는다고 판결하여 주의 권한을 제한했다. 이는 주의 권한이 부족 땅과 관련된 연방 법률과 조약에 종속된다는 점을 명확히 했다. 한편, 짐시 맥거트와 다른 크리크 부족 구성원들이 연방법의 법적 보호와 권리를 제공받게 되었다.

결론적으로 맥거트 대 오클라호마 사건의 판결은 부족 주권, 주의 권한, 관련 당사자들에게 깊은 영향을 미쳤다. 이는 관할권 경계를 명확히 하고 부족 권리를 강화하며, 역사적 조약과 연방 법률을 존중하는 것이 얼마나 중요한지를 강조한 판결이다.

4. 오히려 드러난 인디언 부족 정체성

미국 정부는 원주민들을 보호구역에 모아두고, 그들이 인디언 전통과 문화를 버리고 미국 주류 사회에 동화되도록 하기 위해 여러 정책을 추진했다. 이 정책의 일환으로 정부는 아동을 기숙학교에 보내고, 부족의 전통적인 생활 방식을 포기하도록 강요했다. 그러나 이러한 동화 정책은 예상치 못한 결과를 초래했다.

보호구역이 문화와 전통의 공유 공간 역할: 인디언 보호구역이 원주민들이 함께 모여 살 수 있는 공간을 제공함으로써 오히려 원주민들이 서로의 문화와 전통을 공유하고 지킬 수 있는 기회를 마련했다. 정부의 동화 정책에도 불구하고 많은 인디언 공동체는 그들의 언어, 전통, 종교 의식을 유지하려는 노력을 기울였다. 이러한 활동은 부족의 정체성을 강화하는 요소로 작용했다. 예를 들어, 나바호(Navajo) 보호구역에서는 전통적인 직조 기술과 의복, 언어가 계속해서 전수되었으며, 이는 그들의 문화적 정체성을 강화하는 데 중요한 역할을 했다.

기숙학교의 강제적 동화 시도와 반발: 인디언 기숙학교에서 벌어진 강제적 동화 시도는 많은 원주민에게 반발을 불러일으켰다. 부모와 아이들은 학교에서 경험한 학대와 문화적 소외에 대해 강하게 반발했으며, 이는 오히려 문화적 정체성을 강화하는 결과를 낳았다. 예를 들어, 카일리스 매닝의 연구에 따르면, 많은 기숙학교 학생들이 학교에서 배운 것을 가정에서 거부하고, 오히려 전통 문화를 더 깊이 배우고자 하는 경향이 있었다.

법적 · 정치적 저항과 권리 회복 운동: 원주민들은 법적, 정치적으로 저항하여 그들의 권리를 지키기 위해 싸웠다. 1960년대와 1970년대의 미국 인디언 운동(American Indian Movement, AIM)은 원주민 권리 회복 운동의 대표적인 사례이다. 이 운동은 원주민들이 자신들의 정체성을 지키고 자긍심을 가지게 하는 데 기여했다. AIM은 자치권 회복, 문화적 부흥, 경제적 자립을 목표로 하여 많은 성과를 이루어냈다. 예를 들어, 1978년의 미국 인디언 종교 자유법(American Indian Religious Freedom Act)은 원주민들이 전통 종교 의식을 자유롭게 행할 수 있는 법적 기반을 제공했다.

문화 부흥 운동: 20세기 중반 이후 인디언 보호구역에서는 다양한 문화 부흥 운동이 일어났다. 이는 인디언들의 전통 예술, 음악, 춤, 종교 등을 재발견하고 부흥시키는 활동으로 이어졌다. 특히, 1969년의 알카트라즈 점거(Occupation of Alcatraz)는 원주민 문화 부흥의 상징적 사건으로, 원주민들이 자신들의 땅과 문화, 권리를 되찾기 위한 강력한 메시지를 전했다.

결론적으로 인디언 보호구역은 본래 원주민들을 격리시키고 동화시키기 위한 목적으로 만들어졌지만, 오히려 각 인디언 부족의 정체성을 강화하는 결과를 낳았다. 이는 공동체의 유지, 문화와 언어의 보존, 전통 의식의 지속, 강압적 동화 정책에 대한 반발, 그리고 문화 부흥 운동 등을 통해 원주민들이 그들의 정체성을 지키고 강화할 수 있었기 때문이다. 이러한 역설적인 결과는 원주민들이 역사적으로 얼마나 강력하고 지속적으로 자신의 문화와 정체성을 유지하고자 했는지를 보여주는 중요한 사례이다.

5. 땅 나누어주기와 동화정책 1887-1934

1887년부터 1934년까지의 기간은 미국 정부가 원주민을 미국 사회에 동화시키기 위해 다양한 정책과 입법을 추진한 시기다.

1. 토지 일반 할당법(General Allotment Act): 도스법(Dawes Act)

인디언의 땅을 빼앗고 그들을 소위 보호구역으로 내몰아 인디언을 가두고 그들을 동화시킨다는 목적에서 만든 보호구역 정책은 시행하자마자 많은 문제를 낳을 뿐 아니라 인디언 부족의 뚜렷한 정체성만 부각시키는 역효과만 나타나며 미정부가 자가당착에 빠지자 재빨리 정책을 바꾼다. 이른바 인디언 색깔 빼기 작전으로 돌입한다. 그것이 바로 토지할당법이다.

1887년 2월 7일, 당시 클리블랜드(Grover Cleveland) 대통령의 서명으로 발효된 일반 할당법(General Allotment Act)은 최초 입안자의 이름을 따서 도스법(Dawes Act)이라고 부른다. 이 법은 원주민 보호구역의 공동 소유 토지를 개별 원주민 가정에 할당하여 사유 재산으로 전환하는 것을 목표로 했다. 도스법의 제정 의도를 보면 첫째, 사유 재산 개념을 도입하여 원주민들이 미국식 경제 시스템에 통합되기를 원했다. 이를 통해 원주민들이 "문명화"되고 자립할 수 있을 것이라 믿었다. 둘째, 원주민을 미국 사회에 동화시키는 것이었다. 이를 위해 원주민들이 전통적인 공동체 생활을 포기하고, 개인 소유의 농지를 경작하도록 유도했다. 세째, 보호구역 시스템을 해체하여 남은 토지를 백인 정착민들에게 할당하고 연방 정부의 통제와 원주민 보호구역의 축소를 의도했다.

도스법의 내용을 보면 연방 정부는 보호구역 내에서 개별 원주민에게 할당할 토지를 선정하고, 토지를 개별 원주민 가정에게 할당하여 토지 소유권 증서를 발급했다. 세대주에게는 160에이커, 18세 이상의 미혼자에게는 80에이커, 8세 이하에게는 40에이커 할당했다. 할당된 토지는 25년 동안 연방 정부의 신탁 하에 두었으며, 이 기간 동안 원주민은 해당 토지를 판매할 수 없다. 체로키족 등 소위 문명화 5개 부족은 초기에는 토지 할당 대상에서 제외되었으나, 1898년 커티스법(Curtis Act) 제정에 따라 도스법이 개정됨으로써 이들 부족들도 포함되었다. [53]

원주민들이 할당받은 땅은 대부분 농사를 지을 수 없을 정도로 여건이 열악했다. 원주민들은 농기구를 구입하고 경작지를 관리할 초기 자본이 부족했기 때문에 넓은 땅을 경작하기란 현실적으로 어려운 일이었다. 이러한 경제적 부담은 원주민들이 자립할 수 있는 기회를 현저히 제한했다. 미성년자가 할당받

---

53) **커티스 법**(Curtis Act, 1898): 인디언 보호구역 내 자치 정부를 해체하고 도스법(Dawes Act, 1887년)을 오클라호마 지역의 다섯 문명화된 부족(Five Civilized Tribes)에 적용하기 위해 제정됨.

주요 내용
부족 자치 정부 해체: 체로키, 촉토, 치카소, 크릭, 세미놀 등 다섯 문명화된 부족의 자치 정부와 법률을 해체함. 부족 법원을 폐지하고, 연방 법원이 관할하도록 변경함.
토지 할당: 도스법의 원칙을 오클라호마의 다섯 부족에 적용하여 부족 공동체 토지를 개별 할당지로 분할함. 이는 개인 소유의 농지를 통해 원주민을 동화시키기 위한 목적을 가짐.
도시 지구 설정: 보호구역 내에 도시 지구를 설정하여 해당 지구의 토지를 원주민 소유에서 제외하고 이를 백인 정착민들이 소유할 수 있도록 함.
인디언 학교: 부족 학교를 연방 정부가 관리하도록 하여 원주민 교육을 통제하고 동화 정책을 강화함.

영향
자치권 상실: 다섯 문명화된 부족의 자치 정부가 해체되면서 부족의 자치권이 크게 약화됨. 이는 부족의 전통적 정치 구조와 법 체계를 붕괴시킴.
토지 상실: 개별 토지 할당으로 인해 많은 원주민이 경제적 압박과 복잡한 절차로 인해 토지를 잃게 됨. 결과적으로, 부족 공동체가 소유한 토지 면적이 크게 줄어듦.
문화적 충격: 자치 정부와 전통 법률 체계의 해체는 원주민 사회에 큰 문화적 충격을 주었으며, 많은 전통과 관습이 위축됨.
커티스 법은 원주민 자치권을 약화시키고, 도스법의 동화 정책을 오클라호마 지역의 다섯 문명화된 부족에 적용하여, 원주민 사회에 경제적, 문화적 도전을 안겨주었다.

은 토지의 경우 실제적으로 농사를 지을 시간과 능력이 부족했다. 이로 인해 많은 미성년자들이 할당받은 토지를 효율적으로 활용하지 못했다. 연방의회는 이러한 문제를 해결하기 위해 할당받은 토지의 임대를 허용했다. 나이가 어리거나 장애로 인해 경작이 불가능한 경우 내무부장관의 승인을 받아 임대차계약을 체결할 수 있게 했다. 그러나 시장 경제에 대한 이해가 부족한 원주민들은 불리한 조건으로 임대차계약을 맺기 일쑤였다. 이러한 불공정한 계약은 원주민들의 경제적 자립을 더욱 어렵게 만들었다.

결론적으로 도스법은 원주민들이 사유 재산을 소유하고 농업을 통해 자립할 수 있도록 돕는 것을 목표로 했지만, 실제로는 많은 원주민들에게 심각한 경제적 어려움과 불공정한 대우를 초래했다. 열악한 토지 조건과 초기 자본 부족, 그리고 불리한 임대차계약은 원주민들이 자립하기 어렵게 만들었으며, 이로 인해 원주민 사회는 큰 도전에 직면하게 되었다.

토지할당법의 폐해가 해가 갈수록 커지고 있음에도 불구하고 1906년 버크법(Burke Act) 54)이 제정되어 문제를 더욱 악화시켰다. 내무부장관이 '능력있는(competent)' 토지소유자로 인정하는 경우에는 25년간 신탁조건을 면제하여 언제

---

54) **버크법**(Burke Act, 1906): 도스법(Dawes Act, 1887년)의 개정 및 보완을 목적으로 제정됨
주요 내용
신탁 기간: 원래 도스법에 따라 할당된 토지는 25년간 연방 정부의 신탁 하에 두어졌으나, 버크 법은 이 신탁 기간이 종료되기 전에 내무부장관이 원주민을 '적격'으로 판단하면 즉시 토지 소유권을 부여할 수 있도록 함.
시민권 부여: 적격 판정을 받은 원주민에게는 즉시 미국 시민권이 부여됨. 이는 원주민이 미국 법 아래에서 완전한 시민으로서의 권리와 의무를 가지게 함.
토지 매각: 신탁 기간 동안에는 원주민이 토지를 매각할 수 없었지만, 버크 법은 적격 판정을 받은 원주민이 신탁 기간이 끝나기 전에 토지를 매각할 수 있도록 허용함.
영향
동화 촉진: 원주민들이 더 빨리 유럽-미국식 사회에 동화되도록 유도함.
토지 상실: 많은 원주민이 경제적 압박과 복잡한 법적 절차로 인해 토지를 잃게 되는 경우가 많아짐.
권리 강화: 일부 원주민에게는 조기에 시민권이 부여되어 법적 권리와 보호를 받게 됨.
버크 법은 도스법의 연장선상에서 원주민을 미국 사회에 통합시키려는 동화 정책의 일환으로 시행되었으며, 결과적으로 원주민 사회에 경제적, 문화적 도전을 안겨주었다.

든지 할당받은 토지를 팔 수 있도록 도스법을 개정하였다. 당장 경제적으로 곤란을 겪고 있었던 많은 원주민들이 땅을 팔았다. "능력있는" 토지 소유자라는 정의가 매우 추상적이어서 정부관계자들로부터 부정한 방법으로 능력자 인정을 받아내는데 백인 토지매매업자들이 나서기도 했다.

이 법으로 인해 인디언 부족과 원주민이 입은 피해와 부정적 영향은 이루 말할 수 없다.

1887년 도스법(Dawes Act)은 원주민들에게 심각한 피해와 부정적 영향을 미쳤다. 이 법은 원주민 공동체를 해체하고 그들의 토지를 개인 소유로 전환하는 정책을 통해 그들의 전통적 생활 방식을 무너뜨렸다. 도스법으로 인해 발생한 주요 피해와 부정적 영향은 다음과 같다.

토지 손실: 도스법 시행 후 많은 원주민들이 할당된 토지를 잃게 되었다. 신탁 기간이 끝난 후, 세금 부담이나 경제적 압박으로 인해 많은 원주민들이 토지를 팔아야 했다. 결과적으로 원주민들이 소유한 토지 면적은 급격히 감소했다. 도스법 시행 당시 54만 km² 이던 인디언의 땅은 이 법이 폐기되었던 1934년에는 19만 km² 로 줄어들었다. 이는 전체 토지의 60% 이상을 잃은 셈이다. 이러한 토지 손실은 원주민들의 생계 기반을 약화시키고, 그들의 경제적 자립을 어렵게 만들었다.

공동체 붕괴: 도스법은 전통적인 공동체 생활을 파괴했다. 공동 소유의 토지가 사유 재산으로 전환되면서 원주민 사회의 사회적 구조가 붕괴되었다. 원주민들은 가족 중심의 농경 생활로 전환하면서 공동체의 유대와 협력 체계가 약화되었다. 이는 공동체의 상호 의존적 구조를 해체하고, 원주민들이 서로를 돕고 지원하는 전통적인 방식을 사라지게 만들었다. 또한, 부족 지도자들의 권한이 약화되고, 공동체의 결속력이 약화되었다.

경제적 어려움: 많은 원주민들이 농업에 필요한 기술과 자원을 갖추지 못해 경제적으로 어려움을 겪었다. 대부분의 원주민들은 전통적으로 사냥, 채집, 어로를 통해 생계를 유지해왔기 때문에 서구식 농업에 대한 경험이 부족했다. 이는 빈곤과 경제적 의존을 초래했다. 원주민들은 새로운 농업 기술을 배우지 못했고, 농업을 위한 자본과 자원을 확보하지 못해 경제적 자립이 어려웠다. 결국 많은 원주민들이 빈곤에 시달리게 되었다.

문화적 정체성 상실: 전통적인 생활 방식을 유지하던 원주민들은 서구식 농업과 생활 방식에 적응해야 했다. 이는 문화적 정체성의 상실과 혼란을 야기했다. 원주민들은 자신들의 전통과 문화를 버리고 서구식 생활 방식을 따르도록 강요받았다. 이는 원주민들의 자존감을 낮추고, 그들의 문화적 정체성을 약화시켰다. 많은 원주민들은 자신의 뿌리를 잃고 혼란스러워했다. 전통적인 의식, 언어, 예술 등이 점차 사라지면서 문화적 유산이 크게 훼손되었다.

정체성 위기: 원주민들은 사유 재산 개념과 서구식 경제 시스템에 적응해야 했고, 이는 그들의 전통적 가치관과 생활 방식에 심각한 영향을 미쳤다. 원주민들은 자신들의 전통적인 생활 방식과 서구식 경제 시스템 사이에서 갈등을 겪으며 정체성 위기를 겪게 되었다. 그들은 자신들의 문화와 가치관을 유지하면서도 새로운 시스템에 적응해야 하는 어려움에 직면했다. 이는 원주민들 사이에 혼란과 갈등을 야기했다.

결론적으로 도스법(Dawes Act)은 원주민들의 전통적인 생활 방식을 파괴하고, 그들의 문화와 정체성을 훼손하는 결과를 초래했다. 원주민들은 토지를 잃고 경제적 어려움에 처했으며, 공동체가 붕괴되었다. 또한, 문화적 정체성을 상실하고 정체성 위기를 겪게 되었다. 도스법은 원주민 사회에 깊은 상처를 남겼으며, 그들의 삶과 문화에 심각한 영향을 미쳤다. 이러한 역사는 원주민들의 권리와 문화를 보호하고 존중하는 것이 얼마나 중요한지를 일깨워준다.

2. 토지 경주(Land Run)

인디언 토지 할당 시대에 있었던 토지경주는 미국 정부가 개척자들에게 토지를 분배하기 위해 개최한 일련의 이벤트로 미국 정부가 원주민의 토지를 백인 정착민들에게 개방하는 과정에서 이루어졌다. 가장 유명한 예는 1889년 4월 22일에 시작된 오클라호마 랜드 런이다.

랜드 런은 도스법이 원주민의 공동 소유 토지를 분할하여 개별 원주민에게 일정 면적의 토지를 할당한 후 나머지 잔여 토지를 백인 정착민들에게 개방함으로서 그 토지를 나누어 줄 방법으로 생각해 낸 웃지 못할 행사다.

오클라호마 랜드 런 Oklahoma Land Run, 1889

오클라호마 랜드 런은 미국 역사에서 가장 독특하고 상징적인 개척 시도로, 1889년 4월 22일에 오클라호마 주의 중부 지역에서 진행되었다. 이 지역은 원래 크릭(Creek)과 세미놀(Seminole) 부족의 땅이었다.

랜드 런의 시작과 진행: 당일 오클라호마주 중부의 광활한 평원에는 토지를 배분받고자 하는 백인 정착민들이 모여들었다. 정확히 정오가 되자 개척자들은 말과 마차, 자전거, 심지어는 걸어서 모두 자신만의 땅을 찾기 위해 전속력으로 달렸다. 먼지와 흙이 날리는 가운데 사람들은 서로 앞서기 위해 치열하게 경쟁했다. 피로와 탈진에도 불구하고 많은 이들이 자신이 꿈꾸던 땅에 도달하기 위해 노력했다. 이날의 열기는 단순히 땅을 차지하기 위한 경쟁을 넘어 새로운 삶을 시작하려는 사람들의 간절한 소망이 담겨 있었다.

미국 정부의 의도: 오클라호마 랜드 런을 기획한 미국 정부의 주요 의도는 원주민의 땅을 백인 정착민들에게 개방하여 서부 개척을 촉진하고, 미국의 영토를 확장하는 것이었다. 이를 통해 정부는 서부 지역의 인구를 늘리고, 경제적

발전을 촉진하려 했다. 정부는 이 랜드 런을 통해 많은 백인 정착민들이 서부로 이동할 수 있도록 장려하고 그들이 새로운 토지에서 자립할 수 있는 기회를 제공하려 했다. 또한 이 과정에서 정부는 원주민의 토지를 합법적으로 획득하여 백인 정착민들에게 분배하는 방법으로 서부 개척의 정당성을 확보하고자 했다.

결과와 영향: 오클라호마 랜드 런 이후, 수천 명의 사람들이 새로운 정착지에서 삶을 시작했다. 정부는 정착민들이 법적 절차를 통해 토지 소유권을 발부하고 정착지를 안정시키는 데 도움을 주었다. 또한 새로운 도시와 마을의 인프라를 구축하고 경제적 발전을 지원하기 위해 다양한 정책을 시행했다. 그 결과 오클라호마 시티와 같은 새로운 도시들이 형성되었고 이 지역은 급격한 발전을 이루게 되었다.

그러나 랜드 런으로 인해 원주민 사회는 큰 땅을 잃어버리게 되었고 경제적, 문화적으로 큰 타격을 입었다. 많은 원주민들이 빈곤과 실업에 시달리게 되었다. 원주민들은 자신들의 전통적인 생활 방식을 유지할 수 없게 되었으며, 경제적 기반을 잃고 사회적 구조가 붕괴되었다.

후속 랜드 런: 오클라호마 랜드 런 이후에도 여러 차례의 랜드 런이 있었다. 예를 들어, 1891년 세컨드 랜드 런(Second Land Run)이 있었는데, 이는 오클라호마 주의 몇몇 카운티, 특히 새퀘스타(Lincoln) 카운티와 페인(Payne) 카운티에서 진행되었다. 1891년 9월 22일에 개최된 이 랜드 런은 오클라호마 랜드 런(1889년) 이후 두 번째로 중요한 토지 분배 행사로, 많은 정착민들이 새로운 기회를 찾아 참여했다. 또한 1893년 체로키 스트립 랜드 런(Cherokee Strip Land Run)은 체로키 네이션의 토지를 개방하여 진행된 랜드 런으로 약 10만 명의 경주자들이 참여했다.

결론적으로 오클라호마 랜드 런은 서부 개척자들에게는 새로운 땅을 향한 희망과 열정의 상징이었지만, 동시에 원주민들에게는 땅을 잃고 어려움을 겪는 비극적인 사건이었다. 랜드 런은 미국의 서부 개척과 경제적 발전을 촉진했지만, 원주민 사회에 깊은 상처를 남기며 그들의 삶과 문화를 크게 변화시켰다. 이는 미국 역사에서 중요한 전환점으로 남아 있으며, 오늘날에도 원주민 권리와 문화 보존의 중요성을 일깨워준다.

수녀Sooner들의 이야기: 오클라호마 랜드 런의 숨겨진 경쟁

1889년 4월 22일 정오의 신호와 함께 일제히 출발선에서 달려간 개척자들이 지정한 땅에 도착해 보니, 일부 개척자들이 이미 그 자리를 차지하고 있었다. 이들을 "수녀(sooner)"라 불렀다. "수녀"는 랜드 런의 공식 시간보다 미리 들어가 자리를 잡은 사람들을 가리킨다. 이들은 밤에 몰래 들어가 나무나 덤불 뒤에 숨거나 다른 정착민들이 보지 못하는 곳에 숨어 있다가 정오의 신호가 울리자마자 마치 그 순간에 달려온 것처럼 위장하여 자신이 미리 선점한 땅을 차지했던 것이다.

수녀들의 부정한 선점은 정당하게 랜드 런에 참여한 정착민들의 큰 반발을 초래했다. 공식적인 절차를 따르지 않고 토지를 차지한 이들에 대한 분노는 곧바로 법적 분쟁으로 이어졌다. 정부는 이러한 부정행위를 단속하고 부정하게 선점한 땅을 다시 재분배하기 위한 조치를 취했으나, 이러한 과정은 많은 혼란과 갈등을 야기했다. 수녀들의 부정행위로 인해 많은 정착민들은 자신이 원하던 땅을 차지하지 못하고, 정부의 재분배 과정에서도 여러 어려움을 겪었다.

이후 수녀라는 용어는 오클라호마 주의 별칭으로 자리 잡았다. 오클라호마 대학교의 스포츠 팀인 "오클라호마 수너스(Oklahoma Sooners)"는 이 역사적 사건을 기념하는 명칭이다. 수녀들의 이야기는 오클라호마 랜드 런의 경쟁과 열기를 잘 보여주는 동시에, 당시 서부 개척의 복잡성과 혼란을 잘 드러낸다. 수녀들은 오클라호마 랜드 런의 상징적인 인물들로, 그들의 부정행위와 이에 따른 반발은 당시 서부 개척 시대의 치열한 경쟁과 윤리적 갈등을 상징한다. 그럼에도 불구하고, 수녀라는 이름은 오늘날 오클라호마의 자부심과 정체성의 일부로 남아 있다. 이는 오클라호마의 역사와 문화에 깊이 뿌리박힌 사건으로, 랜드 런과 그로 인한 사회적, 경제적 변화를 상징한다.

결론적으로, 오클라호마 랜드 런과 수녀들의 이야기는 미국 서부 개척의 한 단면을 보여준다. 이는 새로운 땅을 향한 정착민들의 열망과 그 과정에서 발생한 부정행위, 그리고 이를 둘러싼 법적 분쟁과 사회적 갈등을 잘 보여준다. 랜드 런은 서부 개척자들에게는 새로운 기회를 제공한 사건이었지만, 그 과정에서 발생한 수녀들의 부정행위는 당시의 사회적 혼란과 갈등을 드러내는 중요한 사건이었다.

3. 인디언 시민권법(Indian Citizenship Act, 1924)

1924년 제정된 인디언 시민권법은 미원주민들에게 시민권을 부여하여 그들의 법적 지위를 강화하고 미국 사회에 통합시키기 위한 법이다. 19세기 말부터 20세기 초까지 미국 정부는 원주민을 미국 사회에 동화시키기 위해 여러 정책을 시행했다. 도스법을 통해 인디언 부족의 공동 소유 토지를 개인 할당지로 분할하고 원주민들이 사유 재산 개념을 받아들이도록 유도했다. 그러나 이러한 정책은 원주민 사회에 심각한 경제적, 문화적 도전 과 과제를 안겨주었다. 원주민들은 토지를 잃고 전통적인 생활 방식을 포기해야 했으며 경제적 자립이 어려워졌다.

이러한 배경 속에서 인디언 시민권법은 원주민들에게 법적 지위와 권리를 부여함으로써 그들의 통합을 촉진하려는 목적으로 제정되었다. 특히 1924년은 미국이 제1차 세계대전 이후 사회 통합과 민주주의 가치를 강조하던 시기로 원주민의 시민권 부여는 이러한 시대적 흐름과 맞물려 있었다.

인디언 시민권법의 핵심 내용은 다음과 같다.

첫째, 모든 원주민들에게 시민권을 부여한다. 이는 도스법과 다른 동화 정책에 따라 할당된 토지의 소유 여부와 상관없이 적용되었다. 즉 원주민은 별도의 절차 없이 자동으로 미국 시민이 되었다.

둘째, 시민권 부여를 통해 원주민들은 투표권, 소송권, 교육 및 공공 서비스에 대한 접근 권한 등 미국 시민으로서의 완전한 법적 권리와 보호를 받을 수 있게 되었다. 이로서 원주민이 미국 사회에서 법적 보호를 받으며 자신의 권리를 주장할 수 있는 중요한 기반을 마련했다.

인디언 시민권법의 제정은 원주민 사회에 여러 가지 중요한 영향을 미쳤다. 무엇보다 법률적으로 원주민들이 미국 시민으로서의 지위를 확보하게 됨으로서 그들이 시민으로서 법적 보호와 권리를 주장할 수 있는 강력한 도구가 되었다.

또한 원주민들이 시민으로서 투표와 선거권 등 정치적 과정에 참여하고 자신들의 목소리를 낼 수 있는 기회를 얻었다. 이는 원주민들이 미국 사회의 구성원으로서 인정받는 중요한 진전이었다.

또 한편 시민권 부여는 원주민들에게 문화적 자부심을 회복할 기회를 제공했다. 법적 지위가 강화됨에 따라 원주민들은 자신의 역사와 문화를 재평가하고 이를 보존하고 전승하려는 노력을 기울이게 되었다. 이는 원주민 공동체가 더욱 결속되고 정체성을 강화하는 데 중요한 역할을 했다.

인디언 시민권법의 부족 주권에 대한 영향

인디언 시민권법이 원주민들에게 법적 지위와 권리를 부여함으로써 그들의 통합을 촉진하려는 목적으로 제정되었으나 다른 한편 원주민 부족의 주권과 관련해서 여러 가지 복합적인 영향을 미쳤다. 이미 살펴본대로 미국 시민으로서의 법적 지위와 권리를 확보하게 되었다는 점과 정치적 참여 확대를 통해 원주민들에게 자신의 목소리를 낼 수 있는 기회를 제공하고 그들의 요구와 권리를 정치적으로 반영할 수 있는 기회를 늘렸다는 점이 긍정적인 효과다.

그러나, 부정적인 영향에 대한 반론의 목소리도 있다. 일부 원주민과 부족 지도자들은 미국 시민권 부여가 부족 주권을 약화시킬 수 있다고 우려했다. 미국 시민으로서의 권리와 의무가 원주민의 전통적인 자치권과 충돌할 가능성이 있기 때문이다. 예를 들어, 연방 법률이 부족의 전통적인 법률 체계와 상충할 경우, 부족의 자치권이 침해될 위험이 있다는 것이다. 또 인디언 시민권법은 원주민을 미국 사회에 동화시키기 위한 정책의 일환으로 간주되기 때문에 이는 원주민들의 자치권과 전통적인 생활 방식을 약화시키고 그들이 미국의 주류 문화와 법체계에 동화되도록 압력을 가하는 결과를 초래할 수 있다고 주장했다.

그럼에도 불구하고 인디언 시민권법은 원주민들이 미국 시민으로서의 정체성과 원주민으로서의 정체성을 동시에 가짐으로 얻는 유익이 크다고 본다. 이는 원주민들이 자신의 전통적인 생활 방식을 유지하면서도 미국 사회의 구성원으로서 참여할 수 있는 기회를 제공하기 때문이다. 이러한 이중 정체성은 원주민들이 현대 사회에서 자신들의 권리와 문화를 지키며 살아가는 데 중요한 요소가 된다.

4. 메리암 보고서(Merriam Report, 1928): 연방 인디언 정책의 전환점.[55]

1928년 발표된 메리암 보고서(Merriam Report)는 미국 원주민들의 생활 조건과

---

55) 메리암 보고서의 공식 명칭은 "인디언 행정 문제(The Problem of Indian Administration)"이다. 이 보고서는 정부 연구소(Institute for Government Research, 나중에 브루킹스 연구소로 알려짐)에서 의뢰하고 록펠러 재단이 자금을 지원했다. IGR은 루이스 메리암을 조사팀의 기술 책임자로 임명하여 미국 전역의 인디언들의 생활 조건을 조사하고 보고서를 작성하도록 했다. 메리암은 1928년 2월 21일, 847페이지 분량의 보고서를 내무부 장관인 휴버트 워크에게 제출했다.

연방 인디언 정책의 실태를 철저히 조사한 결과 보고서다. 이 보고서는 원주민 보호구역에서의 생활이 얼마나 열악한지를 상세히 기록하고, 이를 개선하기 위한 구체적인 권고사항을 제시하여 이후 인디언 정책의 방향을 변화시키는 중요한 계기가 되었다.

보고서의 배경과 목적

메리암 보고서는 루이스 메리암(Lewis Meriam)이 주도한 연구팀이 작성한 연구 보고서로서 이 연구는 미국 내 원주민의 생활 조건과 연방 인디언 사무국(Bureau of Indian Affairs, BIA)의 정책을 분석하고 문제점을 파악하여 개선 방안을 제안하는 것을 목표로 했다. 19세기 말부터 시행된 동화 정책과 도스법의 결과를 평가하고 원주민 사회가 겪고 있는 심각한 문제들을 공론화하기 위한 목적을 가지고 있었다.

메리암 보고서는 원주민 보호구역의 생활 환경 실태를 상세히 조사했다. 그 결과, 다음과 같은 문제점들이 밝혀졌다.

첫째, 빈곤과 열악한 주거 환경: 보호구역의 많은 원주민 가정이 극심한 빈곤 속에서 생활하고 있었다. 주택은 대부분 비위생적이었고, 기본적인 생활 시설이 부족했다. 주거 환경의 열악함은 원주민의 건강과 생활 질을 크게 저해하고 있었다.

둘째, 보건과 의료 서비스의 부족: 보호구역 내 보건 서비스는 매우 열악했다. 높은 질병률과 낮은 평균 수명은 원주민들의 열악한 건강 상태를 보여주는 지표였다. 의료 시설과 보건 인력이 부족하여 원주민들이 적절한 의료 서비스를 받기 어려웠다.

셋째, 교육 시스템의 문제: 원주민 아동들이 다니는 학교는 시설이 열악하고 교육 수준이 낮았다. 많은 학교가 기초적인 교육조차 제대로 제공하지 못하고 있었다. 교육의 질 저하는 원주민 청소년들의 자립할 수 있는 기회를 제한하고, 빈곤의 악순환을 지속시키는 원인이 되었다.

네째, 경제적 자립의 어려움: 도스법에 따라 원주민들이 할당받은 토지는 농사짓기 어려운 경우가 많았다. 원주민들은 농업에 필요한 자본과 기술이 부족하여 경제적 자립이 매우 어려웠다. 경제적 빈곤은 원주민 사회의 전반적인 생활 수준을 저하시키고, 사회적 문제를 악화시켰다.

메리암 보고서는 이러한 문제들을 해결하기 위해 연방 정부에 다양한 정책 개선을 권고했다.

첫째, 보호구역 생활 조건 개선: 주택, 위생 시설, 보건 서비스를 대폭 개선하여 원주민들의 생활 환경을 향상시킬 것. 특히 보건 서비스 확충을 통해 원주민들의 건강 상태를 개선하고, 질병 예방과 치료를 강화할 필요가 있다.

둘째, 교육 시스템 개선: 원주민 아동들이 질 높은 교육을 받을 수 있도록 학교 시설을 개선하고, 교사 교육과 교과 과정을 강화할 것. 원주민들의 문화와 전통을 존중하는 교육 프로그램을 도입하여, 그들이 자신의 정체성을 유지하면서도 현대 사회에 적응할 수 있도록 지원할 필요가 있다.

셋째, 경제적 지원과 자립 촉진: 농업 기술 교육과 자본 지원을 통해 원주민들이 경제적으로 자립할 수 있는 기회를 제공할 것. 원주민들이 농업 외에도 다양한 경제 활동을 할 수 있도록 직업 훈련 프로그램과 경제 개발 프로젝트를 도입할 필요가 있다.

보고서의 영향

메리암 보고서(1928)는 미국 원주민의 생활 조건과 연방 인디언 정책의 문제점을 철저히 조사하고, 이를 개선하기 위한 구체적인 권고사항을 제시한 중요한 문서였다. 이 보고서는 원주민들이 겪고 있는 빈곤, 교육 부족, 의료 서비스 부족 등의 문제를 상세히 기록하고, 연방 정부의 정책 변화를 촉구했다. 메리암 보고서는 이후 인디언 신정책과 인디언 재조직법을 통해 원주민 사회의 자치권을 회복하고, 경제적 자립과 문화적 재생을 도모하는 중요한 계기가 되었다. 이는 원주민 문제에 대한 인식을 변화시키고, 정책 개선의 필요성을 강조하는 데 중요한 역할을 했다. 이 보고서는 이후 인디언 신정책(Indian New Deal)의 기초가 되었으며, 1934년 인디언 재조직법(Indian Reorganization Act, IRA)의 제정을 촉진했다.

인디언 신정책

1920년대와 1930년대에 이르러 도스법(Dawes Act)과 같은 동화 정책이 원주민 사회에 심각한 문제를 야기했다. 원주민들은 토지를 잃고 경제적으로 어려움을 겪었으며, 전통적인 생활 방식과 문화가 훼손되었다. 이러한 상황에서 1934년 프랭클린 D. 루즈벨트(Franklin D. Roosevelt) 대통령의 뉴딜 정책의 일환으로 시행된 원주민 정책이다. 원주민들의 자치권을 회복하고 경제적, 문화적 재건을 위해 인디언 신정책을 도입하였다.

존 콜리어(John Collier) BIA 사무국장이 주도한 인디언 재조직법(Indian Reorganization Act, 1934)과 인디언 신정책의 핵심내용은 다음과 같다.

자치 정부 수립: 원주민들이 자치 정부를 수립할 수 있도록 허용하였다. 이는 부족 정부의 재조직을 통해 원주민들이 자신들의 내부 문제를 스스로 해결할 수 있는 권한을 부여하였다.

토지 복원: 도스법에 의해 분할된 토지를 다시 부족 소유로 복원하였다. 이를 통해 원주민들이 공동체 중심의 생활 방식을 회복할 수 있도록 하였다.

문화 보호: 원주민의 전통과 문화를 보호하기 위한 노력을 강화하였다. 정부

는 원주민의 문화적 유산을 보존하고, 교육과 훈련을 통해 전통적인 기술과 지식을 전승하도록 지원하였다.

경제 지원: 원주민들의 경제적 자립을 돕기 위해 연방 정부가 경제 지원 프로그램을 도입하였다. 이는 농업, 목축, 수공예 등 다양한 분야에서 원주민들이 경제적 자립을 이룰 수 있도록 지원하는 것이었다.

교육 및 복지 프로그램: 원주민 청소년을 위한 교육 프로그램을 확대하여 그들이 현대 사회에서 경쟁력을 가질 수 있도록 하였다.

보건 및 복지 프로그램: 원주민들의 건강과 복지를 증진시키는 데 초점을 맞추었다.

인디언 신정책은 원주민 사회에 여러 가지 긍정적인 영향을 미쳤다. 첫째, 원주민들이 자치권을 회복함으로써 자신들의 운명을 스스로 결정할 수 있는 권한을 갖게 되었다. 둘째, 토지 복원을 통해 전통적인 공동체 생활을 회복할 수 있었다. 셋째, 문화 보호 정책을 통해 원주민들의 문화적 자부심이 회복되었으며, 전통과 문화가 전승될 수 있는 기반이 마련되었다. 넷째, 경제 지원 프로그램을 통해 원주민들이 경제적 자립을 이룰 수 있는 기회를 갖게 되었다.

결론적으로 인디언 신정책은 원주민들의 자치권과 경제적 자립을 강화하고, 그들의 문화와 전통을 보호하기 위한 중요한 전환점이었다. 이는 원주민들이 미국 사회에서 자립하고 자존감을 회복하는 데 중요한 역할을 하였으며, 오늘날에도 원주민 정책의 중요한 기반이 되고 있다. 인디언 신정책은 원주민들이 자신들의 문화와 정체성을 유지하면서도 현대 사회에서 번영할 수 있는 길을 열어준 중요한 법적, 사회적 개혁이었다.

5. 연방 인디언 사무국(Bureau of Indian Affairs, BIA)

배경: 인디언 사무국(Bureau of Indian Affairs, BIA)은 1824년 미국 전쟁부(Department of War) 산하에 설립되었다. BIA의 설립 배경은 미국 정부와 원주민 부족들 간의 관계를 관리하고, 원주민들의 생활과 복지를 지원하기 위한 필요성에서 비롯되었다. 19세기 초, 미국은 서부로의 확장 정책을 추진하면서 원주민 부족들과의 갈등이 증가하였다. 원주민들은 자신들의 전통적인 땅에서 밀려나고, 미국 정부는 이주 및 정착 정책을 통해 원주민들을 강제로 이주시키려 했다. 이러한 과정에서 원주민들과의 조약 체결, 토지 매매, 이주, 보호구역 설정 등 여러 복잡한 문제들이 발생하였다. 이를 효과적으로 관리하고 조정하기 위해 BIA가 설립되었다. BIA는 원래 전쟁부의 인디언 문제국으로 설립되었지만 1849년에 내무부(Department of the Interior)로 이관되었다. 이는 인디언 정책이 군사적 문제에서 관리 및 자원 문제로 초점을 옮기는 과정에서 나온 것이다. 현재의 이름을 1947년에 공식적으로 채택하기 전까지, BIA는 인디언 사무국, 인디언 국, 인디언 부서, 인디언 서비스 등으로 불렸다.

설립목적

조약 및 협정 관리: BIA는 미국 정부와 원주민 부족들 간의 조약 및 협정을 체결하고, 이를 관리 및 이행하는 역할을 담당하였다. 이를 통해 원주민들과의 갈등을 최소화하고 평화를 유지하려 했다.

토지 및 자원 관리: BIA는 원주민 보호구역 내의 토지와 자원을 관리하며, 원주민들이 그들의 토지를 효율적으로 사용할 수 있도록 지원하였다. 이를 통해 원주민들의 경제적 자립을 돕고, 보호구역 내 자원의 효율적 관리를 추구했다.

원주민 복지 증진: BIA는 원주민들의 생활 수준을 향상시키기 위해 교육, 보건, 주거, 복지 프로그램을 제공하였다. 원주민들의 교육 기회를 확대하고, 보

건 서비스를 제공하며, 주거 환경을 개선하는 등의 노력을 기울였다.

문화 보호 및 지원: BIA는 원주민들의 문화와 전통을 보호하고, 이를 유지 및 전승하는 것을 지원하였다. 이를 위해 전통적인 예술, 언어, 관습 등을 보존하고, 이를 교육과 프로그램을 통해 전파하려 했다.

의무와 책무

BIA의 주요 의무와 책무는 다음과 같다:

토지 관리: 미국 원주민과 알래스카 원주민 관련 연방법과 정책을 시행하고, 미국 연방 정부가 신탁으로 보유한 55,700,000에이커(225,000 km²)의 보호구역을 관리하고 있다. 보호구역의 토지와 자원을 관리하며, 원주민의 토지 사용과 보존을 돕는다.

교육 지원: 원주민 아동과 청소년에게 교육 기회를 제공하고, 원주민 학교의 운영을 지원한다. 교육 서비스는 인디언 사무 담당 차관보 산하의 유일한 다른 기관인 인디언 교육국(Bureau of Indian Education)이 제공하

보건 서비스: 인디언 건강 서비스(IHS)와 협력하여 원주민의 건강과 복지를 증진시키는 역할을 한다.

경제 개발: 농업, 인프라 및 경제 개발을 촉진하며, 부족 거버넌스를 강화하고, 천연 자원을 관리한다.

법적 지원: 원주민의 권리 보호를 위한 법적 지원을 제공하고, 원주민과 연방 정부 간의 법적 분쟁을 조정한다.

인디언부족과의 관계

BIA는 원주민 부족과의 관계에서 중재자 및 관리자 역할을 한다. 연방 정부와 부족 간의 조약과 협정을 관리하고, 부족의 자치권을 지원한다. 그러나 BIA

의 정책은 종종 원주민의 자치권과 문화적 자부심을 저해하는 결과를 초래하기도 했다. 이러한 복잡한 관계는 BIA가 부족과 협력하면서도 연방 정부의 이익을 대변해야 하는 이중적 역할에서 기인한다.

문제점과 과제

BIA는 여러 가지 문제점으로 비판을 받아왔다. 메리암 보고서가 지적한 내용을 보면

첫째, BIA는 지나치게 중앙집권적이며 비효율적인 행정 구조를 갖고 있어 이로 인해 현장에서의 문제 해결과 지원이 미흡하다. 인력배치도 적절하지 못하다. 또 임직원들 간의 회전율이 높고 일관성 없는 정책과 지침으로 인해 지역사회와의 신뢰를 상실하고 있다.

둘째, BIA의 임직원들은 종종 지식 부족, 역량 부족, 그리고 문화 간의 이해 부족으로 인해 지역사회의 욕구와 필요에 부합하지 않는 일반화된 정책을 시행하여 이로 인해 현지 지역사회의 다양성과 특수성을 고려하지 못하고 있다.

셋째, BIA의 자금 배정 및 자원 분배 방식이 불투명하며 효율적인 자원 활용과 지원이 부족하다.

넷째, 교육 프로그램이 부족하거나 효과적이지 못하며 이로써 인디언들의 교육 기회가 제한되었다.

다섯째, 의료 서비스가 부족하거나 효과적이지 못하며 인디언들의 건강 상태가 개선되지 못했다.

인디언 사무국(BIA)은 원주민들의 복지와 자치권을 지원하는 중요한 기관으로, 앞으로도 여러 과제와 도전에 직면해 있다. 자치권과 주권 강화, 경제적 자립 지원, 보건 및 복지 개선, 문화와 전통 보호, 법적 및 제도적 개선 등 다양한

분야에서 지속적인 노력이 필요하다. 이를 통해 원주민들이 자존감을 가지고 자립할 수 있는 환경을 조성하고, 그들의 권리와 문화를 보호하며 미국 사회의 구성원으로서 인정받을 수 있도록 해야 하는 과제를안고 있다.

6. 코벨 대 살라자르 사건(Cobell v. Salazar, 1996) 56)

메리암 보고서가 지적한 대로 BIA는 엄청난 비리의 온상임이 드러났고 원주민의 원성이 자자했다. 그 대표적인 사건이 코벨 대 살라자르 사건이다.

코벨 대 살라자르 사건은 미국 역사상 가장 큰 집단 소송 중 하나로 연방 정부가 원주민의 신탁 자산을 부적절하게 관리했다는 주장이다. 원주민들은 연방 정부가 19세기부터 원주민 토지와 자산을 신탁 관리해오면서 발생한 수익을 제대로 기록하지 않았으며 관리 실패로 인해 수십억 달러에 달하는 원주민 재산의 손실을 초래했다고 주장했다. 원고는 엘로이스 카볼(Eloise Cobell)을 포함한 500,000명의 원주민 신탁 계좌 소유자이고 피고는 브루스 배빗(Bruce Babbitt, 당시 내무부 장관)과 이후의 내무부 장관들 그리고 최종적으로 켄 살라자르(Ken Salazar) 장관이다.

원고측의 주요 주장은,

첫째, 연방 정부가 원주민의 토지와 자산에서 발생한 수익을 제대로 기록하지 않고, 잘못 관리했다.

둘째, 연방 정부의 기록과 실제 수익 사이에 큰 차이가 있었으며, 이는 원주민에게 돌아갈 수익이 제대로 전달되지 않았다.

세째, 연방 정부가 신탁 자산 관리에 대한 투명성을 확보하지 못하고 원주민들에게 제대로 보고하지 않았다.

---

56) 이 사건은 1996년 사건이지만 BIA와 관련하여 그 부패에 관한 재판이었으므로 여기 BIA를 다루는 섹션에 첨가하였다.

재판은 지루한 법정공방을 거친 후 2009년 오바마 행정부 하에서 합의가 이루어졌으며 연방 정부는 원주민에게 총 33억 달러를 배상하기로 합의했다. 배상금으로 원주민 신탁 계좌 소유자들에게 15억 달러를 지급하고 토지 통합 기금으로 20억 달러를 원주민 토지 통합 프로그램에 사용하여 원주민 소유의 토지를 자발적으로 매입하고 이를 부족에게 돌려주는 프로그램을 실시한다고 합의했다.

이후 이 사건은 연방 정부가 원주민 신탁 자산 관리를 개선하고, 투명성을 높이기 위한 다양한 조치를 취하는 계기가 되었다. 또 원주민의 자산 관리와 관련한 권리를 보호하는 중요한 선례가 되었으며, 연방 정부의 책임을 명확히 하는 계기가 되었다. 더불어 내무부와 연방 인디언 사무국(BIA)은 신탁 자산 관리 시스템을 개선하고 원주민에게 더 나은 서비스를 제공하기 위해 개혁을 추진했다.

7. 동화정책(Assimilation)

동화정책 시대 이전에도 인디언들을 동화시키려는 여러 시도와 작전이 있었다. 다만 동화정책 시대에 두드러지게 집약적이고 정책적으로 시도되었을 뿐이다. 동화정책은 미국 정부의 인디언 정책에서 시대에 따라 변화하며 발전했다. 미정부는 처음부터 인디언들을 미개한 종족으로 생각하여 문명화 정책을 썼다. 문명화 정책은 인디언들을 미국의 주요 문화와 제도에 동화시키는 것을 목표로 했다. 이 정책은 인디언들에게 미국식 옷차림, 언어, 종교, 농업 및 기타 문명적인 습관을 가르치는 것을 중점으로 삼았다. 또 인디언들의 전통적인 땅 소유권을 박탈하고 그들을 다른 지역으로 이주시키고 보호구역에 가두는 정책 역시 동화정책의 일환이었다. 이러한 인디언 동화 정책과 전략은 그들의 전통적인 문화와 가치를 훼손시키고 인디언들의 자치권을 약화시키는 결과를 초래했다.

미국 초기 역사에서, 인디언들을 문명화시키려는 시도는 서구의 우월주의와 제국주의적 사고에서 비롯되었다. 백인 정착민들은 인디언들을 '미개한 야만인'으로 보고, 그들을 '문명화된 기독교인'으로 만드는 것이 인류에 대한 의무라고 믿었다. 이러한 사고는 19세기 중반의 강제 이주 정책과 보호구역 제도에 깊이 뿌리내렸다.

가장 앞장 서서 이 문명화 정책을 이행한 부류가 바로 기독교 선교 활동이다. 기독교 선교사들은 인디언들에게 기독교 신앙을 전파하고 그들을 기독교 신자로 동화시키는 노력을 하였지만 동시에 오로지 백인의 방식만을 고집하여 인디언 정신과 영성을 말살하는데 일조를 하였다. 이들은 "인디언의 친구들"이라 자처한 주로 잘 조직된 교파의 개신교도들이었으며 원주민의 동화가 그들을 기독교화하는 데 필요하다고 생각했다. 또한 가톨릭 교회도 참여했다.

1865년 정부는 여러 선교 단체들과 계약을 체결하여 시민 교육, 영어 교육, 농업 및 기계 예술을 가르치는 인디언 학교를 운영하기 시작했고, 수십 년 후에는 인디언 사무국이 이를 이어받았다. 이 시기 동안 인디언 기숙학교는 원주민 아이들을 부모와 떨어뜨려 놓고 강제로 서구식 교육을 시키는 수단으로 사용되었다. 이 학교들은 원주민 아이들이 자신들의 언어와 문화를 포기하고 영어를 배우며 기독교 신앙을 받아들이도록 강요했다. 이 과정에서 많은 원주민 아이들이 학대와 차별을 겪었다.

이러한 인디언 동화 정책과 전략은 그들의 전통적인 문화와 가치를 훼손시키고 인디언들의 자치권을 약화시키는 결과를 초래했다. 원주민들은 자신들의 언어, 전통, 종교를 잃어버리게 되었고, 이는 원주민 공동체에 깊은 상처를 남겼다. 동화정책은 인디언들이 자신들의 정체성을 잃고, 미국 사회에서 주변화되게 만들었다. 또한, 이러한 정책은 원주민들의 경제적 자립을 저해하고 빈곤과 사회적 불평등을 심화시켰다.

그랜트의 "평화정책" Peace Policy : 이상과 현실 사이

1871년 12월 4일 연두교서에서 율리시스 그랜트 대통령은 "인디언에 대한 정책이 성공적이었다… 많은 인디언 부족들이 보호구역에 정착하고 농사를 짓고 다양한 종류의 생산적 노동을 수행하며 부분적으로 문명을 받아들였다"라고 자평하며, 여전히 옛 생활 방식을 따르는 이들을 위해 멸종을 피할 수 있는 유일한 기회를 제공할 것이라고 밝혔다. 이 정책의 초점은 특히 개신교와 가톨릭 단체를 통해 보호구역 생활을 관리하는 것이었다. 이런 정책에 대하여 대부분의 인디언들은 교회에 등록했지만, 특정 보호구역을 통제하여 개종한 교인 수를 최대로 늘리려는 개신교와 가톨릭 간의 경쟁과 같은 예기치 않은 문제들이 발생하기도 했다.

남북전쟁이 끝난 후, 미국은 서부 확장과 함께 원주민 문제를 해결해야 했다. 미국의 18대 대통령인 율리시스 S. 그랜트는 군사적 충돌이 아닌 평화로운 방법을 통해 이 문제를 해결하려 했고, 이를 위해 "평화정책"을 도입했다. 이 정책의 핵심은 원주민들을 보호구역에 정착시키고, 그곳에서 자립할 수 있도록 돕는 것이었다. 이를 통해 원주민들이 전통적인 유목 생활을 포기하고 정착 생활을 받아들여, 미국 사회에 동화될 수 있도록 유도하고자 했다.

그랜트의 평화정책은 몇 가지 주요 요소로 구성되었다.

첫째, 군인 대신 민간인 요원을 투입: 특히 종교 단체를 통해 원주민 문제를 관리하였다. 개신교와 가톨릭 단체가 원주민들을 교육하고 동화시키는 데 중요한 역할을 맡았다. 특히 퀘이커 교도들은 이 정책을 추진하는 데 중요한 역할을 했다. 이들은 개종보다는 도덕적 향상과 교육에 중점을 두고 인디언들과 잘 협력했다. 또한, 인디언 사무국 내의 부패를 제거하고 원주민 문제를 보다 투명하고 공정하게 관리하려 했다.

둘째, 교육과 자립 지원: 정부는 다양한 선교 단체와 계약을 맺어 원주민 학교를 운영하고, 원주민이 영어와 미국의 문화를 배울 수 있도록 했다. 또한 농업과 기술을 가르쳐 자립을 도왔다. 이러한 교육과 자립 지원은 원주민들이 경제적으로 독립할 수 있는 기반을 마련하는 데 중요한 역할을 했다.

세째, 보호구역 설정 및 지원: 원주민들이 정착할 수 있는 보호구역을 설정하고, 그들이 그곳에서 농사를 짓고 자립할 수 있도록 지원했다. 이를 통해 원주민들이 전통적인 유목 생활을 포기하고 정착 생활을 받아들이도록 유도했다.

그랜트의 평화정책은 이상과 현실 사이에서 여러 가지 성과와 한계를 드러냈다. 일부 원주민 보호구역에서는 원주민들이 농업과 목축업을 통해 자립할 수 있는 기반을 마련했다. 예를 들어, 나바호(Navajo) 부족은 양 목축에서 큰 성공을 거두었다. 그러나 그랜트의 평화정책은 여러 한계와 문제점을 드러냈다. 많은 원주민 보호구역에서 자립이 제대로 이루어지지 않았으며, 원주민들의 생활 조건은 여전히 열악했다. 특히 백인 정착민들과의 갈등이 계속되었고, 원주민들의 토지 소유권 문제는 해결되지 않았다. 또한 개신교와 가톨릭 간의 경쟁으로 인해 특정 보호구역에서 갈등이 발생했다. 이는 원주민들의 동화와 자립을 방해하는 요소가 되었다. 의회와 민간 자선 단체들이 원주민 보호구역 운영에 충분한 자금을 지원하지 않아 많은 프로그램이 제대로 실행되지 못한 것도 큰 문제였다.

결론적으로, 그랜트의 평화정책은 원주민과의 갈등을 평화적으로 해결하고 그들의 동화를 촉진하려는 진정한 시도였다. 그러나 정책의 실행 과정에서 여러 한계와 문제점이 드러났고, 원주민들의 자립과 생활 조건 개선에는 많은 어려움이 따랐다. 이 정책은 원주민 문제를 평화적으로 해결하려는 초기 시도로서 의미가 있지만, 궁극적으로는 성공하지 못한 부분이 많았다. 그럼에도 불구하고, 그랜트의 평화정책은 원주민 문제 해결을 위한 중요한 역사적 시도로 평가받고 있다.

인디언 형사 법원[57]

1882년 헨리 M. 텔러 내무부 장관은 원주민 관습이 동화의 진전에 큰 장애물이 된다고 주목했다. 이에 따라 1883년 인디언 범죄 법전을 만들어 "악습"을 억제하는 절차를 명확히 했다. 세 명의 인디언으로 구성된 인디언 형사법원은 범죄자를 처벌하는 판사 역할을 했다. 금지된 행동으로는 전통 춤과 축제, 일부다처제, 선물 교환 및 장례 관습, 음주 또는 술 판매가 포함되었다. 또한 이교도 의식과 관습을 주도하는 주술을 사용하는 "의료인"도 금지되었다. 위반에 대한 처벌은 10일에서 90일의 징역과 최대 30일간 정부에서 제공하는 배급품 금지였다. 다섯 문명화된 부족은 이 법전에서 면제되었으며, 이 법전은 1933년까지 시행되었다. 1890년 내무부 장관의 보고서에는 여러 보호구역에서 법원의 활동이 나열되어 있으며 춤이나 이교도 의식으로 기소된 인디언은 없었다고 했다.

대법원의 동화 정책 역할

1857년, 로저 B. 태니 대법원장은 원주민이 "자유롭고 독립적인 사람들"이므로 미국 시민이 될 수 있다고 표현했다. 태니는 원주민이 귀화하여 미국의 "정치 공동체"에 가입할 수 있다고 주장했다. "[미국 원주민]은 의심할 바 없이 다른 외국 정부의 신민과 마찬가지로 의회의 권한에 의해 귀화하고 주 및 미국의 시민이 된다. 그리고 어떤 개인이 자신의 국가나 부족을 떠나 백인 지역 가운데 거주하게 된다면, 그는 다른 외국 이민자들에게 속한 모든 권리와 특권을 누

---

57) **미정부 대 클라폭스**(U.S. v. Clapox, 1888) 이 사건은 1883년에 설립된 인디언 형사 법원의 창설을 인정하고 이를 원주민을 동화시키기 위한 수단으로 사용하는 것을 승인하였다. 한 부족 구성원이 감옥에서 친구를 구출하였는데 구출자와 탈출자가 모두 연방법에 따라 기소되었다. 클라폭스 판결은 인디언 형사 법원이 "교육적이고 징계적인 도구"로서 미국이 원주민을 통제하고 그들의 문화를 형성하는 데 사용될 수 있음을 인정하였다.

릴 자격이 있을 것이다." 열등한 인디언 인종 개념을 반영한 미국 대법원의 판결이 동화정책에 지대한 영향을 미쳤다. 그 예를 들자면, 론 울프 대 힛치코크 (Lone Wolf v. Hitchcock, 1903) 사건 판결이 있다. 이 사건은 키오와(Kiowa) 부족의 지도자인 론 울프(Lone Wolf)가 미국 정부를 상대로 제기한 소송에서 론 울프는 정부가 불법적으로 부족의 토지를 할당하고 이를 백인 정착민에게 분배했다고 주장했다. 이에 대법원은 미국 의회가 원주민과의 조약을 무시하고 원주민 토지를 할당할 권한이 있다고 판결했다. 이 판결은 의회의 "절대 권한"을 인정하고 원주민을 "국가의 보호자"로 간주하는 부양적 관점을 반영했다. 이 판결은 원주민의 자결권을 무시하고 그들의 토지를 강제로 분할하여 백인 정착민에게 넘기는 동화정책을 정당화했다.

또 하나의 사건을 예시로 들자면 4장에서 이미 살펴본 바대로 미정부 대 카가마(United States v. Kagama, 1886) 사건을 들 수 있다. 이 사건은 미국 정부가 원주민 보호구역 내에서 발생한 범죄를 연방 법원에서 재판할 권한이 있는지에 대한 논란에서 비롯되었다. 대법원은 원주민이 연방 정부의 "보호자"이므로 연방 정부가 원주민 보호구역 내에서의 범죄를 재판할 권한이 있다고 판결했다. 이 판결은 원주민의 자치권을 제한하고 연방 정부가 원주민에 대해 광범위한 권한을 행사할 수 있도록 함으로써 원주민을 "열등한 인종"으로 간주하고 그들의 자치권을 억압하고 동화정책을 강화하는 정책의 방향을 제시하였다.

19세기 후반 인디언 사무국의 위원장이었던 존 오벌리(John Oberly)는 원주민 동화정책을 추진한 인물이다. 그의 발언은 미국 정부가 원주민을 어떻게 동화시키고자 했는지를 잘 보여준다. "원주민은 미국 문명의 고양된 자아에 젖어들어 '우리' 대신 '나'를, '이것은 우리의 것' 대신 '이것은 내 것'이라고 말해야 한다." 오벌리의 발언은 원주민을 미국 사회에 동화시키기 위한 정책의 핵심적인 사고 방식을 반영하고 있다. 이 인용문에서 그는 원주민이 공동체 중심의 사고 방식에서 벗어나 개인주의적 사고 방식을 받아들여야 한다고 주장하고 있다.

결론적으로 인디언 행정 개혁과 동화 운동은 미국 역사에서 중요한 전환점이 되었다. 개혁자들은 원주민의 생활 조건을 개선하고 그들을 미국 사회에 동화시키려 했지만 이러한 노력은 종종 원주민의 전통과 문화를 파괴하는 결과를 초래했다. 그랜트의 평화정책과 인디언 형사법원 등 여러 정책과 법률은 원주민의 생활 방식을 크게 변화시켰다. 대법원은 동화정책 시대에 중요한 역할을 하였으며 원주민의 권리와 자치에 대한 중요한 결정을 내렸다.

8. 기숙학교(Boarding school): 그 안의 인디언을 죽이고 사람을 구하라

조지 워싱턴과 헨리 녹스는 원주민의 문화적 동화정책을 처음으로 구현한 선구자였다. 교육은 소수 민족의 문화적 적응 과정에서 중요한 방법으로 간주되었다. 미국화 정책은 원주민이 미국의 관습과 가치를 배움으로써 부족 전통을 미국 문화와 결합하고 사회 다수와 평화롭게 통합할 수 있을 것이라는 생각에 기반을 두었다. 19세기 말과 20세기 초 인디언 전쟁이 끝난 후 연방 정부는 원주민의 전통적인 종교 의식을 금했다. 또한 원주민 자녀들이 반드시 다녀야 하는 원주민 기숙학교를 설립했다. 이 학교에서는 영어만 사용해야 하며 교회에 출석하고 부족 전통을 버리도록 강요받았다.

대부분의 원주민이 보호구역에 수용되었을 때, 연방 정부는 원주민 아이들을 기숙학교에 강제로 입학시키는 문화 동화 캠페인을 벌였다. 1879년 펜실베이니아에 리처드 프랫(Richard Pratt)이 설립한 칼라일 인디언 산업 학교(Carlisle Indian Industrial School)가 최초의 기숙학교인데, 원주민의 전통, 관습, 신념을 제거하지 않으면 동화가 성공하지 못할 것이라고 믿었다. 프랫의 철학 "그 안의 인디언을 죽이고 사람을 구하라"에 기반하여 칼라일 학교는 국가 모델이 되었다. 58) 이 발언은 프랫의 인디언 동화 정책의 본질을 잘 나타내며, 그의 교육 철학이 원주민의 전통과 문화를 제거하고, 그들을 서구적 가치와 생활 방식에 맞추려는 의도를 가지고 있음을 보여준다.

400개 이상의 기숙학교가 보호구역 근처에 지어졌으며, 대부분 종교 단체에 의해 운영되었다. 약 10만 명의 원주민 학생들이 이 학교에 강제로 다녔으며, 원주민 언어 사용이 금지되고 원주민 신앙을 포기하며 원주민 정체성을 버리도록 강요받았다. 많은 아이들이 백인 가정에 하인으로 배치되었다. 미국 인디언 사무국 협회(Association on American Indian Affairs)의 조사(1974)에 따르면, 모든 인디언 아이들의 25-35%가 가정에서 분리되어 위탁 가정, 입양 가정 또는 기관에 배치되었으며, 이들 중 90%는 비원주민 가정에 배치되었다. 자녀를 기숙학교로 보내는 것을 반대한 부모는 투옥되고 강제로 자녀와 떨어져야 했다. 1928년 내무부가 의뢰한 조사 보고서는 원주민 기숙학교의 상황을 비판하며, 불충분한 음식, 과밀한 기숙사, 열악한 의료 서비스, 착취적 아동 노동 관행 등을 지적했다. 1930년대에 대부분의 기숙학교가 폐쇄되었다.

종교기관의 역할

종교 기관과 단체는 연방 인디언 기숙학교 운영에서 중요한 역할을 했다.

재정 지원 및 인프라 제공: 연방 인디언 기숙학교의 약 50%는 종교 기관이나 단체로부터 재정 지원, 인프라, 인력 등의 도움을 받았다. 이러한 지원은 학교 운영에 중요한 역할을 했다.

---

58) 이 발언은 1892년 조지 워싱턴 대학교에서 연설 중 나온 것이다. 원문은 다음과 같다:
"A great general has said that the only good Indian is a dead one, and that high sanction of his destruction has been an enormous factor in promoting Indian massacres. In a sense, I agree with the sentiment, but only in this: that all the Indian there is in the race should be dead. Kill the Indian in him, and save the man."

문명화 노력에서의 두드러진 역할: 종교 단체는 원주민을 "문명화"하려는 노력에서 두드러진 역할을 했다. 문명화 기금(Civilization Fund)의 자금은 종종 이러한 단체들에게 할당되었다. 이 자금을 통해 종교 단체들은 원주민 아동들을 교육하고 동화시키기 위한 다양한 프로그램을 운영했다.

아동 모집 및 자금 지원: 종교 기관과 단체는 원주민 아동들을 연방 인디언 기숙학교로 모집하는 데 관여했다. 연방 정부는 때때로 이러한 기관들에게 원주민 아동 한 명당 지급하는 방식으로 기숙학교 운영을 위해 자금을 지원했다. 이를 통해 원주민 아동들의 학교 입학을 장려하고, 기숙학교 운영에 필요한 자금을 확보할 수 있었다.

문화 동화 촉진: 종교 기관과 단체는 원주민 아동들의 이름을 바꾸고 머리를 자르고, 원주민 언어와 문화적 관행을 억제하고, 군사 훈련을 조직하는 등의 방법을 사용하여 원주민 아동들을 주류 미국 사회에 동화시키려 했다. 이러한 노력은 원주민 아동들이 자신들의 전통과 문화를 잃고, 서구적 가치와 생활 방식을 받아들이도록 강요하는 것이었다.

기숙학교 제도의 종결

미국의 원주민 기숙학교 제도는 19세기 후반부터 20세기 초반까지 지속되었으나, 여러 사건과 보고서를 통해 그 폐해가 폭로되면서 결국 종결되었다. 기숙학교 제도의 종결에 큰 영향을 미친 주요 사건 중 하나는 메리엄 보고서(Merriam Report)이다. 이 보고서는 원주민 기숙학교의 심각한 폐해를 폭로했다.

영양 결핍: 불충분한 음식으로 많은 기숙학교에서 원주민 아동들이 영양 결핍 상태에 있었다.

열악한 위생 상태: 기숙학교의 기숙사와 위생 상태가 매우 열악했으며 이는 아동들의 건강에 심각한 영향을 미쳤다.

부실한 교육: 기숙학교에서 제공되는 교육이 매우 부실했으며, 원주민 아동들이 제대로 된 교육을 받지 못했다.

신체적, 정신적 학대: 많은 아동들이 신체적, 정신적 학대를 경험했으며, 이는 그들의 정신적, 정서적 발달에 큰 해를 끼쳤다.

메리엄 보고서는 원주민 기숙학교 제도의 구조적 문제를 폭로하며, 이 제도를 근본적으로 재검토할 필요성을 제기했다. 이 보고서는 정부와 사회 전반에 큰 충격을 주었으며, 기숙학교 제도를 종결하는 데 중요한 역할을 했다.

2022년 미 내무부는 "인디언 기숙학교에 대한 연구 보고서" [59]를 발표했다. 미 역사상 처음으로 미국 정부 각료로 선발된 뎁 할랜드(Deb Haaland) 장관은 2022년 5월, 인디언 기숙학교에 대한 초기 보고서를 발표했다. 이 보고서는 연방 관리들이 이전에 완전히 상세히 밝히지 않은 학교 목록을 포함하며, 학교 내 53개의 묘지를 확인했다. 현재까지 19개 학교에서 500명의 아동 사망 사건이 확인되었으며, 그 원인은 다양한 학대와 질병으로 인한 것으로 추정된다.

보고서가 분석한 바에 의하면 기숙학교 시스템은 미국 정부가 인디언 아동들을 동화시키는 중추적인 역할을 했다. 이를 통해 인디언 아동들을 개인화하고 전통적인 부족 관계를 해체하는 데 기여했다. 교육을 통하여 인디언 아동들을 통제하였는데, 그것은 엄격한 기준으로 인디언 학생들을 통제하는 것이 필연적이었다고 분석하였다.

한편, 보고서는 부작용으로 문화적 소멸과 폭력이 수반되었다는 점을 인정했다. 인디언 아동들을 강제적으로 동화시키기 위해 인디언, 알래스카 원주민, 하와이 원주민의 가족들이 분열되었고, 인디언 부족 및 지역사회가 퇴조되었다고 밝혔다. 특히 인디언 기숙학교 시스템은 인디언, 알래스카 원주민, 하와이 원주민 언어나 문화, 종교적 실천을 방해하거나 금지시키는 것을 통해 인디언

---

59) Bryan Newland. Federal Indian Boarding School Initiative Investigative Report. May 2022 Assistant Secretary ⨅ Indian Affairs

아동들을 동화시키려 했고, 이는 체벌을 포함한 처벌을 통해 이루어졌다고 보고서는 지적했다. 보고서는 추가 조사를 할 것이라며, 두 번째 보고서에는 추가적인 묘지 목록과 기숙학교 시스템 지원에 사용된 연방 자금의 추정치가 포함될 예정이라고 밝혔다. 또 치유의 여정으로 할랜드 장관이 직접 생존자들과 만나 그들의 이야기를 기록하고 지원을 제공하겠다고 약속했다. 이에 따라 설치된 국립 원주민 기숙학교 치유 연합은 생존자들의 경험을 기록하고 보존할 예정이다.

한편, 인디언 기숙학교에서 발생한 아동 학대와 성폭력 사건에 대한 고발이 피해자들로부터 이어지고 있으며 수십 건의 소송이 진행되고 있다. 이는 기숙학교 제도의 폐해를 사회적으로 공론화하고, 피해자들에게 법적 구제를 제공하는 중요한 과정이 되고 있다.

미국의 원주민 기숙학교 제도는 그 폐해가 여러 보고서와 사건을 통해 폭로되면서 종결되었다. 메리엄 보고서와 2022년 인디언 기숙학교에 대한 연구 보고서는 기숙학교 제도의 문제를 밝히는 중요한 역할을 했으며, 이로 인해 제도의 종결과 개혁이 이루어졌다. 이러한 과정은 원주민 사회에 깊은 상처를 남겼지만, 동시에 치유와 회복을 위한 첫걸음이 되었다.

9. 론 울프 대 히치코크 사건(Lone Wolf v. Hitchcock, 1903)

론 울프 대 히치코크 사건(Lone Wolf v. Hitchcock)은 1903년 미국 대법원에서 심리된 사건으로, 키오와(Kiowa) 부족의 지도자인 론 울프(Lone Wolf)가 미국 정부를 상대로 제기한 소송이다. 이 사건은 미국 의회가 원주민과 맺은 조약을 일방적으로 무시하고 원주민 토지를 백인 정착민에게 할당한 행위가 적법한지 여부를 다뤘다.

론 울프는 미국 정부가 1892년 메디신 로지 조약(Medicine Lodge Treaty)을 위반하여 키오와, 코만치(Comanche), 아파치(Apache) 부족의 토지를 백인 정착민에게 할당했다고 주장했다. 메디신 로지 조약은 이러한 부족들의 동의를 받지 않고는 그들의 토지를 분할하거나 매각할 수 없도록 규정하고 있었다. 그러나 1892년 의회는 이 조약을 무시하고 '제롬 위원회(Jerome Commission)'를 통해 원주민 토지를 백인 정착민에게 분할할 수 있도록 하는 법을 통과시켰다.

1903년 미국 대법원은 미국 의회가 원주민과의 조약을 무시하고 원주민 토지를 할당할 권한이 있다고 판결했다. 대법원은 의회가 원주민에 대한 "절대 권한"을 가지고 있으며, 원주민을 "국가의 보호자"로 간주하는 부양적 관점을 반영했다. 대법원은 원주민과의 조약이 의회의 의사에 따라 언제든지 변경될 수 있으며, 이러한 변경이 원주민의 동의 없이도 가능하다고 판결했다.

론 울프 대 히치코크 사건의 판결은 원주민의 자결권을 무시하고, 그들의 토지를 강제로 분할하여 백인 정착민에게 넘기는 동화정책을 정당화했다. 이 판결은 의회의 절대 권한을 인정하고, 원주민에 대한 연방 정부의 광범위한 통제권을 확립함으로써, 원주민의 자치권과 권리를 크게 약화시켰다. 또한, 이 사건은 미국 정부가 원주민과의 조약을 일방적으로 무시하고 그들의 토지를 할당하는 행위를 정당화하는 선례가 되었다.

6: 인디언을 재조직하라₁₉₃₄₋₁₉₅₃

도스법(Dawes Act)은 원주민 토지를 개별 할당하여 원주민을 농업 사회에 통합시키려 했으나 오히려 원주민의 토지 손실과 경제적 빈곤을 초래했다. 그들은 토지를 잃고 경제적 기반이 붕괴되었으며 문화적 정체성도 약화되었다. 사회적으로는 1930년대 대공황이 또한 원주민 공동체에 큰 타격을 주었고 메리암 보고서 (1928) 역시 원주민 정책의 재평가와 개혁의 필요성을 강조했다. 이로서 미 정부는 인디언 관리에 대한 새로운 방법을 추구하게 되었다.

1. 인디언 재조직법(IRA: Indian Reorganization Act, 1934)[60]

프랭클린 D. 루즈벨트 대통령의 뉴딜 정책은 대공황 시기의 경제 회복과 사회적 개혁을 목표로 했으며, 이 과정에서 원주민 정책도 재조직되었다. 1934년 6월 18일 제정된 인디언 재조직법(Indian Reorganization Act, IRA)은 미국 내 원주민의 지위와 관련된 여러 사항을 다루었으며, 종종 "인디언 뉴딜"의 중심축으로 불린다.

존 콜리어는 인디언 사무국(Bureau of Indian Affairs, BIA)의 국장으로 임명된 후, 원주민의 자치와 문화 보존을 강조하며 인디언 재조직법을 주도적으로 추진했다. 그는 원주민의 자치권 회복과 경제적 자립을 위한 법적 기반을 마련하는 데 중요한 역할을 했다. 이 법은 원주민에게 자산(토지 및 광물권)의 관리권을 복원하고 인디언 보호구역 주민들을 위한 견실한 경제 기반을 마련하기 위한 조항을 포함했다. IRA는 1933년부터 1945년까지 BIA 국장을 역임한 존 콜리어의 가

---

60) Wheeler-Howard Act 로도 불린다.

장 중요한 정책이었다.

콜리어는 1920년대부터 인디언 문제를 연구하고 변화를 위해 노력했으며, 특히 미국 인디언 방어 협회(American Indian Defense Association)에서 활동했다. 콜리어는 미국 원주민 문화가 현대 미국 문화보다 우수하며 모범이 될 만하다고 믿었고, 동화 정책으로 인해 상당한 피해를 입은 원주민 문화와 주권 및 자치를 회복시키고자 했다. 또한 보호구역 토지 손실을 줄이고, 경제적 자립을 구축하는 방안을 제공하고자 했다.

그러나 그의 제안은 논란이 많았다. 많은 이익 집단들이 원주민 토지의 판매 및 관리로부터 이익을 얻고 있었기 때문이다. 의회는 콜리어의 제안을 수정하여, 부족 및 보호구역에 대한 인디언 사무국의 감독을 유지했다. 내무부 법무관실의 펠릭스 S. 코헨도 1934년 법안을 기초하는 데 중요한 역할을 했다. 자치 정부 조항은 부족이 이를 명확히 거부하지 않는 한 자동으로 시행되었다.

IRA는 원주민들에게 자치권과 경제적 자립의 기회를 제공함으로써 원주민 사회에 긍정적인 영향을 미쳤다. 하지만 이 법은 또한 정부의 지속적인 감독 아래 있었다. 이로 인해 원주민들이 완전한 자치를 누리는 데는 한계가 있었다. 그럼에도 불구하고 인디언 재조직법은 원주민 정책의 중요한 전환점으로 평가받고 있으며, 원주민의 권리와 문화를 보호하고 증진하는 데 기여했다.

인디언 재조직법IRA의 목적과 조치

인디언 재조직법은 할당 정책의 파괴적인 결과를 해결하기 위해 여러 가지 방법을 도입했다.

첫째, IRA의 주요 목표는 미국 인디언 땅의 개인화와 사유화를 초래한 할당 정책을 중단하는 것이었다. 연방 정부의 할당 지원을 중단함으로써 할당 정책으로 인해 발생한 인디언 커뮤니티 자원의 추가적인 소멸을 막고자 했다. 이를 통해 원주민들은 자신들의 토지를 공동체 소유로 유지할 수 있게 되었으며, 그 결과 원주민 공동체의 경제적 기반이 보호되었다.

둘째, IRA는 부족 정부를 조직함으로써 원주민 커뮤니티가 스스로를 통치하고 그들의 이익에 가장 부합하는 결정을 내릴 수 있도록 했다. 부족 정부는 정책 결정과 커뮤니티 개발의 핵심 주체가 되어 부족 사안에 대한 자치권과 통제권을 증대시켰다. 이로 인해 원주민들은 연방 정부의 간섭 없이 자신들의 문제를 해결할 수 있는 능력을 갖추게 되었다.

셋째, IRA는 개인이 미국 시민이자 부족 시민이 될 수 있다는 아이디어를 지지했다. 이는 부족 정체성과 시민권의 중요성을 인정하는 것으로, 미원주민들이 그들의 커뮤니티에서 적극적인 시민으로 참여할 수 있도록 했다. 이 인정은 부족 문화와 정체성을 보존하면서 미원주민들이 넓은 국가적 틀 안에서 참여할 수 있게 했다. 이를 통해 원주민들은 자신들의 문화와 전통을 유지하면서도 미국 사회의 일원으로서 권리와 의무를 다할 수 있게 되었다.

결론적으로, IRA는 할당 정책의 부정적인 영향을 되돌리고, 부족 자원을 보호하며, 부족 정부를 권한 강화하고, 네이티브 아메리칸 커뮤니티의 자치를 촉진하기 위해 이와 같은 조치들을 시행했다. 이를 통해 IRA는 미 원주민 커뮤니티가 자치권과 자원을 보존하고 더 나은 미래를 건설할 수 있도록 지원하려는 목적으로 제시되었다. 이러한 법적 변화는 원주민들이 경제적 자립을 이루고 문화적 정체성을 유지하는 데 중요한 역할을 했으며, 이는 현대 원주민 사회의 중요한 기반이 되었다.

인디언 부족의 재조직

인디언 재조직법은 이전에 잃어버렸던 부족 공동 토지 기반을 보존하는 데 크게 기여했다. 이 법은 부족 공동 토지를 개별 부족 구성원에게 할당하는 관행을 늦추었으며, 이미 비원주민 개인에게 양도된 토지는 원주민에게 반환되지 않았으나 여전히 할당되지 않은 토지나 개인에게 할당되었으나 미국 정부가 신탁으로 보유한 토지가 많이 남아 있었다. 이로 인해 보호구역은 부족 또는 개인 신탁 토지와 사유지로 혼재된 상태로 남아 있었다. 그러나 이 법은 미국이 일부 사유지를 매입하여 부족 신탁 상태로 복원할 수 있도록 허용했다. 법 제정 후 첫 20년 동안 2백만 에이커 이상의 토지가 다양한 부족에게 반환되었다.

많은 부족은 경제적 자립을 위해 다양한 프로그램을 시행했으며, 전통 문화를 보존하고 부흥시키기 위한 교육 프로그램도 강화되었다. 이는 부족의 경제적 안정성과 문화적 자긍심을 증대시키는 데 기여했다. 특히 인디언 사무국(Bureau of Indian Affairs)에서 원주민 우선 고용 정책을 도입하여 원주민의 직업 안정에 기여했다. 1936년 알래스카 부족도 IRA에 포함되어 알래스카 원주민 마을들이 부족 정부를 조직할 수 있게 되었다. 오늘날 알래스카의 229개 부족 중 약 1/3이 IRA에 따라 조직되었으며, 이 부족들은 연방 정부에 의해 동등하게 인정받고 같은 권한을 가진다.

결론적으로, 인디언 재조직법은 원주민 자치권 회복, 경제적 자립, 문화 보존을 위한 중요한 법적 전환점이 되었다. 그러나 그 과정에서 전통과 현대 간의 갈등을 야기하며 일부 부족에게는 혼란과 논란을 불러일으켰다. 이는 일부 부족들이 전통적인 생활 방식과 새로운 법적 구조 사이에서 조화를 이루는 데 어려움을 겪었기 때문이다. 그럼에도 불구하고 IRA는 원주민 사회가 자치권을 회복하고 경제적 안정성을 구축하는 데 중요한 기반을 마련했다. 이 법은 원주민 커뮤니티가 자신들의 권리와 문화를 지키며 더 나은 미래를 향해 나아갈 수 있는 길을 열어 주었다.

인디언 재조직법IRA의 한계와 비판

인디언 재조직법은 각 부족이 미국식 헌법을 채택하고 그에 따라 자치 정부를 구성하도록 했다. 새로운 헌법과 정부 구조는 일부 부족의 전통과 유사했으나, 다른 부족에게는 완전히 낯선 것이었다. 전통적인 인디언들은 새 헌법을 백인 기관의 강요 수단으로 비판하며 기존의 전통적인 지도자 선택 방식과 문화 집단을 유지하기 위해 노력했다. 이들은 이러한 변화가 백인 정부의 강요라고 느꼈다. 물론 자치권 회복이라는 관점에서 보면 많은 부족이 자치 헌법을 채택하고 자치 정부를 구성할 수 있는 기회를 제공받았다는 점에서 지난 시대보다 한 걸음 나아간 점이 있지만, 이러한 변화가 모든 부족에게 긍정적인 것만은 아니었다.

미국식 헌법을 채택한 부족들은 연방 보조금을 받을 수 있었다. 이는 일부 부족에게 경제적 지원을 제공하는 긍정적인 면이 있었으나, 다른 한편으로는 전통적인 방식의 자치권을 저해하는 요소로 작용하기도 했다. 새로운 정부 구조를 도입하는 과정에서 많은 혼란이 발생했다.

새로운 헌법은 평의회 의원의 선거를 요구했으며, 이는 할당 정책 기간 동안 '보스 농부' 구역으로 그려진 구역에 기반을 두고 있었다. 이러한 변화로 인해 친숙한 문화적 그룹화와 지도자 선택 방식이 사라지고 미국 민주주의의 더 추상적인 원칙들이 적용되었다. 이러한 접근 방식은 장단점을 지니고 있음을 경험을 통해 알게 되었다. 일부 경우에서는 전통적인 방식이 성공적으로 유지되었지만, 다른 경우에서는 새로운 제도가 더 효과적일 수 있었다.

결론적으로, IRA는 인디언 부족의 자치와 문화적 부흥을 위한 중요한 시도였으나, 할당 정책의 영향과 새로운 제도의 낯섦으로 인해 그 약속을 완전히 실현하지 못했다. 전통 인디언들은 새로운 헌법과 제도가 백인 제도를 강요하는 것으로 여겼고, 이는 많은 부족 내에서 논란과 반발을 불러일으켰다. 따라서 IRA의 시행은 부족의 전통을 존중하는 동시에 새로운 자치 제도를 통합하려는 복잡한 도전 과제를 안고 있었다.

이는 결국 부족들이 자치권을 회복하고 경제적 자립을 이루는 데 중요한 기회를 제공했으나, 동시에 전통과 현대 간의 갈등을 야기하며 일부 부족에게는 혼란과 논란을 초래한 것이다. 이 과정에서 부족들은 자신들의 정체성을 유지하면서도 새로운 체제에 적응해야 하는 어려움을 겪었으며, 이러한 복합적인 도전 과제는 IRA의 복잡성을 잘 보여준다.

종결 및 재배치 단계: 1954년, 내무부는 의회가 추가한 조항에 따라 종결 및 재배치 단계를 실행하기 시작했다. 이는 일부 의회 의원들이 원주민이 주류 사회에 동화되기를 바라는 지속적인 관심으로 인해 생긴 결과였다. 종결 조항으로 인해 61개 부족이 법적으로 해체되었고, 그들의 연방 정부와의 공식적인 관계가 종료되었다. 이로 인해 부족과 그 구성원들은 정부 지원 프로그램의 혜택을 받을 수 없게 되었다. 해체된 부족 중 46개는 법적 지위를 회복했다.

인디언 재조직법IRA 승인 과정

인디언 재조직법의 제18조는 법 시행일로부터 1년 이내에 해당 인디언 부족 또는 부족 구성원이 법을 수용할지 여부를 투표하도록 요구했다. 투표는 과반수 찬성으로 승인되어야 했다. 그러나 누가 투표할 자격이 있는지에 대한 혼란이 있었고 기권은 찬성표로 간주되었다. 이러한 혼란은 많은 보호구역에서 논란을 일으켰다. 최종 결과로 172개의 부족이 법을 수용했고, 75개의 부족은 거부했다. 가장 큰 부족인 나바호 부족의 경우 연방 나바호 가축 감소 프로그램으로 인해 큰 피해를 입었고 따라서 전체 인디언 뉴딜 정책에 강하게 반대했다.

나바호 부족은 연방 정부의 나바호 가축 감소 프로그램으로 인해 상당한 경제적 손실을 겪었으며, 이로 인해 인디언 뉴딜 정책 전반에 대한 불신이 커졌다. 나바호 가축 감소 프로그램은 나바호 보호구역의 환경 문제를 해결하기 위해 가축 수를 줄이는 정책이었으나, 많은 나바호 가축이 강제 도살되면서 부족의 경제 기반이 크게 약화되었다. 이로 인해 나바호 부족은 IRA를 포함한 인디언 뉴딜 정책에 대해 강한 반감을 가졌다.

IRA의 투표 절차는 많은 부족 내에서 논란을 불러일으켰다. 투표 자격 기준에 대한 명확한 지침이 부족했고, 기권이 찬성으로 간주되는 규정은 일부 부족 구성원들에게 불공정하게 느껴졌다. 이러한 요소들은 투표 과정에서 혼란을 야기했으며, 일부 부족은 법을 수용하는 과정에서 갈등을 겪었다.

결론적으로, 인디언 재조직법은 많은 부족에게 자치권 회복과 경제적 자립의 기회를 제공했지만, 투표 절차와 관련된 혼란과 논란, 그리고 나바호 부족과 같은 큰 부족의 반발은 법의 시행과정에서 큰 도전 과제가 되었다. 이러한 요소들은 IRA가 모든 원주민 커뮤니티에 일관되게 긍정적인 영향을 미치지 못한 이유 중 일부를 설명해준다. IRA는 원주민 커뮤니티의 자치를 증진하려는 중요한 시도였으나, 그 시행 과정에서 나타난 복잡성과 논란은 법의 한계를 드러냈다.

인디언 뉴딜에 대한 역사적 평가와 반응

인디언 재조직법(Indian Reorganization Act, IRA)은 부족 공동 토지를 보호하고 원주민 자치권을 회복시키기 위한 목적으로 제정되어 많은 긍정적 효과를 이끌어 냈으나, 이에 대한 역사적 평가와 반응은 다양하다.

긍정적 평가: IRA는 원주민의 전통과 종교 관행을 보호하고 자치 정부를 설립할 수 있는 구조를 제공했다. 또한 추가적인 지원금을 마련하는 등 원주민의

자유를 보호하고 경제적 기반을 마련했다고 평가받았다. 이는 많은 원주민 커뮤니티가 자치권을 회복하고, 경제적 안정성을 구축하며, 문화적 자긍심을 증대시키는 데 기여했다.

부정적 평가: 그러나 이 법은 경제 발전을 촉진하지 못했으며, 원주민 정치 구조를 제공하지 못했다고 비판받는다. 1945년, 이 법을 강력하게 추진하였던 인디언 사무국의 존 콜리어가 사임한 후, 다시 동화 정책으로 회귀했다는 점이 부정적 평가의 주요 이유 중 하나다. 역사가들은 콜리어가 인디언 공동체를 일시적으로 연방 정부의 학대에서 구출했지만, 자신의 사회적, 정치적 아이디어를 강요하여 오히려 피해를 줬다고 평가했다.

콜리어의 명성은 부족마다 엇갈린다. 나바호, 세네카, 이로쿼이 등 많은 부족은 그를 비판했다. 인류학자들은 콜리어가 원주민의 다양성을 인정하지 않았다고 비판했다. 또한, 의회가 콜리어의 제안을 수정하면서 법이 원래 의도한 만큼 성공적이지 못했다고 비판했다. 한편, 콜리어는 전통 사회가 현대 미국 사회보다 도덕적으로 우월하다고 보는 낭만적 견해로 비판받았다.

결론적으로 인디언 뉴딜은 자치권 회복과 문화 보존을 목표로 한 중요한 정책이었다. 그러나 경제 발전과 정치 구조 제공에서는 한계를 드러냈다. 콜리어의 정책은 일부 부족에게는 구원이 되었지만, 다른 부족에게는 갈등과 논란을 초래했다. 이러한 복잡한 반응은 인디언 뉴딜이 단순한 해결책이 아닌, 많은 문제와 도전을 안고 있음을 보여준다. IRA는 원주민 사회의 다양한 요구와 기대를 완전히 충족시키지 못했으나, 그럼에도 불구하고 원주민 자치권 회복과 문화 보존에 기여한 중요한 법적 전환점으로 남아 있다.

2. 알래스카 인디언 재조직법 (Alaska Indian Reorganization Act, 1936)

알래스카 인디언 재조직법(1936)은 알래스카 원주민들이 자치 정부를 조직하고, 그들의 권리와 문화적 정체성을 보호하기 위해 제정된 중요한 법안이다. 이 법안은 원주민들이 자치권을 회복하고 경제적 자립을 이루는 데 중요한 역할을 했다.

알래스카 인디언 재조직법의 주요 목적과 내용을 보면 다음과 같다:

첫째, 자치 헌법 채택과 자치 정부 구성 지원: 이 법안은 원주민들이 자치 헌법을 채택하고 자치 정부를 구성할 수 있도록 법적 근거를 제공하여 자치권을 회복하도록 했다. 이는 원주민들이 자주적으로 지역 사회를 운영하고 관리할 수 있는 기회를 제공했다.

둘째, 보호구역 재분류와 새로운 보호구역 설립: 기존의 보호구역을 인디언 보호구역으로 재분류하고, 새로운 보호구역을 설립할 수 있도록 내무부 장관에게 권한을 부여했다. 이는 원주민들의 토지와 자원을 보호하는 데 중요한 역할을 했다.

셋째, 경제 개발과 자립 지원: 원주민 마을의 경제 개발을 촉진하고 자립을 돕기 위해 대출 프로그램을 포함한 다양한 지원을 제공했다. 이로써 원주민들이 자원 관리 및 경제 활동을 통해 자립할 수 있도록 도왔다.

넷째, 문화와 전통 보호: 원주민의 문화와 전통을 보호하고 보존하기 위한 교육 및 문화 프로그램을 제공하도록 하여 원주민의 정체성을 강화하고 그들의 역사와 문화를 다음 세대에 전승하는 데 기여했다.

결과적으로, 알래스카 인디언 재조직법은 많은 긍정적인 영향을 미쳤다. 이는 원주민들이 자치권을 회복하고 경제적 자립을 이루는 데 중요한 역할을 했다. 이 법안은 원주민의 권리와 문화를 보호하고, 그들이 자주적으로 생활할 수 있는 기반을 마련하는 데 기여했다. 이러한 법적 노력은 원주민 공동체의 지속 가능한 발전과 문화적 보존을 위해 중요한 전환점을 제공했다.

알래스카 인디언 재조직법의 시행으로 원주민들은 자치권을 회복하고 경제적 자립을 이루는 데 중요한 기반을 마련했다. 이 법안은 원주민들이 자주적으로 생활할 수 있도록 법적, 경제적, 문화적 지원을 제공함으로써, 원주민 공동체의 지속 가능한 발전과 문화적 보존에 기여했다. 이를 통해 원주민들은 자신들의 권리와 문화를 보호하며, 자치와 자립을 이루는 데 중요한 전환점을 맞이하게 되었다.

3. 인디언 청구위원회법(Indian Claims Commission Act, 1946)

인디언 청구위원회 법은 미국 정부와 원주민 부족들 사이의 오랜 분쟁을 해결하기 위해 제정된 중요한 법안이다. 이 법이 제정되기 이전에는 원주민들이 자신들의 권리를 주장하거나 배상을 청구하는 데 어려움이 많았다. 주로 원주민들은 미국 연방 정부의 부당한 대우와 토지 강탈 등에 대한 보상을 받지 못해 왔다. 따라서 이 법은 원주민들이 정부나 개인에 대한 소송을 제기하여 토지나 자원에 대한 보상을 요구할 수 있는 제도를 마련했다. 이 법의 주요 내용은 다음과 같다.

첫째, 불공정한 행위에 대한 보상 요구: 인디언들은 과거에 정부나 다른 당사자로부터 토지, 자원, 협약 등에 대한 불공정한 행위로 인해 손해를 입은 경우 보상을 요구할 수 있다. 이는 원주민들이 과거의 불공정한 대우에 대해 보상을 받을 수 있는 기회를 제공한다.

둘째, 소송 제기 권리: 인디언들은 인디언 청구위원회 법에 따라 소송을 제기하여 보상을 요구할 수 있다. 이를 통해 원주민들은 자신의 권리를 적극적으로 주장할 수 있게 되었다. 이 법은 원주민들이 법적으로 자신의 권리를 보호하고 보상을 받을 수 있는 경로를 제공한다.

세째, 토지와 자원의 보호 강화: 이 법은 인디언들의 토지와 자원에 대한 보호를 강화하고 그들이 정당한 보상을 받을 수 있도록 하는 데 중점을 두었다. 이는 원주민들이 자신들의 토지와 자원을 지키고 보호할 수 있는 법적 기반을 마련한다.

네째, 역사적 불공정 대우에 대한 보상: 이 법은 인디언들이 역사적으로 받은 불공정한 대우에 대한 보상을 제공하여 그들의 권리와 지위를 강화하고자 했다. 이를 통해 원주민들은 자신의 역사적, 문화적 권리를 존중받을 수 있게 되었고, 불공정한 대우에 대한 보상을 받을 수 있게 되었다.

법의 영향과 평가: 인디언 청구위원회 법은 인디언들이 자신의 권리를 보호하고 정당한 보상을 받을 수 있도록 하는 데 중요한 역할을 했다. 이를 통해 인디언들은 자신의 역사적, 문화적 권리를 존중받을 수 있게 되었고, 불공정한 대우에 대한 보상을 받을 수 있게 되었다. 이 법은 연방 인디언 정책에 미친 영향과 효과 때문에 종결 시대의 입법으로 간주된다. 이 법은 과거의 불의와 토지 수탈에 대한 재정적 보상을 부족들이 구할 수 있는 메커니즘을 제공함으로써 연방 정부의 부족에 대한 의무를 줄이고 동화 정책을 촉진하는 광범위한 변화의 일부로 볼 수 있다. 이 법이 역사적 청구를 금전적 보상으로 해결하는 데 중점을 둔 것은 조약 권리와 부족 주권을 지키기보다는 연방 신탁 관계를 약화시키려는 종결 정책의 전체적인 목표를 반영하기 때문이다.

결론적으로, 인디언 청구위원회 법은 원주민들이 과거의 불공정한 대우에 대해 보상을 받을 수 있는 중요한 법적 도구를 제공함으로써, 원주민들의 권리와 지위를 강화하는 데 중요한 역할을 했다. 이는 원주민들이 역사적 부정의를 바로잡고, 그들의 문화적, 역사적 권리를 보호하는 데 기여했다.

인디언 청구위원회Indian Claims Commission, ICC

인디언 청구 위원회는 미국 연방 정부와 아메리카 원주민 부족 간의 사법 관계 중재자 역할을 했다. 이 위원회는 세 명의 판사가 주관하였으며, 인류학자, 민족학자, 역사학자, 법률가, 변호사 등이 원고 부족을 위한 권리 옹호자와 법률 고문으로 활동했다.

ICC는 1789년부터 1946년까지 발생한 약 850건의 청구를 다루었으며, 여기에는 토지 강탈, 조약 위반, 기타 연방 정부의 부당 행위에 대한 청구가 포함되었다. 인정된 청구에 대해 수십억 달러의 금전적 배상이 제공되었으며, 배상액은 미국 재무부에서 지급되었다. ICC의 결정은 최종적이었고, 연방 법원에 의해 검토되지 않았다. 이 법의 결과로 많은 원주민 부족들이 ICC를 통해 그들의 청구를 해결하고 보상을 받았다. 그러나 정부의 보상을 받으면서 피해를 입은 부족은 향후 청구할 권리를 포기해야 했다.

1978년에 ICC의 활동이 종료되면서 미결된 청구는 미국 연방 청구 법원(U.S. Court of Claims)으로 이관되었다. 인디언 청구 위원회는 1978년 공법 94-465에 의해 휴회되었고, 최종 보고서를 발표하며 170건의 사건을 미국 청구 법원으로 이관했다. 위원회는 판결로 $818,172,606.64를 지급하고 546개의 사건을 완료했다.

결론적으로, 인디언 청구 위원회는 원주민 부족들이 과거의 불공정한 대우에 대해 보상을 받을 수 있는 중요한 법적 도구를 제공함으로써, 원주민들의 권리와 지위를 강화하는 데 중요한 역할을 했다. 이는 원주민들이 역사적 부정의를 바로잡고, 그들의 문화적, 역사적 권리를 보호하는 데 기여했다. 그러나 보상을 받으면서 향후 청구할 권리를 포기하게 되면서 일부 부족에게는 제한적인 구제가 되기도 했다. ICC의 활동 종료 후, 미결 사건들이 연방 청구 법원으로 이관되었으나, 이로 인해 법적 절차가 더 복잡해지고 지연되는 문제가 발생하기도 했다.

4. 도시 재배치(Urban Relocation) 프로그램

도시 재배치 프로그램은 1952년에 시작된 정책으로, 인디언 재조직법(IRA)의 맥락에서 원주민들을 도시로 이주시켜 경제적 기회를 제공하고 동화시키려는 목표를 가지고 있었다. 이 프로그램은 원주민들에게 도시에서의 고용 및 교육 기회를 제공하여 경제적 자립을 돕고자 했으며, 동시에 원주민들이 도시 생활에 적응하고 미국 주류 사회에 동화되도록 촉진하는 것을 목적으로 했다.

프로그램의 목표와 의도: 프로그램의 주요 목표는 원주민들에게 경제적 기회를 제공하고 동화를 촉진하는 것이었다. 이를 위해 많은 원주민들이 농촌 보호구역을 떠나 도시로 이주하게 되었다. 도시에서는 고용과 교육의 기회가 더 많을 것으로 기대되었으며, 이를 통해 원주민들이 경제적으로 자립하고 현대적 생활 방식에 적응할 수 있도록 도왔다.

프로그램의 결과와 영향: 그러나 많은 원주민들이 도시 생활에 적응하는 데 어려움을 겪었으며, 문화적 충격을 경험했다. 도시 생활은 전통적인 원주민 생활 방식과는 크게 달랐으며, 이로 인해 많은 원주민들이 가족과 공동체로부터 떨어져 살면서 전통적인 문화와의 연결이 약화되었다. 또한, 도시로 이주한 많은 원주민들이 경제적 자립을 이루지 못하고 낮은 임금과 열악한 생활 조건에 직면하게 되었다. 결과적으로 원주민 실업률과 빈곤율이 높아졌으며, 유사한 사회 경제적 문제에 직면한 다른 소수 집단과 함께 도시 하층 계층이 형성되었다.

커뮤니티와 전통 문화: 한편, 일부 원주민들은 도시에서 새로운 커뮤니티를 형성하며 상호 지원 체계를 구축했다. 원주민 단체와 조직이 도시에서 조직되어 전통 문화를 보존하려는 노력이 이어졌다. 이러한 단체들은 원주민들이 도시 생활에 적응하는 데 도움을 주었으며, 전통 문화와 관습을 유지하려는 중요한 역할을 했다.

결론적으로, 도시 재배치 프로그램은 원주민들에게 새로운 기회를 제공하려는 의도였으나, 많은 경우 원주민 공동체에 혼란과 어려움을 초래했다. 원주민들은 경제적 자립을 이루지 못하고 문화적 충격과 사회적 고립을 경험했으며, 이는 전통 문화와 생활 방식의 약화를 초래했다. 그러나 일부 원주민들은 도시에서 새로운 커뮤니티를 형성하고 전통 문화를 보존하려는 노력을 통해 이러한 도전에 대응했다. 도시 재배치 프로그램은 원주민들이 현대 사회에 적응하는 데 있어 복잡하고 다면적인 영향을 미친 중요한 역사적 사례로 평가된다.

5. 전통 의식의 부활 (Revival of Traditional Practices)

재조직 시대(1934~1953)는 인디언들이 고유한 문화와 전통을 회복하고 유지하려는 노력이 활발하게 전개된 시기였다. 이 기간 동안 다양한 전통적인 의식과 문화적 관행이 부활하고 활성화되었다. 그 노력을 구체적으로 보면 다음과 같다.

첫째, 전통적인 의식과 의례의 부활: 많은 부족들이 전통적인 의식과 의례를 다시 부활시키기 시작했다. 예를 들어, 소피 인디언들은 소피 춤과 의식을 다시 연주하고, 의례를 실시하여 고대의 전통을 유지하려는 노력을 기울였다. 이러한 의식들은 부족 공동체의 결속을 강화하고 문화적 정체성을 재확인하는 중요한 수단이 되었다.

둘째, 언어와 문화 교육의 강화: 원주민 부족들은 자체 언어와 문화 교육을 강조하기 시작했다. 많은 부족들이 언어 교육 프로그램을 개설하고 전통적인 이야기, 노래, 춤 등을 가르치는 노력을 기울였다. 이러한 교육 프로그램은 젊은 세대가 자신의 뿌리와 문화를 이해하고 계승할 수 있도록 돕는 중요한 역할을 했다.

셋째, 전통적인 공예와 미술의 부활: 많은 인디언들이 전통적인 공예와 미술을 부활시키기 시작했다. 예를 들어, 원주민 예술가들은 전통적인 자수, 석조, 그림 등을 통해 고유한 문화를 표현하고 보존하려는 노력을 기울였다. 이러한 예술 활동은 원주민의 창의성과 문화적 유산을 현대에 맞게 재해석하는 중요한 과정이 되었다.

넷째, 전통 의복과 장신구의 재창조: 일부 부족들은 전통적인 의복과 장신구를 다시 창조하고 착용하기 시작했다. 이를 통해 고유한 문화적 정체성을 강조하고 전통을 이어가려는 노력을 보였다. 전통 의복과 장신구는 원주민들의 정체성을 시각적으로 표현하는 중요한 요소였다.

다섯째, 문화적 행사와 축제의 부활: 이 시대에는 다양한 문화적 행사와 축제가 부활되었다. 이를 통해 인디언들은 고유한 문화를 공유하고 보존하는 자리를 마련했다. 이러한 행사는 원주민 공동체가 모여 전통을 기념하고 세대 간 문화적 전승을 촉진하는 중요한 역할을 했다.

여섯째, 문화적 자부심과 공동체 강화: 이러한 전통 의식의 부활은 인디언들이 자체 문화를 회복하고 유지하려는 노력의 일환이었다. 이를 통해 인디언들은 자신들의 고유성을 지키고 전통을 이어가는 데 중요한 역할을 했다. 더불어, 이러한 노력은 원주민 공동체의 결속을 강화하고, 문화적 자부심을 고취시키는 계기가 되었다.

일곱째, 정치적 자각과 권리 회복: 문화적 부활과 함께, 재조직 시대는 원주민들이 정치적으로 자각하고 권리를 회복하려는 움직임과도 맞물려 있었다. 많은 원주민 지도자들은 전통을 기반으로 한 자치권 회복을 위해 노력했으며, 이를 통해 원주민 공동체가 주체적으로 미래를 계획하고 실행할 수 있는 토대를 마련했다.

결론적으로, 재조직 시대의 다양한 전통 부활 노력은 인디언들이 자신의 문화와 정체성을 되찾고 유지하는 데 중요한 역할을 했다. 이 과정은 단순한 문화적 회복을 넘어서, 원주민 공동체의 자부심과 결속을 강화하고, 그들의 권리와 자치를 회복하는 중요한 전환점이 되었다.

7. 안 되겠다. 자치권을 빼앗아라—종결과 재배치 1953-1968

　　인디언 재조직법으로 인해 좀 안정되어 가는가 했던 원주민 사회는 다시 갑자기 소용돌이 속으로 빠져들어 갔다. 하원이 공동 결의안 108호(House Concurrent Resolution 108, 1953)를 통해 연방 정부는 인디언 부족에 대한 특별한 신탁 관계를 종결하고 그들을 미국 주류 사회에 동화시키려는 정책을 채택한 것이다. 뿐만 아니라 국가 대 국가라는 인디언 주권을 철저히 인정하여 인디언 문제는 철저히 연방 정부 관리하에 두었던 것을 주정부를 끌어들이는 판결들이 나옴으로써 인디언 주권이 손상되는 엄청난 일이 이때 벌어졌다.

1. 종결과 재배치

　　인디언 재조직법으로 인해 어느 정도 안정되어 가는가 했던 원주민 사회는 다시 급작스러운 혼란 속으로 빠져들었다. 1953년 8월 1일, 제83차 의회의 하원 결의안 제108호(House Concurrent Resolution 108)를 통해 연방 정부는 인디언 부족에 대한 특별한 수탁자 관계를 종결하고 그들을 미국 주류 사회에 동화시키려는 정책을 채택하였다. 이 결의안에서 의회는 새로운 인디언 정책인 '종결'을 지지한다고 발표하였다. 표면적으로는 이 결의안이 연방 통제로부터 부족들을 해방시키려는 의도로 보였다. 그러나 이 정책은 또 다른 방식으로 원주민의 권리를 통제하고 지우는 수단이 되었다.

　　'인디언 종결(Indian Termination)'은 1940년대 중반부터 1960년대 중반까지 미국 정부가 원주민을 동화시키기 위해 시행한 일련의 법과 관행을 설명하는 용어이다. 원주민의 문화적 동화는 새로운 것이 아니었으며, 정부는 오랜 세월 동안 원주민이 전통적인 생활 방식을 버리고 정부가 '문명화된' 것으로 간주하는 삶을 살아야 한다는 신념을 정책의 기초로 삼아왔다. 그러나 새로운 것은 부족의 동의 여부와 관계없이 부족이 해체되어 '미국인'으로 살아가야 한다는 절박한 느낌이었다. 이를 위해 의회는 부족과 연방 정부 간의 특별 관계를 종료시키기 시작했다.

이 정책은 다음과 같은 실질적인 변화를 가져왔다. 첫째, 연방 정부가 부족의 주권을 인정하는 것을 종료하였다. 둘째, 인디언 보호구역에 대한 신탁 관리를 종료하였다. 셋째, 원주민에 대한 주정부법의 적용 배제를 종료하였다. 또한, 정부의 관점에서 보면 원주민은 주정부와 연방 세금법의 적용을 받는 납세 시민이 되어야 했다. 이는 이전에 면제되었던 세금과 법의 적용을 받는 것을 의미했다.

이러한 주요 방법 중 하나는 '재배치'였다. 의회가 종결의 목표를 강조하는 동시에, 인디언 사무국(Bureau of Indian Affairs, BIA)은 "재배치" 프로그램을 통해 인디언들이 보호구역을 떠나도록 장려하고자 했다. 1950년대와 1960년대에 걸쳐, 1952년 도시 인디언 재배치 프로그램과 같이 원주민들이 보호구역을 떠나 대도시에서 경제적 기회와 삶을 추구하도록 장려하였다. 그러나 경제적 기회는 약속된 것보다 훨씬 적었다. 원주민들은 높은 실업률과 빈곤 수준을 피하기 위해 종종 그들의 공동체로 돌아왔다. 보호구역의 높은 실업률에 대한 대응으로, BIA는 인디언들이 다양한 대도시에서 일자리를 찾기 위해 보호구역을 떠날 수 있도록 보조금을 제공했다.

오늘날 도시 지역에 사는 원주민 원로들은 대부분 이 기간 동안 재정착되었다. 도시로 이주한 인디언들은 다른 소수민족들과 마찬가지로 인종 차별과 도시 내부의 문제들을 겪었다. 그럼에도 불구하고 일부는 도시 환경 내에서 인디언 문화 공동체를 형성하여 오늘날의 도시 범인디언 운동을 창조하는 데 기여했다.

1954년 8월 5일의 재배치법(Transfer Act)은 인디언들을 위한 병원 및 건강 시설의 유지와 운영에 관한 내무부의 모든 기능과 의무를 보건교육복지부(현재의 보건복지부)로 이관하였다. 이 법에 따라 인디언 건강 서비스의 병원, 건강 시설, 자산, 인력, 예산 자금이 미국 공공보건 서비스로 이전되었다.

연방 정부의 종결 정책은 1970년 리처드 닉슨 대통령에 의해 공식적으로 종료될 때까지 계속되었으나, 대부분의 연방 종결 활동은 1958년까지 중단되었다. 참고로 연방 정부가 부족들에 대한 책임을 종결하는 동시에 의회는 연방 교육 프로그램을 통해 인디언 교육에 대한 연방의 참여를 1958년까지 증가시켰다. 여기에는 학교 건설 프로그램(PL 815)과 영향 지원 프로그램(PL 874)이 포함된다.

2. 1956년 인디언 재배치법(Indian Relocation Act, 1956)

인디언 재배치법은 미국 원주민을 위한 "직업 훈련 프로그램"을 만들기 위한 미국 법률이다. 이 법은 비판자들에 의해 원주민을 보호구역과 전통적인 땅에서 떠나 도시 지역의 일반 인구에 동화되도록 유도하고 공동체와 부족의 유대를 약화시키려는 시도로 간주된다. 또한 이 법은 1940년대부터 1960년대까지 많은 부족의 지위를 종료하고 부족 시민에 대한 이전 지원을 중단했던 인디언 종결 정책의 일환으로도 비판된다.

인디언 재배치법은 원주민들이 도시로 이주하여 일자리를 찾도록 장려하고 강제했다. 이는 이후 수십 년 동안 도시 원주민 인구의 증가에 중요한 역할을 했다. 당시 미국 정부가 보호구역에 거주하는 원주민에 대한 보조금을 줄이던 시기에 재배치법은 보호구역에서 정부가 지정한 특정 도시로 이주하는 사람들에게 이사 비용과 일부 직업 훈련을 제공하겠다고 제안했다. 입법자들은 이들 도시에서 고용 기회가 유리하다고 주장했다.

제공된 지원 종류로는 이주 교통비, 이주 후 생계비 지원, 직업 장비 구입비 지원, 직업 훈련 제공 등이 있다. 추가 혜택으로는 근로자 및 부양 가족을 위한 의료 보험, 작업복 구입 보조금, 가구 및 가전제품 구입 보조금, 직업 야간 학교 학비, 주택 구입을 위한 자금 지원 등이 있었다. 그러나 이러한 혜택을 약속받고 이주한 모든 사람들이 실제로 혜택을 받지 못했으며 이로 인해 새로운 도시 환경에서 빈곤, 문화적 충격, 실업, 노숙 문제를 겪는 경우가 많았다. 또 가장 큰 문제로 원주민들이 보호구역으로 돌아갈 수 없다는 점이었다. 이주가 완료되면 원주민들이 이전에 살던 보호구역이 해체되었다. 1950년부터 1968년까지 약 20만 명의 원주민이 도시로 이주하면서 보호구역은 거의 사라지게 되었다. 이것이 미정부가 노린 계략 중 결정적 카드였다.

인디언 재배치법은 많은 원주민이 전통적인 보호구역에서 벗어나 도시로 이주하게 만들었으며 이는 원주민 공동체에 큰 변화를 가져왔다. 원주민 학자 바인 델로리아 주니어(Vine Deloria Jr.)는 인디언 재배치법을 "종결 정책 외의 가장 파괴적인 정책이었다. 인디언을 보호구역에서 도시 빈민가로 내몰아 사라지게 만들려는 의도에서 시작했다"고 꼬집었다. 실제로 이 법은 원주민 공동체에 큰 영향을 미쳤으며 많은 사람들이 도시에서 빈곤, 실업, 사회적 고립을 경험했다. 이 법은 원주민들이 주류 사회에 통합되도록 하는 데 일정 부분 기여했지만 많은 원주민이 도시 생활에 적응하는 데 겪었던 어려움과 고통도 남겨두었다. 이 경험은 원주민 공동체의 역사와 현재에도 중요한 영향을 미치고 있다.

한편, 보호구역을 떠나 도시로 이주한 초기에는 원주민들이 고립되었지만 점차적으로 원주민들은 도시 내에서 부족 간 공동체를 형성하기 시작했다. 이러한 공동체 활동에는 문화 센터, 파우와우(Pow Wows), 일반적인 커뮤니티 지원 등이 포함되었다. 또한, 도시에 위치한 원주민들은 다양한 부족 출신임에도 불구하고 공통의 경험과 목적을 공유하면서 범부족 의식(pan-Indian consciousness)을 발전시켰다. 이는 부족 간 결혼과 범인디언 국가에 대한 권리 주장을 포함했다. 이러한 범부족 정체성은 부족 차이를 완전히 없애지는 않았지만 서로 다른 부족 간의 연대를 강화하는 데 중요한 역할을 했다.

도시에서 형성된 범부족 정치 그룹은 여러 가지 활동을 했다. 첫째, 범부족 정치 그룹은 도시에서 흑인 시민권 운동 그룹과의 근접성을 활용하여 정치적 노력을 기울였다. 둘째, 미국 인디언 운동(AIM: American Indian Movement, 1968)을 창설하여 종결 정책과 재배치 정책에 대한 법적 도전 등을 포함한 다양한 활동을 전개했다. 이 운동은 궁극적으로 성공을 거두었다. 셋째, 도시에서의 활동은 인디언 사무국(BIA)으로부터의 독립성을 강화할 수 있었다.

결론적으로 1956년 인디언 재배치법은 초기에는 원주민들에게 큰 어려움을 초래했지만 시간이 지나면서 원주민들은 도시에서 새로운 공동체를 형성하고 범부족 정체성을 발전시켰다. 이러한 변화는 원주민들이 정치적 활동과 시민권 운동에서 중요한 역할을 할 수 있는 기반을 마련했다. 원주민들은 도시에서의 활동을 통해 큰 연합체를 형성하고 다른 시민권 운동과의 협력을 강화하며 BIA로부터의 독립성을 추구할 수 있었다.

3. 하원 공동 결의안 108호(House Concurrent Resolution/HCR 108, 1953)

1953년 제정된 하원 공동 결의안 108호(House Concurrent Resolution 108)는 미국 연방 정부의 원주민 정책에 중대한 전환을 시도한 미정부의 기도였다. 이 결의안은 캘리포니아, 플로리다, 뉴욕, 텍사스 주 내에 위치한 모든 인디언 부족과 그 개별 구성원들이 가능한 한 빨리 연방 감독과 통제에서 벗어나야 하며, 인디언에게만 적용되는 모든 장애와 제한이 해제되어야 한다고 명시하였다. 이는 특정 원주민 부족의 연방 인정을 종료하고 그들에 대한 특별한 연방 보호를 철회하려는 목표를 가지고 있었다. 결의안은 원주민들이 주류 사회에 동화되기를 바라며, 부족의 자치권과 보호구역을 폐지하고 주 정부의 법적 관할권을 확대하였다. 결과적으로 이는 많은 부족의 경제적, 문화적, 사회적 불안정을 초래하였다.

주요 내용을 살펴보면 다음과 같다.

첫째, 연방 인정 종료: 특정 부족의 연방 인정과 보호를 종료하여 그들의 법적 지위를 주 정부의 관할로 전환하였다. 종료 대상 부족으로는 메노미니족(Menom-inee), 클라매스족(Klamath), 플랫헤드족(Flathead), 포타와토미족(Potawatomi), 그리고 거북산 치페와족(Chippewa) 등이 포함되었다. 결국 오리건 주의 클라매스족과 위스콘신주의 메노미니족, 그리고 서해안 예약지의 많은 소규모 부족들의 보호가 종결되었다. 이들 부족은 토지와 재산을 구성원들에게 분배하고 자치정부를 해산하라는 명령을 받았고, 연방 혜택과 서비스는 중단되었다. 캘리포니아의 랜처리아(캘리포니아 주의 인디언 보호구역)도 점차 폐지되었다. 이 토지들은 대공황 시기에 집이 없는 인디언들을 위해 예약된 토지로 설립된 것이었다. 연방 지원에서 종결된 부족은 100개가 넘는다.

둘째, 보호구역 폐지: 보호구역의 법적 지위를 폐지하여 연방 보호에서 벗어나게 하였다. 보호구역 내의 자산과 토지를 분배하여 개인 소유로 전환하였다.

셋째, 주 정부의 관할권 확대: 주 정부가 원주민 부족과 그 구성원에 대한 법적 관할권을 가지게 하였다. 주 정부 법률이 원주민에게 적용되도록 하여 연방 보호로부터 벗어나게 하였다.

결론적으로 이 결의안은 미정부의 원주민 보호 정책의 근간을 송두리째 뿌리뽑는 것이었으며, 원주민의 주권 자체를 불인정하는 것이어서 원주민들은 도무지 한 조항이라도 받아들일 수 없는 어처구니없는 혁명적 결의안이었다.

결국, HCR 108의 정책은 많은 원주민 공동체에 큰 혼란과 경제적 어려움을 초래하였고, 엄청난 문제를 안고 있어서 1960년대와 1970년대에 걸쳐 원주민 권리 운동과 자치권 회복 노력으로 인해 점차 폐기되었다. 많은 원주민 부족이 다시 연방 인정을 받고 자치권을 회복하게 되었다. 원주민 단체와 변호사들은 HCR 108의 영향을 받은 부족들의 권리를 회복하기 위해 법적 대응을 펼쳤다. 이는 연방 정부가 원주민 보호와 자치권을 다시 인정하는 방향으로 이어졌다.

결론적으로 의회 결의 하나로 전체 원주민들의 생사 이탈권을 행사하려던 HCR 108은 원주민 부족에 큰 혼란을 가져왔으나, 원주민 권리 운동과 법적 대응을 통해 많은 부족이 자치권과 연방 인정을 회복하게 되었다. 이는 원주민 공동체의 지속적인 노력과 연대의 결과로, 현재는 대부분의 원주민 부족이 연방 정부의 보호와 자치권을 다시 인정받고 있다.

4. 공법 280호(Public Law 280, 1953)

1950년대의 마지막 주요 법안은 의회의 공법 280호였다. 공법 280호는 연방 정부의 법 집행 권한을 일부 주정부로 이전한 법이다. 이 법은 캘리포니아, 미네소타(레드 레이크 네이션과 밀락스 밴드 오지브웨 제외), 네브래스카, 오리건(웜 스프링스 보호구역 제외), 위스콘신(후에 메노미니 인디언 보호구역 제외), 그리고 알래스카의 6개 주에 필수적으로 적용되었다. 이들 주는 공법 280호에 의해 부여된 관할권을 거부할 수 없었다. 또한 공법 280호는 다른 어떤 주도 법률 또는 주 헌법 개정을 통해 이러한 관할권을 가질 수 있도록 했다. 몇몇 주는 이 권한에 따라 부분적 또는 전체적으로 관할권을 획득했다. 부족의 동의는 요구되지 않았고 몇몇 경우에는 요청조차 되지 않았다. 따라서 아리조나, 플로리다, 아이다호, 아이오와, 몬태나, 네바다, 노스다코타, 사우스다코타, 유타, 워싱턴의 10개 주는 공법 280호의 정책을 선택적으로 채택할 수 있었다.

1968년에 법이 개정되어, 주가 연방 정부로부터 관할권을 이양받기 위해 부족의 동의를 필요로 하게 되었다. 이미 관할권을 인수한 주는 부족의 요청이 있을 경우 연방 정부로 관할권을 반환할 수 있게 되었다. 약 30개의 부족이 관할권 반환(레트로세션)에 관여했다.

공법 280호는 인디언 보호구역 내에서 법적 관할권을 주정부로 이전하여 복잡한 법적 갈등을 초래했다. 이 법은 부족의 주권을 약화시키고 경제적 어려움과 범죄율 증가로 이어졌다. 부족 커뮤니티는 연방 및 주정부의 지원 부족으로 인해 어려움을 겪었으며 이는 공법 280호에 대한 지속적인 비판과 논쟁을 초래했다.

공법 280호는 하원 결의안 108에 이은 원주민 주권에 대한 전면 부정을 재차 선언하는 것이었다. 즉, 연방 정부를 대신하여 주정부가 기존의 연방 법률을 대체하고 부족 당국의 역할을 크게 축소시켰다. 이는 마샬 판결의 원래 성격과도 정면으로 배치되는 것이다.

그러나 주정부가 공법 280호 관할권을 가정한다고 해서 인디언 부족과의 연방 신탁 관계가 종결되는 것은 아니었다. 이 법은 주정부에게 연방 신탁으로 보유된 인디언 재산을 부담시키거나 세금을 부과할 권한을 부여하지 않았고, 조약에 따른 사냥 및 어업 권리를 방해할 권한을 부여하지 않았다. 따라서 이 법은 이후 주정부가 인디언 보호구역 내에서 일반 규제 권한을 부여받지 못한 것으로 판결받았다.

공법 280호에서 주정부의 인디언 보호구역 관할권이 인디언의 일반 관할권까지 포함하지 않는다는 판결은 1976년 브라이언 대 이타스카 카운티(Bryan v. Itasca County) 사건에서 나왔으며, 이 사건에서 대법원은 공법 280호가 주정부에 인디언 보호구역 내에서 세금을 부과할 권한을 부여하지 않는다고 결정하였다. 이 판결은 주정부의 형사 및 민사 관할권이 인디언 보호구역 내에서의 일반 관할권을 포함하지 않는다는 중요한 선례가 되었다.

의회의 승인이 없는 상태에서 주정부가 인디언 국가에서 원주민에 대한 권한을 갖지 않는다는 것은 중요한 함의를 가진다. 연방 정부 의회의 승인이 없을 경우 주정부는 인디언 국가 내에서 발생한 인디언의 범죄를 기소할 관할권을 가지지 않는다. 이는 인디언 문제에 대한 배타적인 권한이 연방 정부에 부여되어 있음을 연방주의 구조에서 강조하는 것이다.

5. 브라이언 대 이타스카 카운티(Bryan v. Itasca County, 1976)

이 사건는 1976년에 미국 대법원에서 판결된 중요한 사건이다. 이 사건은 공법 280호(PL 280)에 의해 주어진 주정부의 인디언 보호구역 내 민사 및 형사 관할권의 범위를 다루었다.

사건 배경: 브라이언 대 이타스카 카운티(Bryan v. Itasca County) 사건은 1976년에 미국 대법원에서 판결된 사건이다. 이 사건의 배경은 다음과 같다. 앨버트 브라이언(Albert Bryan)과 그의 아내는 미네소타 주 이타스카 카운티에 위치한 리치 레이크 보호구역(Leech Lake Reservation) 내에 주거용 모빌 홈을 소유하고 있었다. 이타스카 카운티는 브라이언 부부의 모빌 홈에 대해 재산세를 부과하려 했으나, 브라이언 부부는 자신들이 인디언 보호구역 내에 거주하고 있기 때문에 주정부의 세금 부과 대상이 아니라고 주장하였다.

법적 쟁점: 이 사건의 주요 법적 쟁점은 공법 280호(Public Law 280)가 주정부에 인디언 보호구역 내에서 세금을 부과할 권한을 부여하는지 여부였다. 브라이언 부부는 공법 280호가 주정부에 형사 및 민사 사법권을 부여했지만, 세금을 부과할 권한까지 포함하지는 않았다고 주장했다. 반면, 이타스카 카운티는 공법 280호가 주정부에 포괄적인 민사 관할권을 부여했기 때문에 세금 부과 권한도 포함된다고 주장했다.

대법원 판결: 미국 대법원은 만장일치로 브라이언 부부의 손을 들어주었다. 대법원은 공법 280호가 주정부에 인디언 보호구역 내에서 형사 및 민사 사법권을 부여했지만, 이는 인디언 보호구역 내에서 세금을 부과할 권한을 포함하지 않는다고 판결했다. 대법원은 공법 280호의 입법 목적과 역사적 맥락을 분석한 결과, 주정부에 부여된 민사 관할권이 재산세와 같은 세금 부과 권한까지 확대되지 않는다고 결론지었다.

판결의 의의: 브라이언 대 이타스카 카운티 사건의 판결은 몇 가지 중요한 의의를 가지고 있다.

주정부의 제한된 권한: 이 판결은 공법 280호에 의해 주정부가 인디언 보호구역 내에서 갖는 권한이 제한적이라는 점을 명확히 하였다. 즉, 주정부는 형사 및 민사 사법권을 행사할 수 있지만, 세금 부과와 같은 경제적 권한은 행사할 수 없다는 것이다.

인디언 주권 보호: 대법원의 판결은 인디언 보호구역 내에서 인디언의 주권을 보호하는 데 기여하였다. 주정부의 과도한 개입을 방지하고, 인디언 보호구역 내에서 인디언의 경제적 자율성을 유지하는 데 중요한 역할을 하였다.

법적 선례: 이 사건은 주정부와 인디언 보호구역 간의 권한 분쟁에 대한 중요한 법적 선례를 제공하였다. 이후 다른 유사한 사건에서 법원이 참고할 수 있는 기준을 제시하였다.

결론적으로, 브라이언 대 이타스카 카운티 사건은 인디언 보호구역 내에서의 주정부 권한과 인디언 주권 간의 경계를 명확히 하고, 인디언 커뮤니티의 자율성과 권리를 보호하는 데 중요한 판결이었다.

6. 오클라호마 대 카스트로 후에르타(Oklahoma v. Castro-Huerta, 2022)

사건 배경: 오클라호마 대 카스트로 후에르타 사건은 오클라호마 주의 주권

및 관할권과 관련된 중요한 사건이다. 빅터 마누엘 카스트로 후에르타는 체로키 국가 내에서 발생한 아동 학대 사건으로 기소되었다. 이 사건은 오클라호마 주 법원이 아닌 연방 법원에서 관할권을 가지는지 여부에 대해 논란이 되었다. 사건 당시, 피해자는 체로키 국가의 회원이었지만, 피고는 체로키 국가의 회원이 아니었다.

법적 쟁점: 주요 법적 쟁점은 주 정부가 인디언 보호구역 내에서 발생한 범죄를 비인디언 피고에 대해 기소할 수 있는 권한이 있는지 여부였다. 이에 따라, 인디언 보호구역 내에서 주 정부의 법적 관할권이 어디까지 미치는지가 핵심 쟁점으로 떠올랐다.

대법원 판결: 미국 대법원은 5–4로 오클라호마 주의 손을 들어주었다. 대법원은 주 정부가 인디언 보호구역 내에서 비인디언 피고를 기소할 수 있다는 판결을 내렸다. 이 판결은 2020년의 맥거트 대 오클라호마 (McGirt v. Oklahoma) 판결과 상충되며, 주 정부의 법적 권한을 인디언 보호구역 내에서도 확대하는 결과를 낳았다.

이 사건은 인디언 보호구역에서 비인디언이 인디언을 상대로 저지른 범죄에 대한 형사 관할권에 관한 기존의 법적 관행을 크게 변화시켰다. 이 판결은 거의 200년 동안 유지되어 온 인디언 보호구역 내 범죄 관할권에서 주정부 관할권을 배제해온 전통을 뒤집었다. 맥거트 대 오클라호마(McGirt v. Oklahoma, 2020) 사건 판결에서 대법원은 크리크 보호구역이 해체되지 않았고 여전히 존재한다고 판결했다. 이로 인해 동부 오클라호마가 인디언 국가 내 영토로 분류되었고 이는 그 지역에서 범죄를 저지른 사람들에 대한 관할권 문제를 복잡하게 만들었다. 맥거트 사건 판결 이후 동부 오클라호마에서 인디언 국가 영토로 분류된 지역에서 발생하는 범죄에 대해 어느 정부가 관할권을 가지는지에 대한 긴급한 질문이 제기되었다.

이 사건에서 대법원은 처음으로 "연방 정부와 주정부가 인디언 국가에서 비인디언이 인디언을 상대로 저지른 범죄에 대해 동시 관할권을 가진다"고 판결했다. 이 판결은 연방 정부의 독점적인 관할권만을 인정하던 기존의 법적 관행을 뒤엎고, 주정부도 특정 조건 하에서 형사 관할권을 가질 수 있음을 명확히 했다. 결국 PL 280의 후유증이 결정타가 되어 돌아온 것이다.

이 판결은 인디언 국가에서 비인디언이 인디언을 상대로 저지른 범죄에 대한 주정부의 형사 관할권을 인정함으로써 부족 정부와 인디언 피해자들이 공공 안전을 보장할 책임이 누구에게 있는지를 결정하는 데 있어 추가적인 복잡성을 초래했다. 법무부는 이 판결의 영향을 분석하고 부족 주권과 인디언 자결권을 촉진하며 부족 관할권을 강화하기 위한 방법을 모색하고 있다.

카스트로 후에르타 판결은 오클라호마를 넘어 전국적인 영향을 미쳤으며 인디언 국가 전역에서 주정부 관할권에 대한 기존의 이해를 재구성했다.

카스트로 후에르타 판결이 인디언 국가의 공공 안전에 미치는 영향

카스트로 후에르타 판결은 인디언 국가에 불확실성을 불어넣는다. 주정부 검사들은 이제 비원주민이 인디언 국가에서 인디언을 상대로 저지른 범죄에 대해 부족의 동의 없이 사건을 수락하거나 거부할 수 있게 되었다. 이는 의회가 공법 280의 틀 안에서 주정부가 그러한 관할권을 행사하려면 부족의 동의를 명시적으로 요구한 것과 상반된다. 주정부 검사 활동이 부족 및 연방 관할권과 공공 안전 목표와 충돌할 경우 그 갈등은 인디언 보호구역의 공동체에 피해를 줄 것이다. 이는 인디언 부족과 주정부 간의 이미 취약한 관계에 갈등을 추가하며 인디언 국가에서 범죄를 증가시키는 결과를 초래할 수 있다.

이 판결로 인해 첫째, 주정부와 부족 정부, 연방 정부 간의 관할권 충돌이 발생할 가능성이 높아졌다. 이는 법적 혼란을 초래하고, 각기 다른 관할권에서 상충되는 법 집행 방식이 문제를 악화시킬 수 있다.

둘째, 주정부의 법 집행이 부족과 연방 정부의 공공 안전 목표와 일치하지 않을 경우 인디언 국가 내에서 공공 안전이 약화될 수 있다. 이는 범죄 예방과 대응에 부정적인 영향을 미칠 수 있다.

셋째, 주정부가 사건을 수락하거나 거부하는 결정이 일관되지 않으면 인디언 국가 내에서 법적 불확실성이 증가할 수 있다. 이는 피해자와 가해자 모두에게 혼란을 줄 수 있다.

넷째, 부족 정부와 주정부 간의 관계가 더욱 악화될 수 있다. 주정부의 법 집행이 부족의 자치권을 침해할 경우 이는 갈등을 심화시키고 협력을 어렵게 만들수 있다.

다섯째, 무엇보다도 인디언 정부의 주권을 부인하는 처사로 자치권의 큰 침해를 가져오게 되었다. 미정부의 인식이 이제 인디언의 주권을 불인정으로 가는 게 아닌가 의구심이 든다.

결론적으로, 카스트로 후에르타 판결은 인디언 국가의 공공 안전에 중대한 영향을 미치며 주정부와 부족 간의 관계를 복잡하게 만들고 법 집행 및 관할권 문제에 있어 상당한 불확실성을 초래할 가능성이 있다. 법무부와 관련 당국은 이러한 영향을 최소화하고 부족 주권과 공공 안전을 보호하기 위한 조치를 강구해야 할 필요가 있다.

7. 종결 정책의 종결과 인디언 자결권의 부상

1960년대와 1980년대 사이에 인디언 종결 정책은 종료되었고 원주민 자결권과 자치권이 부상했다. 이러한 변화는 원주민 공동체가 자신들의 정체성과 문화를 유지하면서 연방 정부와의 특별한 관계를 재구축할 수 있는 중요한 전환점을 마련했다. 부족 지도자들과 활동가들은 법적, 정치적 투쟁을 통해 원주민 권리를 보호하고, 인디언 자결권을 증진시켰다.

인디언 종결 정책의 종료: 1968년, 린든 B. 존슨 대통령은 인디언 종결 정책을 종료하고 부족 정부와 미국 간의 파트너십을 구축하며 부족의 자결권과 자립을 촉진할 것을 제안했다. 비록 이 제안은 통과되지 않았지만 이후 대통령들은 이러한 비공식 접근 방식을 따랐다. 리처드 닉슨 대통령은 1970년 7월 8일 인디언 문제에 관한 특별 메시지에서 강제 종결에 반대하는 입장을 명확히 했다. 그는 강제 종결이 잘못된 전제에 기초해 있으며 실질적인 결과가 해롭고 여전히 연방 정부와 특별한 관계를 유지하는 대다수 부족들에게 부정적인 영향을 미쳤다고 강조했다.

1975년 의회는 인디언 자결 및 교육 지원법(Indian Self-Determination and Education Assistance Act)을 통과시키면서 종결 정책을 암묵적으로 거부했다. 이 법은 보호구역에 대한 부족의 통제를 강화하고 보호구역 근처에 학교를 설립할 수 있도록 자금을 지원했다. 이로써 종결 정책은 공식적으로 종료되었다.

종결 정책의 영향과 저항: 종결 시대 동안 100개 이상의 부족들이 종결되었으나 많은 부족들이 연방 인정을 되찾았다. 이러한 부족들은 오랜 법정 싸움을 통해 인정을 되찾았으며 일부 부족들은 몇십 년에 걸쳐 막대한 비용을 소모했다. 그럼에도 불구하고 끝내 연방 인정을 다시 받지 못한 부족도 많이 있다.

인디언 종결 정책(Termination Policy)은 종종 압력과 강요를 동반했지만 공식적으로는 "자발적"으로 간주되었으며 부족의 동의가 필요했다. 그러나 이러한 동의 과정은 종종 복잡하고 논란의 여지가 많았다. 일부 부족들은 공식적으로 종결 동의서를 승인받았으나 종결이 철회될 때까지 이를 저지하거나 합의 조건이 충족되지 않아 종결이 이루어지지 않았다. 다른 부족들은 종결 승인을 받았지만 의회에서 종결되지 말아야 한다고 성공적으로 증언하여 종결을 막을 수 있었다.

성공적인 저항 사례: 지혜롭게도 촉토(Choctaw)와 세네카(Seneca) 부족은 종결이 실행되기 전에 종결을 충분히 지연시켜 이를 취소시킬 수 있었다. 콜드 스프링스(Cold Springs), 미들타운(Middletown), 몽고메리 크릭(Montgomery Creek) 랜처리아 등의 부족은 절차상의 오류로 인해 성공적으로 종결되지 않았다. 위스콘신의 오네이다 네이션(Oneida Nation of Wisconsin)과 스톡브리지-먼시 커뮤니티(Stock-bridge-Munsee Community) 등의 부족은 연방 소송을 통해 종결을 중단시켰다. 종결 대상이었던 다른 부족들은 종결 과정을 저지하고 법안이 위원회에서 나오거나 투표에 부쳐지는 것을 방지하기도 했다.

부족 지도자들의 역할: 이 과정에서 부족 지도자들은 미국 의회와 정치 과정을 통해 자신들의 사건을 청취하게 하는 데 중요한 역할을 했다. 또한, 소송 및 항소를 통해 대법원에서 자신들의 권리를 주장했다. 부족들은 저항 그룹을 결성하여 종결 정책에 공개적으로 반대하고 부족 주권의 회복 또는 다른 목표를 위해 워싱턴에서 정치적 및 법적 싸움을 벌였다. 1988년 하원 공동 결의안 108호의 폐기는 이러한 노력의 중요한 결실 중 하나였다.

결론적으로 종결 정책의 종결과 인디언 자결권의 부상은 원주민 공동체에게 중요한 전환점을 마련했다. 연방 정부와 부족 간의 관계가 재구축되었고, 원주민의 정체성과 문화를 유지하면서 자결권과 자치권을 강화할 수 있는 기회가 생겼다. 부족 지도자들과 활동가들의 법적, 정치적 투쟁이 이러한 변화를 이끌어냈으며, 이는 인디언 국가의 자립과 주권을 증진시키는 데 큰 기여를 했다.

8. 알래스카 및 하와이 원주민의 권리

1. 연방정부 공식 인정 부족

미국 내무부 인디언 사무국(BIA)에 따르면, 연방 정부로부터 인정받는 부족은 미국 인디언과 알래스카 원주민 부족 단체로 규정된다. 이들은 미국 정부와 정부 대 정부 관계를 맺고 있는 것으로 인정받는다. 이러한 지위에는 다양한 책임, 권한, 제한, 의무가 따르며, 인디언 사무국으로부터 자금 및 서비스를 받을 자격이 주어진다. 연방 인정을 받는 것은 부족에게 중요한 의미를 가지며, 이는 그들의 정치적 지위와 자치권을 공식적으로 인정받고, 연방 정부로부터 다양한 혜택과 보호를 받을 수 있게 한다.

반면, 연방 인정을 받지 못한 부족들은 이러한 권리와 혜택에서 제외되며, 이는 그들의 자치권과 생활에 큰 영향을 미친다. 많은 부족들이 연방 인정을 받기 위해 계속해서 노력하고 있으며, 이 과정은 종종 복잡하고 시간이 많이 걸리는 절차이다. 2024년 1월 기준으로 공식적으로 574개의 부족이 연방정부로부터 인정을 받고 있다. 현재 약 400여 개의 비인정 부족이 존재하는 것으로 추정된다.

내무부에 따르면, 연방 인정을 받은 부족은 특정 고유의 자치권, 즉 부족 주권을 가진 것으로 인정받는다. 미국 헌법은 의회에 부족들과 상호작용할 권리를 부여하며, 연방 부족 인정은 부족들에게 특정 혜택을 받을 권리를 부여하고 주로 인디언 사무국(BIA)에 의해 관리된다.

1950년대 인디언 청구 위원회의 결정 이후, 1978년 인디언 사무국(BIA)은 연방 부족 인정을 얻기 위해 그룹들이 충족해야 하는 최종 규정을 발표하였다. 이 규정에는 일곱 가지 기준이 있으며, 이 중 네 가지 기준인 오랜 역사적 공동체, 인디언으로서의 외부 식별, 정치적 권위, 역사적 부족으로부터의 혈통이란 항목이 대부분의 인디언 그룹에게 입증에 어려움을 준다. 인정을 받고자 하는 부족들은 BIA의 연방 인정 사무국(Office of Federal Acknowledgment)에 상세한 청원을 제출해야 한다.

이 일곱 가지 기준은 다음과 같이 요약된다:

1. "인디언 단체 식별": 청원주체는 1900년부터 현재까지 실질적으로 연속적으로 미국 인디언 단체로 식별되어 왔음을 입증해야 한다.

2. "공동체": 청원주체는 1900년부터 현재까지 독립된 공동체를 구성하고 있음을 입증해야 한다.

3. "정치적 영향력 또는 권위": 청원주체는 1900년부터 현재까지 자치 단체로서 구성원들에 대한 정치적 영향력 또는 권위를 유지해 왔음을 입증해야 한다.

4. "통치 문서": 청원주체는 그룹의 현재 통치 문서 사본과 회원 자격 기준을 제공해야 한다. 서면 문서가 없는 경우 청원주체는 회원 자격 기준과 현재 통치 절차를 완전히 설명하는 진술서를 제공해야 한다.

5. "혈통": 청원주체는 회원들이 역사적 인디언 부족 또는 결합하여 단일 자치 정치 단체로 기능한 역사적 인디언 부족으로부터 후손임을 입증해야 한다.

6. "고유한 회원 자격": 청원주체는 청원 그룹의 회원들이 인정된 북미 인디언 부족의 구성원이 아닌 사람들로 주로 구성되어 있음을 입증해야 한다.

7. "의회의 종결": 부서는 청원주체나 그 구성원이 연방 관계를 명시적으로 종결하거나 금지한 의회 입법의 대상이 아님을 입증해야 한다.

연방 인정 과정은 수년, 심지어 수십 년이 걸릴 수 있다. 12년에서 14년의 지연이 발생한 사례도 있다. 쉬네코크(Shinnecock) 인디언 네이션은 1978년에 정식으로 인정을 청원하였고 32년 후인 2010년에야 인정을 받았다. 상원 인디언 문제 위원회 청문회에서 증인들은 이 과정이 "망가졌고, 길고, 비싸고, 부담스럽고, 침해적이며, 불공정하고, 자의적이며, 투명하지 않고, 예측할 수 없으며, 과도한 정치적 영향과 조작의 대상이 되기 쉽다"고 증언했다.

1970년대에 연방 인정 자격이 있는 그룹을 결정하려는 과정에서 정부 관계자들은 일관된 절차의 필요성을 인식하게 되었다. 예를 들어, 여러 연방 미인정 부족들은 토지 청구를 제기하는 데 어려움을 겪었다. United States v. Washington (1974) 사건은 워싱턴 부족들의 어업 조약 권리를 확정한 법원 사건이었으며, 다른 부족들은 미국 정부가 원주민의 소유권을 인정할 것을 요구했다. 이러한 모든 상황은 1975년 인디언 자결 및 교육 지원법으로 귀결되었으며, 이는 원주민 자결권을 부분적으로 회복시킴으로써 부족 단체들을 합법화하였다.

이러한 인정은 부족에게 정치적, 경제적, 사회적 권리를 보장받는 중요한 수단이 된다. 인디언 사무국(BIA)은 연방 인정 절차를 통해 부족들이 그들의 자치권을 보장받고, 연방 정부의 다양한 혜택을 받을 수 있도록 지원하고 있다.

2. 알래스카 원주민(Alaska Natives) [61]

알래스카 원주민은 알래스카의 고유 주민으로, 다양한 문화와 언어를 가진 여러 집단으로 구성되어 있다. 주요 집단으로는 알래스카 크리올(Alaskan Creoles), 이뉴피아트(Iñupiat), 유픽(Yupik), 알류트(Aleut), 에야(Eyak), 틀링깃(Tlingit), 하이다(Haida), 침시안(Tsimshian) 등이 있으며, 이들은 주로 언어 그룹에 따라 정의된다. 많은 알래스카 원주민들은 연방 인정 알래스카 원주민 부족 단체에 등록되어 있으며, 이 단체들은 토지와 재정 청구를 관리하는 13개의 알래스카 원주민 지

---

61) 알래스카 원주민을 지칭하는 용어는 다양하다. Alaskan Indians, Alaskan Natives, Native Alaskans, Indigenous Alaskans, Aboriginal Alaskans or First Alaskans.

역 법인에 속해 있다.

알래스카 원주민들의 조상은 수천 년 전 적어도 두 차례에 걸쳐 이 지역으로 이주했다. 일부는 북아메리카 북부에 정착한 세 번째 이주 물결의 후손이다. 이들은 남부 지역으로는 이주하지 않았기 때문에, 유전 연구 결과 남미의 원주민들과는 밀접한 관련이 없는 것으로 나타난다. 알래스카 원주민은 아시아에서 유래했으며, 인류학자들은 이들이 아시아에서 알래스카로 이동한 경로가 베링육교를 통해서나 바다를 통해 이루어졌다고 설명한다.

북극과 북극권을 따라 알래스카 원주민의 조상들은 시간이 흐르면서 다양한 복잡한 문화를 형성했다. 이들은 도전적인 기후와 환경에 대처하기 위해 정교한 방법을 개발했다. 역사적으로 이 그룹들은 여러 주요 언어 계통에 속하는 언어로 정의되었다. 오늘날 알래스카 원주민은 알래스카 인구의 20% 이상을 차지한다.

연방 정부와의 관계 설정: 알래스카와 하와이의 경우, 식민정책에 의해 강압적인 조약 관계를 맺은 일이 없으므로 개별적으로 연방정부와 계약을 맺고 법적 지위를 얻었다. 따라서 다른 본토 원주민과는 달리 큰 충돌 없이 평화로운 계약을 체결하였고 비교적 공정한 관계를 유지하고 있다.

이처럼 알래스카 원주민들은 고유의 역사적, 문화적 배경을 바탕으로 다양한 집단을 이루며 살아가고 있으며, 연방 정부와의 관계에서도 다른 본토 원주민과는 차별화된 특징을 보인다. 이들은 그들의 자치권을 인정받고 있으며, 알래스카 원주민 지역 법인을 통해 자신들의 권리와 재산을 관리하고 있다.

알래스카 원주민 청구 해결법ANCSA, Alaska Native Claims Settlement Act, 1971

알래스카 원주민들은 1887년 도스법에 따라 개별적으로 토지 소유권을 할당받지 않았으며 대신 1906년 알래스카 원주민 할당법(Alaska Native Allotment Act) 하에 처리되었다. 할당법은 1971년 알래스카 원주민 청구 해결법(ANCSA) 이후 폐지되었다.

알래스카 원주민 청구 해결법은 알래스카 원주민들과 연방 정부 간의 관계를 정의하는 중요한 법적 문서이다. 이 법은 알래스카 원주민들이 자신들의 토지 청구를 포기하는 대가로 약 44백만 에이커의 토지와 9억 6천 2백만 달러를 제공받도록 하였다. 이 법은 부족 기반의 토지 소유 및 관리를 없애고 대신 13개의 지역 법인과 약 200개의 마을 법인을 설립하여 토지와 자산을 관리하게 하였다. 이는 다른 인디언 부족들의 토지 소유와는 상당히 다른 방식이다.

ANCSA는 알래스카 원주민들에게 소유권을 분산시키기 위해 지역 법인과 마을 법인을 설립하였다. 각 법인은 주식회사 형태로 운영되며 이는 다른 인디언 부족들이 전통적인 부족 정부를 유지하는 것과는 사뭇 다르다알래스카 원주민 부족들도 연방 인정을 받았으며 이는 그들이 연방 정부와 특별한 정부 대 정부 관계를 유지하게 한다. 그러나 ANCSA 이후 알래스카 원주민 부족들은 다른 주의 부족들과는 다른 법적, 경제적 구조를 가지게 되었다.

본토의 다른 인디언 그룹과의 관계와 차이점으로는 크게 세가지가 있다.

첫째, 토지 관리와 소유권: ANCSA에 따라 알래스카 원주민들은 전통적인 부족 기반의 토지 소유와 관리를 포기하고, 대신 지역 및 마을 법인 체제로 전환되었다. 이는 다른 인디언 부족들이 연방 신탁 하에 유지하는 전통적인 토지 소유권과는 다르다. 다른 인디언 부족들은 부족 정부와 의회를 통해 토지를 관리하며, 부족 주권을 강조한다. 반면 알래스카 원주민들은 주식회사 형태의 법인을 통해 토지와 자산을 관리한다.

둘째, 경제 구조: ANCSA에 의해 설립된 법인들은 주식회사로서의 운영 방식을 채택하여 상업적 이익을 추구한다. 이는 부족 정부가 비영리적 목적과 공동체의 복지를 위해 운영되는 다른 인디언 부족들과 차별화된다.

셋째, 자치권과 주권: 알래스카 원주민들은 연방 정부로부터 일정한 자치권을 인정받지만, 다른 인디언 부족들처럼 전통적인 의미의 부족 주권을 유지하지 않는다. 이들은 법인 형태로 운영되며, 주로 상업적 활동을 통해 자원을 관리한다. 다른 인디언 부족들은 부족 주권을 유지하며, 자체 법률 시스템과 정부를 통해 자치권을 행사한다.

결론적으로 알래스카 원주민과 연방 정부 간의 관계는 ANCSA를 중심으로 독특하게 설정되었다. 이는 전통적인 부족 기반의 토지 소유와 자치권을 유지하는 다른 인디언 부족들과는 큰 차이가 있다. 알래스카 원주민들은 지역 및 마을 법인을 통해 자산을 관리하며, 주식회사 형태로 운영되는 경제 구조를 가지게 되었다. 이러한 차이점은 알래스카 원주민과 다른 인디언 부족들 간의 관계와 운영 방식에 중요한 영향을 미친다.

3. 알래스카 대 베네티 부족 정부(Alaska v. Native Village of Venetie Tribal Government (1998)

이 사건은 알래스카 원주민의 자치권과 관련된 중요한 법적 문제를 다루었다. 사건 배경은 다음과 같다. 1971년 제정된 알래스카 원주민 청구 해결법(ANCSA)은 알래스카 원주민의 전통적인 토지 소유권을 해체하고 대신 13개의 지역 법인과 여러 마을 법인을 설립하여 토지를 관리하도록 하면서 이는 알래스카 원주민들에게 약 44백만 에이커의 토지와 9억 6천 2백만 달러를 제공하는 조건이었다. 이에 알래스카의 베네티 부족은 자신들의 전통적인 영토가 부족의 자치구역(Indian Country)으로 간주되어야 한다고 주장했다. 그들은 이러한 지위를 통해 자치권과 특정 법적 보호를 받을 수 있기를 원했다.

쟁점: 이 사건의 주요 쟁점은 베네티 부족이 소유한 토지가 연방 신탁 토지로

간주될 수 있는지 여부와, 이에 따른 베네티 부족의 자치권 행사 가능성에 관한 것이었다. 구체적으로, 베네티 부족이 ANCSA에 따라 받은 토지가 연방 신탁 토지로 간주될 수 있는지, 그리고 이 토지가 부족 자치권을 행사하는 기초가 될 수 있는지에 대한 법적 판단이 필요했다.

판결: 1998년, 미국 대법원은 만장일치로 알래스카 주 정부의 손을 들어주는 판결을 내렸다. 대법원은 베네티 부족의 토지가 더 이상 연방 신탁 토지가 아니므로, 연방 인디언 보호구역으로 간주될 수 없다고 결정했다. ANCSA는 알래스카 원주민 토지를 연방 신탁에서 해제하고 부족 법인에 소유권을 이전하도록 규정하였으므로, 베네티 부족의 토지는 연방 신탁 토지로 간주될 수 없다고 판단했다.

판결의 의의: 이 판결은 알래스카 원주민 청구 해결법(ANCSA)의 해석과 적용에 있어 중요한 선례를 남겼다. 대법원의 판결은 다음과 같은 주요 의의를 가진다.

연방 신탁 토지의 정의 확립: 대법원은 ANCSA에 따라 연방 신탁에서 해제된 토지는 더 이상 연방 신탁 토지가 아니며, 따라서 인디언 보호구역으로 간주될 수 없다는 점을 명확히 했다.

자치권 제한: 이 판결은 ANCSA에 따라 토지를 소유한 알래스카 원주민 부족들이 그들의 자치권을 행사하는 데 있어서 제한이 있을 수 있음을 보여주었다. 이는 부족들이 연방 신탁 토지로 간주되지 않는 토지에서 자치권을 주장하는 데 어려움을 겪을 수 있다는 것을 의미한다.

법적 안정성: 대법원의 판결은 ANCSA의 법적 해석에 일관성을 제공하며, 알래스카 원주민 토지와 관련된 법적 분쟁에 있어 중요한 기준을 제시했다. 이는 다른 원주민 공동체와 주 정부 간의 유사한 분쟁에서 참조될 수 있는 중요한 선례가 되었다.

결론적으로, 알래스카 대 베네티 부족 정부 사건은 알래스카 원주민 청구 해결법(ANCSA)의 해석과 적용에 있어 중요한 판결로, 알래스카 원주민들의 토지 소유권과 자치권에 관한 중요한 법적 기준을 확립했다.

4. 하와이 원주민(Native Hawaiians) 62)

하와이 원주민은 하와이 제도의 폴리네시아 원주민을 말한다. 하와이는 최소 800년 전 폴리네시아인들이 사회 제도에서 항해하여 정착한 곳이다. 이 초기 정착민들은 하와이 제도에 도착해 새로운 환경에 적응하고, 세대 간에 지식을 전수하기 위해 독특한 하와이 문화와 정체성을 발전시켰다. 이들은 새로운 종교적, 문화적 구조를 만들었으며, 하와이 종교는 땅과의 관계를 맺고 사는 방식에 초점을 맞추며 공동체 의식을 심어주는 특징을 가지고 있다.

하와이 왕국은 1795년에 하와이 섬의 독립 섬 출신인 카메하메하 대왕(King Kamehameha II)이 오아후, 마우이, 몰로카이, 라나이의 독립 섬들을 정복하여 왕국을 형성하면서 설립되었다. 1810년에 카우아이와 니하우가 왕국에 합류하면서 하와이 제도의 모든 주요 섬들이 하나의 왕국으로 통합되었다. 하와이 왕국은 이후 미국과 아시아에서 많은 이민자를 받아들였다.

하와이 원주민들은 독특한 문화와 종교적 관습을 발전시켰다. 하와이 종교는 자연과 조화를 이루는 생활 방식을 강조하며, 이는 땅과의 깊은 유대감을 바탕으로 한다. 이러한 종교적 신념은 공동체 의식을 강화하고, 세대 간의 전통과 지식을 전달하는 중요한 역할을 한다. 하와이 원주민들은 다양한 의식과 축제를 통해 이들의 문화를 보존하고 발전시켜 왔다.

하와이 주권 운동: 하와이 주권 운동은 하와이의 자치 또는 독립을 추구하는 운동이다. 이 운동은 하와이 왕국이 1893년에 미국에 의해 전복된 이후 시작되

---

62) 하와이 원주민의 별칭으로는 Indigenous Hawaiians, Kānaka Maoli, Aboriginal Hawaiians가 있다.

었다. 많은 하와이 원주민들은 하와이의 주권을 회복하고, 하와이의 문화와 전통을 보호하며, 정치적 자치를 이루기 위해 노력하고 있다. 이 운동은 하와이 원주민들의 권리와 자결권을 강조하며, 하와이의 역사적 정체성을 되찾기 위한 다양한 활동을 포함한다.

이렇게 하와이 원주민들은 그들의 독특한 문화와 종교적 관습을 통해 하와이의 정체성을 형성하는 데 중요한 역할을 해왔다. 하와이 왕국의 형성과 주권 운동은 하와이의 역사와 정치에 깊은 영향을 미쳤다. 오늘날 하와이 원주민들은 그들의 전통과 문화를 보존하면서 현대 사회에서의 권리와 자치를 추구하고 있다.

미국의 하와이 왕국의 전복과 합병1898

하와이 왕국은 1893년 릴리우오칼라니 여왕이 하와이 왕좌에 오른 후 샌포드 돌(Sanford Dole)이 "안전위원회"를 구성하여 군주제를 전복시키면서 큰 변화를 겪었다. 이는 부분적으로 여왕이 1887년 헌법을 거부했기 때문인데, 이 헌법은 그녀의 권한을 심각하게 제한했다. 전복 이후 전통적인 통치는 약화되었고, 미국이 지원하는 농장 주도 정부가 설치되었다. 전복의 한 가지 이유는 칼라카우아 왕이 하와이 무역에 피해를 주고 진주만 군사 기지를 개방하는 수정 상호 조약에 서명하기를 거부했기 때문이다.

이 사건은 당시 미국 대통령이었던 그로버 클리블랜드에 의해 도전받았지만, 결국 윌리엄 매킨리 대통령이 "명백한 운명"이라는 정서법을 들고 나와 반란을 지지했고, 1898년 하와이는 결국 미국에 합병되었다. 이 변화는 하와이를 "국가 대 국가" 협상 지위와 자결권이 없는 주요 원주민 그룹으로 남게 했다.

연방 정부와의 관계: 하와이 원주민과 연방 정부 간의 관계는 다른 미국 인디언 그룹과는 다르게 설정되었다. 다른 원주민 그룹들은 주로 조약과 연방 법을

통해 그들의 권리와 자치권을 인정받았지만, 하와이 원주민들은 미국에 의해 합병되면서 그들의 국가적 지위와 자결권을 상실하게 되었다.

하와이 원주민들은 1893년 하와이 왕국의 전복과 1898년 미국 합병 이후, 독립된 국가로서의 지위를 잃고 미국 내 원주민 그룹으로 편입되었다. 이는 하와이 원주민들이 다른 인디언 부족들과 달리 조약을 통해 연방 정부와의 관계를 설정하지 못하게 만들었고, 그들의 자치권과 자결권이 제한되는 결과를 초래했다.

하와이 원주민과 연방 정부 간의 관계는 하와이의 역사적 사건들, 특히 1893년 왕국의 전복과 1898년 미국의 합병을 통해 독특하게 설정되었다. 하와이 원주민들은 국가 대 국가의 협상 지위와 자결권을 상실하게 되었고, 이는 그들의 현재 정치적, 법적 지위에 큰 영향을 미쳤다. 하와이 주권 운동은 이러한 역사적 불의를 바로잡고, 하와이 원주민들의 권리와 자치권을 회복하기 위한 중요한 활동으로, 하와이의 미래와 정체성에 큰 영향을 미치고 있다.

원주민 프로그램법

하와이 원주민 프로그램법(Hawaiian Homes Commission Act, 1920)은 하와이 원주민의 생활 향상과 복지 증진을 위해 제정된 미국 연방법이다. 이 법은 하와이 원주민들에게 농지와 가옥 부지를 제공하고, 그들의 경제적 자립을 도모하며, 문화적 정체성을 보호하기 위해 마련되었다. 이 법은 하와이 주의 여러 프로그램과 기관을 통해 시행되고 있으며, 하와이 원주민들에게 중요한 지원을 제공하고 있다.

주요 내용

토지 제공: 하와이 원주민 프로그램법은 하와이 원주민들에게 농지와 가옥

부지를 제공하는 것을 주요 목표로 한다. 이를 위해 하와이 주정부는 원주민들에게 토지를 임대하고, 그들이 자급자족할 수 있는 기회를 제공한다.

주거 지원: 이 법은 하와이 원주민들이 안정적인 주거 환경을 마련할 수 있도록 지원한다. 주택 건설 및 유지 보수에 필요한 재정적 지원을 제공하고, 원주민들이 주거 안정을 이루도록 돕는다.

경제적 지원: 하와이 원주민 프로그램법은 원주민들이 경제적으로 자립할 수 있도록 다양한 지원 프로그램을 운영한다. 이는 교육, 직업 훈련, 농업 지원, 소기업 육성 등을 포함하며, 원주민들이 경제적 기회를 확대할 수 있도록 돕는다.

문화적 보호: 이 법은 하와이 원주민들의 문화와 전통을 보호하고, 이를 계승할 수 있도록 다양한 프로그램을 운영한다. 원주민 문화센터, 전통 예술 및 공예 프로그램 등을 통해 원주민들이 그들의 문화적 정체성을 유지할 수 있도록 지원한다.

기관 및 시행: 하와이 원주민 프로그램법은 하와이 주정부의 여러 기관을 통해 시행된다. 주요 기관으로는 하와이 원주민 주택국(Department of Hawaiian Home Lands, DHHL)이 있으며, 이 기관은 토지 임대와 주택 지원 프로그램을 관리한다. 또한, 하와이 원주민 복지국(Office of Hawaiian Affairs, OHA)은 경제적 지원, 교육, 문화 프로그램 등을 운영하며, 원주민들의 복지 향상에 기여하고 있다.

의의와 영향: 하와이 원주민 프로그램법은 하와이 원주민들의 생활 향상과 복지 증진에 중요한 역할을 해왔다. 이 법은 원주민들에게 토지와 주거를 제공하고, 경제적 자립을 도모하며, 문화적 정체성을 보호하는 데 기여하고 있다. 하와이 원주민 프로그램법은 하와이 원주민들이 그들의 전통과 문화를 유지하면서 현대 사회에서의 권리와 혜택을 보장받을 수 있도록 하는 중요한 법적 기반이 되었다.

도전과 과제: 하와이 원주민 프로그램법은 많은 긍정적인 영향을 미쳤지만,

여전히 몇 가지 도전과 과제가 남아 있다. 토지 임대와 주택 지원 프로그램의 효율성 향상, 경제적 지원 프로그램의 확대, 문화적 보호 프로그램의 지속적인 운영 등이 필요하다. 또한, 원주민 공동체의 의견을 반영하고, 그들의 필요를 충족시키기 위한 지속적인 노력이 요구된다.

결론적으로, 하와이 원주민 프로그램법은 하와이 원주민들의 생활 향상과 복지 증진을 위한 중요한 법적 도구로, 하와이 원주민들의 권리와 혜택을 보장하고, 그들의 경제적, 문화적 자립을 도모하는 데 큰 기여를 하고 있다.

1974년 원주민 프로그램법이 개정되어 카나카 마올리(하와이)가 포함되었다. 이는 카나카 마올리가 원래 미국 대륙의 원주민들을 위한 일부 연방 지원 프로그램을 받을 자격을 얻게 하였다. 이 법은 하와이 원주민을 "1778년 이전 하와이 제도를 구성하는 지역의 원주민의 후손인 개인"으로 정의한다.

5. 미국 사과 결의안 (United States Apology Resolution)

1993년 11월 23일, 빌 클린턴 미국 대통령은 미국 공법 103-150, 일명 "사과 결의안"에 서명했다. 미국 정부가 하와이 원주민들에게 공식적으로 사과하는 내용을 담은 결의안이다. 이 결의안은 하와이 왕국의 전복과 그 이후의 불법 합병으로 인해 하와이 원주민들이 겪은 고통과 손실을 인정하고, 이에 대한 사과의 뜻을 표명하는 것이다.

주요 내용

하와이 왕국 전복 인정: 결의안은 1893년 하와이 왕국의 전복이 미국 정부의 지원을 받은 무력 행위였음을 인정한다. 이로 인해 하와이 원주민들이 그들의 자치권과 독립을 상실하게 되었음을 명확히 한다.

하와이 원주민들의 고통 인정: 결의안은 하와이 원주민들이 왕국 전복과 그 이후의 불법 합병으로 인해 겪은 고통과 손실을 인정한다. 이는 문화적, 경제적, 사회적 측면에서의 손실을 포함한다.

공식 사과: 결의안은 미국 정부가 하와이 원주민들에게 공식적으로 사과하는 내용을 담고 있다. 이는 과거의 잘못을 인정하고, 이에 대한 책임을 표명하는 것이다.

하와이 원주민들의 권리 재확인: 결의안은 하와이 원주민들이 그들의 권리와 정체성을 유지하고, 자치권을 추구할 수 있는 권리를 재확인한다. 이는 하와이 원주민들의 문화적, 정치적 자치권을 존중하고 보호하는 것이다.

의의와 영향

역사적 불의의 인정: 미국 사과 결의안은 하와이 원주민들이 겪은 역사적 불의를 인정하고, 이에 대해 공식적으로 사과함으로써 역사적 정의를 실현하는 중요한 첫걸음이 되었다.

문화적 존중: 결의안은 하와이 원주민들의 문화적 정체성과 권리를 존중하고 보호하는 데 중요한 역할을 한다. 이는 하와이 원주민들이 그들의 전통과 문화를 유지하며, 자치권을 추구할 수 있는 기반을 제공한다.

정치적 자치권: 결의안은 하와이 원주민들이 그들의 정치적 자치권을 재확인하고, 이를 추구할 수 있는 권리를 보장하는 데 중요한 역할을 한다. 이는 하와이 원주민들이 그들의 정치적 목표를 달성하는 데 있어 중요한 지지 기반이 된다.

미국 정부의 책임: 결의안은 미국 정부가 과거의 잘못에 대해 책임을 인정하고, 이에 대한 사과를 표명함으로써 정부의 책임성을 강조한다. 이는 정부가 국민들에게 더 큰 신뢰를 얻고, 정의로운 사회를 구현하는 데 중요한 역할을 한

다.

도전과 과제: 미국 사과 결의안은 하와이 원주민들에게 중요한 의미를 가지지만, 여전히 몇 가지 도전과 과제가 남아 있다. 결의안의 실질적인 실행과 하와이 원주민들의 권리 보호, 경제적 지원, 문화적 보존 등의 문제를 해결하기 위한 지속적인 노력이 필요하다. 또한, 하와이 원주민 공동체의 의견을 반영하고, 그들의 필요를 충족시키기 위한 정책적 지원이 요구된다.

결론적으로, 미국 사과 결의안은 하와이 원주민들의 고통과 손실을 인정하고, 이에 대해 공식적으로 사과함으로써 역사적 정의를 실현하는 중요한 결의안이다. 이는 하와이 원주민들의 권리와 자치권을 보호하고, 그들의 문화적 정체성을 유지하는 데 중요한 역할을 하며, 미국 정부의 책임성을 강조하는 중요한 선례가 된다.

6. 원주민 하와이 정부 재조직법(Native Hawaiian Government Reorganization Act, 2009)

2000년대 초 하와이 주의회 대표단은 원주민 하와이 연방 인정 법안(Akaka Bill)을 제출했다. 이 법안은 주정부 및 연방 정부와 협상할 수 있는 원주민 하와이 정부 기관을 인정해 달라고 하는 시도로 원주민 하와이 단체와 미국 정부 간의 공식적인 정치적, 법적 관계를 수립하려 했다. 지지자들은 이 법안이 과거의 불의를 인정하고 부분적으로 수정하는 것이라고 생각했으며 하와이의 주의회 대표단과 전 하와이 주지사 린다 링글이 포함되었다. 다수의 하와이 주민(39%)이 이 법안에 반대했으며 76%는 이 법으로 인해 발생할 수 있는 세수 손실을 보상하기 위해 더 높은 세금을 낼 의향이 없다고 답했다. 결국 이 법안은 통과되지 않았다.

이 법의 주요 내용은 다음과 같다.

자치 정부의 설립: 법안은 하와이 원주민들이 그들의 자치 정부를 설립할 수

있도록 허용한다. 이는 하와이 원주민들이 독립된 정부 구조를 통해 그들의 정치적, 문화적, 경제적 자치를 이루는 것을 목표로 한다.

연방 인정 절차: 법안은 하와이 원주민 자치 정부가 연방 정부로부터 공식 인정을 받을 수 있는 절차를 규정한다. 이는 하와이 원주민들이 미국 내 다른 원주민 부족들과 유사한 법적 지위와 혜택을 누릴 수 있도록 하는 것이다.

주권 회복: 법안은 하와이 원주민들이 그들의 주권을 회복하고, 자치권을 행사할 수 있도록 보장한다. 이는 하와이 원주민들이 그들의 정치적, 문화적 권리를 보호하고, 독립적으로 결정할 수 있는 권한을 부여한다.

정부 간 협력: 법안은 하와이 원주민 자치 정부와 미국 연방 정부, 하와이 주 정부 간의 협력과 상호 작용을 촉진한다. 이는 원주민 자치 정부가 다른 정부들과 협력하여 그들의 목표를 달성하고, 원주민 공동체의 복지를 증진하는 데 도움이 된다.

7. 하와이 원주민과 다른 인디언 그룹(본토 인디언 및 알라스카 원주민)

하와이 원주민이 본토 인디언과 알라스카 원주민 그룹과의 관계와 차이점을 살펴보면, 하와이 원주민이 본토 인디언과 알라스카 원주민 그룹과의 관계와 차이점을 살펴보면,

미정부와의 관계 및 자치권에 있어서,

본토의 인디언 부족들은 연방 정부와 정부 대 정부 관계를 유지하며 연방 혜택과 보호를 받고 있다. 이들은 연방 인디언 정책의 혜택을 누리며, 교육, 의료, 주거 등의 지원을 받는다. 본토 인디언 부족들은 연방 정부와의 조약을 통해 자치권과 부족 주권을 인정받아 자체 법률 시스템과 정부를 운영하고 있다. 이러한 자치권을 통해 부족들은 독립적인 사법권을 행사하고, 경제적, 정치적 자치

를 이룰 수 있는 기반을 마련하고 있다.

알래스카 원주민들은 1971년 알래스카 원주민 청구 해결법(ANCSA)에 따라 연방 인정을 받았다. 이로 인해 알래스카 원주민들은 연방 정부와의 정부 대 정부 관계를 유지하며, 연방 정부로부터 다양한 혜택과 보호를 받고 있다. 이러한 관계는 알래스카 원주민들이 그들의 권리와 자치를 보호하고 증진하는 데 중요한 역할을 한다. 알래스카 원주민들은 지역 및 마을 법인을 통해 자치권을 행사하고, 경제적 자립을 추구하고 있다.

하와이 원주민들은 공식적으로 연방 인정을 받지 못해 완전한 정부 대 정부 관계를 유지하지 않는다. 이로 인해 하와이 원주민들은 연방 정부로부터 다른 인디언 부족들이 누리는 혜택과 보호를 받지 못하고 있다. 하와이 원주민들은 정치적 독립과 자치를 위한 운동을 지속하게 만드는 요인 중 하나이다. 현재 하와이 원주민들은 그들의 전통적인 권리와 자치권을 회복하기 위해 다양한 법적, 정치적 수단을 강구하고 있으며, 연방 정부와의 관계를 재정립하려는 노력을 계속하고 있다.

다음 토지 소유 및 자산 관리에 있어서는,

본토 인디언 부족들은 연방 정부의 신탁 하에 토지를 소유하고 관리하며, 자산 관리를 통해 경제적 자립을 추구하고 있다. 이들은 자치권을 행사하여 자체 법률 시스템과 정부를 운영하며, 다양한 연방 프로그램과 혜택을 통해 교육, 의료, 주거 등의 지원을 받고 있다. 이러한 법적 지위는 본토 인디언 부족들이 그들의 권리와 자산을 보호하고, 자치권을 유지하는 데 중요한 기반이 된다.

알래스카 원주민들은 1971년 알래스카 원주민 청구 해결법(ANCSA)에 따라 연방 인정을 받아 약 4400만 에이커의 토지와 금전적 보상을 받았다. 이들은 지역 및 마을 법인을 통해 자산을 관리하며, 경제적 자립을 추구하고 있다. 이러한 법적 지위는 알래스카 원주민들이 그들의 권리와 자산을 보호하고, 자치권을 행사할 수 있는 기반이 된다. 이 법안은 알래스카 원주민들이 경제적 기회를 창출하고, 그들의 공동체를 발전시키는 데 중요한 역할을 하고 있다.

하와이 원주민들은 1893년 하와이 왕국의 전복 이후 전통적인 토지 소유와 관련된 권리를 모두 상실했다. 현재 하와이 원주민들은 연방 정부의 신탁 하에 토지를 소유하지 않으며, 자치권을 가지지 못하고 있다. 이는 하와이 원주민들이 독립적인 정치적, 법적 시스템을 운영할 수 없음을 의미하며, 이로 인해 정치적 독립과 자치를 위한 운동이 지속되고 있다. 하와이 원주민들은 다른 원주민 그룹들이 누리는 법적 지위와 혜택을 받지 못하고 있으며, 그들의 전통적인 권리와 자치권을 회복하기 위해 지속적인 노력을 기울이고 있다.

결론적으로 하와이 원주민과 본토의 다른 인디언 그룹 및 알래스카 원주민 간의 관계와 차이점은 주로 토지 소유, 자치권, 정부 대 정부 관계, 법적 지위 및 자산 관리에서 나타난다. 하와이 원주민들은 다른 인디언 부족들과는 달리 전통적인 권리와 자치권을 상실한 상태에서 정치적 독립과 자치를 위한 지속적인 노력을 기울이고 있다. 이러한 차이점은 하와이 원주민들이 그들의 권리와 자치를 회복하고 보호하는 데 있어 중요한 배경이 된다.

8. 라이스 대 카예타노(Rice v. Cayetano, 2000)

이 사건은 미국 대법원에서 하와이 원주민의 선거권과 관련하여 중요한 판결을 내린 사건이다. 이 사건은 하와이의 선거법이 미국 헌법에 위배되는지 여부를 다루었다.

배경: 라이스 대 카예타노 사건은 하와이 원주민들이 하와이주의 선거 과정

에서 어떤 권리를 가지는지를 다루었다. 이 사건은 해롤드 라이스(Harold "Freddy" Rice)가 하와이주의 주지사 벤저민 카예타노(Benjamin Cayetano)를 상대로 제기한 소송이다.

해롤드 라이스는 하와이주의 하와이 원주민 사무국(Office of Hawaiian Affairs, OHA) 이사 선거에서 투표할 수 없는 것에 대해 소송을 제기했다. 당시 OHA는 하와이 원주민들의 복지를 위해 설립된 기관으로, 하와이 원주민들만이 OHA 이사 선거에서 투표할 수 있었다. 라이스는 자신이 하와이 원주민이 아님에도 불구하고 하와이주 시민으로서 투표할 권리가 있다고 주장했다.

쟁점: 이 사건의 주요 쟁점은 하와이주가 하와이 원주민에게만 OHA 이사 선거에서 투표할 수 있는 권리를 부여하는 것이 미국 헌법의 평등 보호 조항과 인종 차별 금지 조항을 위반하는지 여부였다.

판결: 2000년 2월 23일, 미국 대법원은 7대 2의 결정으로 라이스의 손을 들어주었다. 대법원은 하와이주가 하와이 원주민에게만 OHA 이사 선거에서 투표할 수 있는 권리를 부여하는 것은 미국 헌법의 평등 보호 조항과 인종 차별 금지 조항을 위반한다고 판결했다. 대법원은 하와이 원주민의 법적 지위는 인종적 구분에 기반한 것이므로, 이러한 구분은 헌법에 의해 보호될 수 없다고 판단했다.

판결의 의의

헌법적 평등 보호 강화: 이 판결은 모든 미국 시민이 인종에 관계없이 평등한 선거권을 가져야 한다는 헌법적 원칙을 강화했다. 이는 인종에 기반한 차별적 정책을 금지하는 중요한 선례를 남겼다.

하와이 원주민 권리 논의 촉발: 이 사건은 하와이 원주민들의 권리와 자치권에 대한 논의를 촉발했다. 하와이 원주민들은 그들의 고유한 문화와 권리를 보호하기 위한 다양한 방법을 모색하게 되었다.

하와이 원주민 사무국(OHA) 운영 변화: 이 판결로 인해 OHA는 운영 방식을 재검토하고, 하와이 원주민들과의 관계를 재정립해야 했다. 이는 OHA가 하와이 원주민들의 권리를 보호하면서도 헌법을 준수하는 방법을 찾는 데 중요한 역할을 했다.

결론적으로 라이스 대 카예타노 사건은 하와이 원주민들의 선거권과 미국 헌법의 평등 보호 조항 간의 갈등을 다룬 중요한 사건이다. 이 사건은 헌법적 평등 보호 원칙을 강화하는 한편, 하와이 원주민들의 고유한 권리와 자치권에 대한 중요한 논의를 촉발했다. 이 판결은 하와이 원주민들이 그들의 권리와 문화를 보호하면서도 헌법을 준수하는 방법을 모색하는 데 중요한 계기가 되었다.

9. 드디어 미원주민 자결 시대를 열다 1968-Present

1950년대에서 1960년대까지 연방 정부는 인디언 부족의 자치권을 약화시키고 원주민들을 주류 사회에 동화시키기 위해 종결 정책을 추진했다. 그러나 이 정책은 인디언 공동체에 큰 피해를 입혔다. 많은 부족이 토지와 자원을 잃고, 경제적 어려움과 사회적 문제를 겪게 되었다. 이러한 실패로 인해 연방 정부와 인디언 부족 간의 관계가 악화되었고, 정책의 변화 필요성이 대두되었다. 또한 1960년대 시민권 운동은 미국 내 소수민족의 권리와 평등을 위한 중요한 계기가 되었다. 이는 인디언 권리 운동에도 영향을 미쳤다. 인디언 활동가들은 자신들의 권리와 자치권을 회복하기 위해 적극적으로 목소리를 내기 시작했다. 이 과정에서 인디언 민권 운동(American Indian Movement, AIM)과 같은 단체가 설립되었다.

한편, 미 정부의 정책적 변화도 일조를 하였다. 1970년대 초, 리처드 닉슨 대통령은 인디언 자결을 지지하는 연설을 하며, 새로운 정책 방향을 제시했다. 닉슨 대통령은 인디언들이 스스로의 운명을 결정할 권리를 가져야 한다고 주장했다. 이에 따라 1975년 인디언 자결 및 교육 지원법(Indian Self-Determination and Education Assistance Act)이 제정되었다. 이 법은 인디언 부족들이 연방 프로그램을 직접 관리할 수 있도록 하여 자치권을 강화하였다.

1. 인디언 자결 및 교육 지원법(ISDEAA: Indian Self-Determination and Education Assistance Act, 1975)

인디언 자결 및 교육 지원법은 원주민 부족들이 연방 프로그램을 직접 운영하고 관리할 수 있도록 하는 법적 근거를 제공한다. 이는 이전의 종결시대 정책의 실패와 원주민 자치권 회복에 대한 요구가 증가하면서 제정되었다. 법의 주요 목적은 원주민 부족의 자치와 자결권을 강화하여 부족이 독립적으로 경제적, 사회적, 교육적 발전을 이루도록 지원한다. 또한 연방 정부와 원주민 부족 간의 관계를 협력적이고 평등한 파트너십으로 전환한다는 취지이다.

법의 주요 내용은 다음과 같다:

계약(Contracts)과 협정(Compacts): 원주민 부족들이 연방 정부와 계약을 체결하여 연방 프로그램을 직접 운영할 수 있다. 이 계약을 통해 부족은 프로그램의 계획, 예산, 집행 등을 스스로 관리한다. 또한 원주민 부족들은 연방 정부와 협정을 맺어 더 넓은 자치권을 바탕으로 프로그램을 운영할 수 있다. 협정은 일반적으로 계약보다 더 유연하고 포괄적인 자율성을 제공한다.

프로그램 운영: 원주민 부족들은 보건, 교육, 사회복지 등 다양한 연방 프로그램을 직접 운영할 수 있으며, 이를 통해 부족 구성원들에게 맞춤형 서비스를 제공한다. 원주민 자치구역 내에서 운영되는 프로그램들은 부족의 문화적, 사회적 특성을 반영하도록 설계된다.

재정 지원: 연방 정부는 원주민 부족이 프로그램을 운영하는 데 필요한 재정적 지원을 제공한다. 이는 연방 예산에서 할당된 자금으로 이루어진다. 부족들은 연방 자금을 통해 프로그램을 계획하고 집행하며, 자금의 사용 내역을 투명하게 보고해야 한다.

교육 지원: 법은 원주민 부족이 자체 교육 프로그램을 개발하고 운영할 수 있도록 지원한다. 이를 통해 원주민 청소년들에게 전통 문화와 언어를 교육하고, 자존감을 강화하는 데 기여한다. 부족 학교와 교육 기관은 연방 자금을 받아 교사 고용, 교재 개발, 교육 시설 개선 등을 수행한다.

자치권 강화: 법은 원주민 부족의 자치권을 강화하고, 연방 정부의 간섭을 최소화하는 방향으로 설계되었다. 부족은 자체 법률과 정책을 제정하고, 자원을

관리하며, 공동체의 필요를 충족시키기 위한 결정을 내릴 수 있다.

구체적인 예를 들면, 나바호 네이션의 경우 이 부족국가는 ISDEAA를 통해 보건 프로그램을 운영하고 있다. 이들은 나바호 주민들에게 맞춤형 의료 서비스를 제공하며, 전통 의학과 현대 의학을 통합한 접근 방식을 채택하고 있다. 또 오클라호마의 체로키 네이션은 교육 프로그램을 직접 운영하며, 체로키 언어와 문화를 보존하고 교육하는 데 중점을 두고 있다. 이들은 ISDEAA를 통해 연방 자금을 받아 학교를 운영하고, 교사 고용 및 교재 개발을 지원받고 있다.

법의 역할로서 ISDEAA는 원주민 부족의 자치와 자결권을 증진시키는 중요한 역할을 했다. 부족들은 더 이상 연방 정부의 간섭 없이 독립적으로 프로그램을 운영하고, 자원을 관리할 수 있게 되었다. 또한 법은 원주민 부족이 경제적 자립을 이루는 데 기여했다. 부족들은 연방 자금을 활용하여 경제 개발 프로젝트를 추진하고, 일자리를 창출하며, 경제적 안정을 도모할 수 있었다. 나아가 ISDEAA는 원주민 문화와 전통을 보존하는 데 중요한 역할을 했다. 부족들은 자체 교육 프로그램을 통해 전통 문화와 언어를 후손들에게 전달하고, 정체성을 강화할 수 있었다.

결론적으로 인디언 자결 및 교육 지원법은 원주민 부족의 자치와 자결권을 강화하고 연방 정부와 협력적 파트너십을 유지하면서 독립적으로 자신들의 미래를 설계하고 발전시킬 수 있는 기반을 마련하였다.

2. 미원주민 자결 3원칙(self-governance, self-determination, and self-sufficiency)

자결에는 3대 원칙이 적용되었다. 즉 자치(self-governance), 자결(self-determination), 그리고 자립(self-sufficiency)이다.

1. 자치 Self-Governance

자치는 원주민 부족들이 자신의 정부를 구성하고, 법률과 정책을 제정하며 자원을 관리하는 권리를 의미한다. 이는 부족이 독립적인 행정 및 운영을 통해 공동체의 필요를 충족시키는 능력을 갖추는 것을 목표로 한다. 예를 들면 미국 내에서 가장 큰 원주민 자치구역 중 하나인 나바호 네이션은 자체 의회와 정부 구조를 가지고 있으며, 법률 제정, 교육, 보건, 사회복지 등 다양한 분야에서 독립적으로 운영된다. 또한 나바호 언어와 문화를 보존하기 위해 자체 교육 시스템을 운영하고 있다.

2. 자결 Self-Determination

자결은 원주민 부족들이 외부의 간섭 없이 자신들의 경제적, 사회적, 문화적 발전을 스스로 결정하고 추진할 수 있는 권리를 의미한다. 이는 원주민들이 자신들의 미래를 자율적으로 설계하고 그에 따른 정책과 프로그램을 실행하는 것을 포함한다. 인디언 자결 및 교육 지원법이 그 예이다. 1975년에 제정된 이 법은 원주민 부족들이 연방 정부의 프로그램을 계약 또는 협정을 통해 직접 운영할 수 있도록 하였다. 예를 들어, 오클라호마의 체로키 네이션은 이 법에 따라 자체 보건 프로그램을 운영하여 부족 구성원들에게 맞춤형 의료 서비스를 제공하고 있다.

3. 자립 Self-Sufficiency

자립은 원주민 부족들이 경제적으로 자립하고 외부의 지원에 의존하지 않고 독립적으로 생활할 수 있는 능력을 의미한다. 이는 경제 개발, 교육, 직업 훈련 등을 통해 부족 구성원들이 자립할 수 있도록 지원하는 것을 포함한다. 많은 부족들이 카지노 사업을 통해 경제적 여력을 만들고자 하나 모범적인 대안이라고는 할 수 없다. 그러나 여러 부족의 자립 모델이 많이 자리를 잡아가고 있다.

예시 사례들:

나바호 네이션: 나바호 네이션은 에너지 산업을 통해 경제적 자립을 이루고 있다. 풍력 및 태양광 발전소를 운영하며 이를 통해 청정 에너지를 생산하고 판매한다. 2003년에 설립된 나바호 트랜스미션 에너지 공사(Navajo Transmission Energy Authority)는 전력망을 운영하고 전력을 판매하는 주요 역할을 하고 있다. 또한 나바호 농업 제품(Navajo Agricultural Products Industry, NAPI)은 다양한 농산물을 재배하고 이를 시장에 공급한다.

촉토 네이션(Choctaw Nation): 여러 제조업 분야에서 성공을 거두고 있다. 항공 우주 부품, 의료 기기, 전자 부품 등을 생산하며 주요 계약을 통해 수익을 창출하고 있다. 헬스 서비스는 부족 구성원들에게 포괄적인 의료 서비스를 제공하며 헬스케어 산업에서 자립을 이루고 있다. 클리닉과 병원은 높은 수준의 의료 서비스를 제공하며 건강한 커뮤니티를 유지하는 데 중요한 역할을 한다.

체로키 네이션: IT와 기술 서비스 분야에서 큰 성과를 이루고 있다. 체로키 네이션 사업체(Cherokee Nation Businesses, CNB)는 연방 및 민간 부문에 IT 서비스, 엔지니어링, 물류 지원 등을 제공하며, 다양한 산업에서 활약하고 있다. 또한 역사와 문화를 활용한 관광 사업을 통해 경제적 자립을 이루고 있다.

마카부족(Makah Tribe): 전통적으로 어업에 종사해 왔으며 이를 통해 경제적 자립을 이루고 있다. 어업 프로그램은 지속 가능한 어업 관행을 통해 수산 자원을 보호하고 상업적 어업을 통해 수익을 창출한다. 또한 임업 활동을 통해 숲을 관리하고 목재를 생산하여 경제적 수익을 얻고 있다. 지속 가능한 임업 관행을 통해 숲을 보호하며 목재 자원을 효율적으로 활용한다.

콜빌 연합 부족(Colville Confederated Tribes): 넓은 산림 자원을 관리하며 목재 산업에서 큰 성공을 거두고 있다. 콜빌 임업 부문은 지속 가능한 임업 관행을 통해 목재를 생산하고 판매하며 경제적 자립을 이루고 있다. 또한 그랜드 쿨리 댐과 같은 수력 발전소를 통해 전기를 생산하고 이를 판매하여 경제적 수익을 얻고 있다.

이러한 사례들은 인디언 부족들이 카지노 외에도 다양한 산업에서 경제적 자립을 이루고 커뮤니티의 복지를 증진시키는 데 중요한 역할을 하고 있음을 보여준다.

자결시대Self-Determination Era의 특징

자결시대의 가장 큰 특징은 인디언 부족의 자치권을 강화하는 것이다. 연방 정부는 부족들이 스스로의 정부를 구성하고, 자원을 관리하며, 프로그램을 운영할 수 있도록 지원했다. 주요 특징은 다음과 같다:

연방 프로그램의 직접 운영: 인디언 자결 및 교육 지원법은 인디언 부족들이 연방 프로그램을 계약 또는 협정을 통해 직접 운영할 수 있게 하였다. 이를 통해 부족들은 자신들의 필요에 맞는 프로그램을 계획하고 실행할 수 있었다.

경제적 자립 추구: 인디언 자결 정책은 부족들이 경제적 자립을 추구할 수 있도록 지원했다. 부족들은 연방 지원금을 이용하여 경제 개발 프로젝트를 추진하고, 토지와 자원을 효과적으로 관리할 수 있었다. 이는 인디언 공동체의 생활 수준을 향상시키고, 자립 능력을 강화하는 데 기여했다.

교육과 문화 보호: 인디언 자결 정책은 인디언 교육과 문화 보호에도 중점을 두었다. 인디언 자결 및 교육 지원법은 인디언 부족들이 자체 교육 프로그램을 운영하고, 전통 문화를 보존할 수 있도록 지원했다. 이는 인디언 청소년들에게 전통 문화를 교육하고, 정체성을 강화하는 데 중요한 역할을 했다.

연방 정부와의 파트너십: 인디언 자결 정책은 인디언 부족과 연방 정부 간의 파트너십을 강조했다. 연방 정부는 인디언 부족의 자치권을 인정하고, 그들의 결정을 존중하는 방향으로 정책을 전환했다. 이는 인디언 부족들이 연방 정부와 협력하여 자신들의 권리와 이익을 보호할 수 있는 기반을 마련했다.

결론적으로 인디언 자결 정책은 종결시대의 실패와 1960년대 시민권 운동의 영향, 그리고 정책적 변화로 인해 시작되었다. 이 시기는 인디언 부족의 자치권을 강화하고, 경제적 자립을 추구하며, 교육과 문화 보호에 중점을 두는 특징을 가졌다. 이를 통해 인디언 부족들은 자신들의 권리와 정체성을 회복하고 연방 정부와의 파트너십을 통해 더 나은 미래를 만들어가게 되었다.

3. 인디언 시민권리법(ICRA:Indian Civil Rights Act, 1968)

인디언 시민권리법(ICRA)은 미국 인디언 부족 정부가 구성원들의 민권을 보호하기 위해 제정된 중요한 법이다. 이 법은 연방 헌법의 수정 조항에 명시된 여러 권리와 자유를 부족 법원 및 정부가 준수하도록 요구한다. 1960년대는 미국 전역에서 민권 운동이 활발하게 일어나던 시기였다. 연방 정부는 인디언 부족 내에서 발생하는 민권 침해 사례를 방지하기 위해 ICRA를 제정하였다. 법의 주요 목적은 인디언 부족 구성원들이 연방 헌법에 의해 보호되는 기본적인 민권을 누릴 수 있도록 보장하는 것이다. 이를 통해 부족 정부가 자의적인 권력 행사를 막고 부족 구성원들의 권리를 보호하려는 의도가 있었다.

ICRA에 포함된 주요 권리

표현의 자유 부족: 정부는 구성원의 표현의 자유를 침해할 수 없다. 이는 구성원들이 자유롭게 의견을 표현하고, 정치적, 사회적 논의에 참여할 수 있도록 보호하는 것이다.

종교의 자유 부족: 정부는 구성원의 종교 활동을 제한할 수 없다. 이는 각자가 신앙을 선택하고, 종교적 의식을 자유롭게 행할 수 있는 권리를 보장한다.

공정한 재판을 받을 권리 부족: 정부는 형사 사건에서 공정한 재판을 제공해야 하며, 구성원은 배심원 재판을 받을 권리가 있다. 이는 피고인이 공정한 절차를 통해 재판을 받을 수 있도록 하는 중요한 권리이다.

자신에 불리한 증언을 강요받지 않을 권리: 구성원은 자신에게 불리한 증언을 강요받지 않을 권리가 있다. 이는 피고인이 자신을 방어하는 과정에서 불리한 진술을 강요받지 않도록 보호하는 것이다.

이중위험 금지: 구성원은 동일한 범죄로 두 번 기소되지 않을 권리가 있다. 이는 동일한 사건에 대해 반복적으로 기소되어 불이익을 당하지 않도록 하는 중요한 보호 장치이다.

불합리한 수색과 압수 금지: 구성원은 불합리한 수색과 압수로부터 보호받을 권리가 있다. 이는 개인의 사생활과 재산을 보호하기 위한 중요한 권리이다.

적법 절차의 보장: 부족 정부는 구성원에게 적법한 절차를 제공해야 한다. 이는 법적 절차가 공정하고, 일관되게 시행될 수 있도록 하는 원칙이다.

ICRA의 한계와 예외

사형 금지 ICRA는 인디언 부족 법원이 사형을 선고하는 것을 금지한다.

연방 법원에서의 소송 제한: ICRA는 연방 법원에서 부족 정부의 결정을 쉽게 다툴 수 있도록 허용하지 않는다. 부족 법원의 결정에 대해 연방 법원에 항소하려면 헌법적 권리 침해가 있어야 한다.

부족 자치권 존중: ICRA는 부족 정부의 자치권을 존중하며 부족 법원이 연방법을 완전히 동일하게 적용받지 않는다는 점을 인정한다.

판례: 산타클라라 푸에블로 대 마티네즈 Santa Clara Pueblo v. Martinez, 1978

미국 대법원은 ICRA가 연방 법원에서 부족 정부를 상대로 민사 소송을 제기할 수 있는 권리를 제공하지 않는다고 판결하였다. 이는 ICRA가 주로 부족 정부 내에서의 권리 보호에 중점을 둔 법임을 확인한 판결이다.

결론적으로 인디언 시민권리법은 인디언 부족 구성원들의 기본적인 민권을 보호하기 위한 중요한 법률이다. 이 법은 연방 헌법의 여러 조항을 부족 법원 및 정부에 적용시켜 구성원들이 자의적인 권력 행사로부터 보호받을 수 있도록 한다. 따라서 ICRA는 부족 자치권을 존중하며 연방 법원의 간섭을 최소화하는 방향으로 설계되었다. 이를 통해 인디언 부족은 연방 정부와의 관계 속에서 자치권을 유지하고 구성원들의 권리를 보호하는 중요한 법적 기반을 마련할 수 있었다.

4. 인디언 아동 복지법 (ICWA: Indian Child Welfare Act, 1978)

인디언 아동 복지법(ICWA)은 미국 내 인디언 아동의 복지를 보호하고 그들의 문화적 정체성을 유지하는 데 중점을 둔 중요한 법률이다. 이 법은 인디언 아동이 비인디언 가정으로부터 입양되거나 위탁되는 경우 인디언 부족과 협력하여 아동의 권리와 복지를 보호하기 위한 절차를 규정한다.

역사적 배경: 20세기 중반까지 많은 인디언 아동들이 비인디언 가정으로 입양되거나 위탁되는 경우가 많았다. 이러한 정책은 인디언 아동들이 자신들의 문화와 공동체로부터 분리되게 하였고, 결과적으로 많은 아동들이 정체성 혼란을 겪었다. 인디언 공동체와 지도자들은 이러한 상황을 막기 위해 연방 정부에 법적 보호 장치를 요구하였다. 이에 따라 ICWA가 제정되었다.

법의 주요 취지: ICWA의 주요 목적은 인디언 아동이 자신들의 문화와 공동체 내에서 성장하여 그 정체성을 보존할 수 있도록 보장하는 것이다. 또한, 부

족의 권리를 강화하여 인디언 부족이 아동 복지 결정 과정에서 중요한 역할을 할 수 있도록 권한을 부여하고, 아동 복지 절차를 개선하여 인디언 아동이 비인디언 가정으로 입양되거나 위탁되는 절차를 개선하여 아동의 복지를 최우선으로 고려하는 것이다.

주요 내용:

적용 범위: ICWA는 연방 법으로서 인디언 아동이 입양되거나 위탁될 때 적용된다. 인디언 아동은 연방 또는 주 정부의 보호를 받는 아동을 포함하며, "인디언"은 연방 인정 부족의 회원이거나 회원 자격을 가질 수 있는 아동을 의미한다.

관할권: 인디언 아동이 인디언 보호구역 내에서 거주하거나 주 거주지로 인정될 경우, 해당 아동 복지 사건은 부족 법원의 관할권에 속한다. 인디언 아동이 보호구역 외부에 거주할 경우에도, 부족은 해당 사건에 대한 관할권을 가질 수 있으며, 주 법원은 부족 법원으로 사건을 이관할 수 있다.

부족의 참여: 인디언 아동 복지 사건에서 부족은 반드시 통지를 받고, 복지 절차에 참여할 권리를 가진다. 부족은 아동의 입양, 위탁, 또는 복지 관련 결정에 대해 의견을 제시하고, 대안을 제안할 수 있다.

입양 및 위탁 순위: 인디언 아동이 입양되거나 위탁될 때, 가능한 한 인디언 가정 내에서 이루어져야 한다. 순위는 다음과 같다:

아동의 친족 가정

동일 부족의 다른 인디언 가정

다른 인디언 가정

비인디언 가정

아동 복지 절차: 아동 복지 절차에서 아동의 복지를 최우선으로 고려하며, 아동의 문화적 정체성을 유지하고 보호하기 위한 조치를 취해야 한다. 아동의 문화적 배경과 정체성을 존중하며, 아동이 원주민 문화에 대한 이해를 높일 수 있는 환경을 제공해야 한다.

판례 및 영향:

쵸토인디언 미시시피 밴드 대 홀리필드(Mississippi Band of Choctaw Indians v. Holyfield, 1989): 이 사건에서 미국 대법원은 ICWA의 적용 범위를 명확히 하며 인디언 아동의 입양 사건은 부족 법원의 관할권에 속한다고 판결하였다. 이는 ICWA의 강력한 적용을 확인한 중요한 판례이다.

브라킨 대 할란드(Brackeen v. Haaland, 2023): 이 사건은 ICWA의 헌법적 정당성을 다투는 최근 사례로, 미국 대법원은 ICWA가 헌법에 부합하며, 인디언 아동의 복지를 보호하기 위한 중요한 법률임을 확인하였다.

결론적으로 인디언 아동 복지법(ICWA)은 인디언 아동의 문화적 정체성을 보호하고, 인디언 부족의 권리를 강화하기 위해 제정된 중요한 법률이다. 이 법은 인디언 아동이 자신들의 문화와 공동체 내에서 성장할 수 있도록 보장하며, 인디언 부족이 아동 복지 결정 과정에서 중요한 역할을 할 수 있도록 권한을 부여한다. 이를 통해 인디언 아동의 복지가 향상되고, 인디언 공동체의 문화적 연속성이 유지될 수 있다.

5. 여성폭력에 관한 법(VAWA: Violence Against Women Act, 1994)

이 법은 폭력, 성폭력, 데이트 폭력, 스토킹 등 여성에 대한 폭력을 방지하고 피해자를 보호하기 위한 연방 법률이다. 이 법은 특히 인디언 여성의 권리와 보호를 강화하는 데 중점을 두고 있다.

주요 내용

법적 권한 부여: VAWA는 부족 법원이 비인디언에 대해 제한된 형사 관할권을 행사할 수 있도록 허용하여, 인디언 보호구역 내에서 발생하는 가정 폭력 사건을 효과적으로 다룰 수 있게 하였다.

보호 명령: 부족 법원은 가정 폭력 및 성폭력 피해자를 보호하기 위한 보호 명령을 발부할 수 있으며, 이 명령은 연방 및 주 법원에서도 인정된다.

지원 서비스: VAWA는 인디언 여성에게 법률 지원, 의료 서비스, 상담 서비스, 임시 주거 제공 등 다양한 지원 서비스를 제공하는 프로그램을 마련하였다.

교육 및 훈련: VAWA는 법 집행 기관, 법원, 의료 기관 등에 인디언 여성에 대한 폭력을 다루는 방법에 대한 교육 및 훈련을 제공하여, 인디언 여성의 권리를 보호하고 강화하는 데 기여하였다.

이 법은 2013년에 수정되었으며, 이때 인디언 여성 보호 조항이 강화되었다. 부족 법원은 비인디언이 저지른 가정 폭력, 데이트 폭력, 스토킹 사건에 대해 형사 관할권을 행사할 수 있게 되었다. 이는 인디언 보호구역 내에서 발생하는 폭력 사건의 효과적인 처리를 돕는 중요한 변화였다.

결론적으로 인디언 여성 복지 보장법은 인디언 여성의 권리와 안전을 보호하기 위한 다양한 법률과 프로그램을 포함한다. VAWA를 중심으로, 이러한 법률은 인디언 여성에 대한 폭력을 방지하고 피해자를 지원하며, 부족 법원의 권한을 확대하여 인디언 보호구역 내에서 발생하는 폭력 사건을 효과적으로 다룰 수 있도록 돕는다. 이를 통해 인디언 여성의 복지와 권리가 강화되고, 안전한 환경에서 생활할 수 있는 기반이 마련된다.

6. 인디언 게임 규제법 (IGRA: Indian Gaming Regulatory Act, 1988)

인디언 게임 규제법(Indian Gaming Regulatory Act, IGRA)은 미국 내 인디언 부족이 카지노 및 기타 게임 활동을 통해 경제적 자립을 추구할 수 있도록 하는 법적 틀을 제공한다. 이 법은 인디언 게임 활동을 규제하고 부족과 주정부 간의 협력을 촉진하며 인디언 공동체의 경제적 발전과 복지 증진을 목표로 한다.

1970년대와 1980년대에 인디언 부족들이 카지노와 게임 활동을 통해 수익을 창출하려는 움직임이 활발해졌다. 그러나 주 정부와의 갈등과 법적 분쟁이 빈번하게 발생하면서, 이를 조정하고 규제할 필요성이 대두되었다. IGRA는 인디언 게임 활동을 합법화하고 규제하며, 이를 통해 인디언 부족의 경제적 자립을 지원하고 부족 구성원의 복지를 향상시키기 위해 제정되었다.

법의 주요 내용

게임 활동의 분류:

Class I: 전통적이고 소규모의 사회적 게임으로, 주로 부족 행사나 의식에서 이루어지는 활동이다. 이 게임 활동은 전적으로 부족의 규제 하에 있다.

Class II: 빙고와 같은 비은행 게임과 카드 게임으로, 주 정부의 규제와는 독립적으로 부족이 운영할 수 있다. 이 활동은 국가 인디언 게임 위원회(NIGC)의 감독을 받는다.

Class III: 카지노 게임, 슬롯 머신, 은행 카드 게임 등 고위험 고수익 게임으로, 부족과 주 정부 간의 협정을 통해 운영된다. 이 게임 활동은 주 정부와의 협정(compact)을 통해 규제되며, 연방 정부의 승인도 필요하다.

국가 인디언 게임 위원회(NIGC) 설립: NIGC는 인디언 게임 활동을 감독하고 규제하며, 부족이 게임 활동을 공정하고 투명하게 운영하도록 보장한다. NIGC는 게임 활동의 감사, 조사, 규정 준수 여부를 확인하고, 필요한 경우 제재를 가할 수 있는 권한을 가진다.

부족-주정부 협정(Compacts) : **Class III** : 게임 활동을 운영하기 위해서는 부족과 주 정부 간의 협정이 필요하다. 이 협정은 게임 활동의 규제, 수익 분배, 법 집행 등에 대한 구체적인 내용을 담고 있다. 협정은 연방 정부의 승인을 받아야 하며, 이를 통해 게임 활동의 투명성과 공정성이 보장된다.

수익 사용 : 게임 활동을 통해 얻은 수익은 부족 구성원의 복지, 경제적 발전, 정부 운영, 자선 활동, 지역 사회의 발전 등을 위해 사용되어야 한다. 수익의 사용은 NIGC의 감독을 받으며 이를 통해 게임 활동이 공동체의 이익을 위해 사용되도록 보장한다.

판례 및 영향

캘리포니아 대 미션인디언 카바존 밴드(California v. Cabazon Band of Mission Indians, 1987) : 이 사건은 IGRA 제정의 직접적인 계기가 된 중요한 판례이다. 대법원은 인디언 보호구역 내에서의 게임 활동이 주 정부의 규제 대상이 될 수 없다고 판결하였다. 이 판결은 인디언 부족의 게임 활동에 대한 연방 규제의 필요성을 강조하였다.

세미놀 부족 대 플로리다(Seminole Tribe v. Florida, 1996) : 이 사건에서는 주 정부가 부족과 협정을 체결하지 않았을 경우 연방 법원이 주 정부를 강제할 수 있는 권한이 있는지에 대해 논의되었다. 대법원은 주 정부가 면책 특권을 가지고 있다고 판결하여, 주 정부를 강제할 수 없다고 결정하였다.

결론적으로 인디언 게임 규제법(IGRA)은 인디언 부족이 게임 활동을 통해 경제적 자립을 이루고, 공동체의 복지를 증진시키기 위한 중요한 법적 틀을 제공한다. 이 법은 게임 활동의 공정성과 투명성을 보장하고, 부족과 주 정부 간의 협력을 촉진하며, 인디언 부족의 경제적 발전을 지원하는 중요한 역할을 한다. IGRA를 통해 많은 인디언 부족이 경제적 자립을 이루고, 부족 구성원의 생활 수준을 향상시키는 데 기여하고 있다.

7. 이중위험 금지(Double Jeopardy)

이중위험이란 미국 헌법 수정 제5조에서 규정한 원칙으로, 동일한 범죄에 대해 한 번 재판을 받고 처벌된 사람을 다시 동일한 범죄로 기소하거나 처벌할 수 없다는 법적 보호를 의미한다. 이 원칙은 피고인의 권리를 보호하고 국가의 남용을 방지하기 위한 중요한 법적 장치이다.

미국 헌법 수정 제5조는 다음과 같이 규정하고 있다: "…어느 누구도 동일한 범죄로 인해 두 번 생명이나 신체를 위협받지 않는다…"("nor shall any person be subject for the same offence to be twice put in jeopardy of life or limb…") 이는 동일한 범죄로 인해 두 번 재판을 받거나 두 번 처벌받지 않는다는 것을 명확히 하고 있다.

이중위험 원칙의 적용 상황

중복 기소 방지: 동일한 범죄로 이미 유죄 판결을 받았거나 무죄 판결을 받은 사람이 다시 기소되는 것을 방지한다.

중복 처벌 방지: 동일한 범죄로 이미 처벌을 받은 사람이 다시 처벌받는 것을 방지한다.

동일한 주권하에서의 중복 기소 방지: 동일한 주권(예: 주 정부 또는 연방 정부) 하에서 동일한 범죄로 두 번 기소될 수 없다. 그러나 다른 주권 간(예: 주 정부와 연방 정부)에는 적용되지 않는 경우도 있다. 이를 이중 주권 원칙이라고 한다.

이중위험 원칙의 예외

이중 주권 원칙(Dual Sovereignty Doctrine): 주정부와 연방 정부는 각기 다른 주권을 가지므로, 동일한 범죄에 대해 두 번 기소할 수 있다. 예를 들어, 주 법률을 위반한 경우와 연방법을 위반한 경우 각각 기소될 수 있다.

민사와 형사 소송의 구분: 형사 소송과 민사 소송은 서로 다른 절차이므로, 형사 소송에서 무죄 판결을 받은 경우에도 동일한 사건으로 민사 소송이 제기될 수 있다.

항소와 재심: 피고인이 항소하여 재심이 이루어지는 경우는 이중위험에 해당하지 않는다. 또한, 피고인의 잘못된 행위나 부정행위로 인해 재심이 필요한 경우에도 적용되지 않을 수 있다.

이중위험 원칙의 중요성: 이중위험 원칙은 피고인의 권리를 보호하고 국가의 권한 남용을 방지하는 데 중요한 역할을 한다. 이를 통해 개인은 동일한 범죄로 반복적으로 기소되거나 처벌받는 위험에서 보호받을 수 있다. 이 원칙은 법치주의와 공정한 재판 절차를 유지하는 데 필수적인 요소로 간주된다.

8. 미정부 대 휠러(U.S. v. Wheeler, 1978)와 이중위험(Double Jeopardy)

미정부 대 휠러 사건은 이중위험 원칙과 인디언 부족의 자치권을 다룬 중요한 판례이다. 이 사건은 나바호 네이션의 부족 법원이 앤서니 휠러를 중범죄로 기소하고 처벌한 후, 연방 법원이 동일한 범죄로 다시 기소한 사례에서 비롯되었다. 휠러는 이중위험 금지 원칙을 근거로 연방 기소가 부당하다고 주장하였다.

사건 배경: 휠러는 나바호 네이션 내에서 아내의 납치와 관련된 범죄를 저질렀고, 부족 법원에서 기소되어 유죄 판결을 받았다. 이후 연방 법원이 동일한 범죄로 다시 휠러를 기소하자, 휠러는 헌법 수정 제5조에 명시된 이중위험 금지 원칙을 근거로 연방 기소가 부당하다고 주장하였다. 그는 이미 부족 법원에서 처벌을 받았기 때문에 연방 법원에서 다시 기소될 수 없다고 주장하였다.

대법원 판결: 미국 대법원은 연방 기소가 이중위험 금지 원칙에 위배되지 않는다고 판결하였다. 대법원은 부족 정부와 연방 정부가 각각 독립적인 주권을 가지며 두 주권이 각각 독립적으로 형사 관할권을 행사할 수 있다고 설명하였다. 부족 정부의 자치권은 연방 정부의 권한에서 비롯된 것이 아니라, 부족 자체의 고유한 주권에서 기인한 것이기 때문에 부족 법원의 처벌은 연방 법원의 처벌과 중복되지 않는다고 판단하였다.

판결의 핵심

이중 주권 원칙 확립: 이 판결은 인디언 부족과 연방 정부가 각각 독립적인 주권을 가지며, 동일한 범죄에 대해 각기 다른 법적 관할권을 행사할 수 있다는 이중 주권 원칙을 확립하였다.

부족 자치권 인정: 대법원은 인디언 부족의 자치권을 인정하고, 부족 법원이 연방 법원과는 별개의 독립적인 법적 실체로서 형사 사건을 다룰 수 있음을 명확히 하였다.

연방 기소의 정당성: 연방 정부는 부족 법원의 처벌과는 별도로 연방 법률 위반에 대해 기소할 수 있는 정당성을 확보하였다.

결론적으로 미정부 대 휠러(U.S. v. Wheeler, 1978) 사건은 인디언 부족의 자치권과 연방 정부의 관할권 사이의 관계를 다룬 중요한 판례이다. 대법원은 인디언 부족과 연방 정부가 각각 독립적인 주권을 가지며, 동일한 범죄에 대해 두 번 기소될 수 있다는 이중 주권 원칙을 확립하였다. 이 판결은 인디언 부족의 자치권을 인정하고, 연방 법원의 기소가 이중위험 금지 원칙에 위배되지 않는다는 중요한 법적 기준을 제시하였다. 이는 인디언 자결시대에 각 인디언 자치단체의 자결권을 인정하고 장려하였지만, 이는 어디까지나 미정부의 날개 아래 있는 조건에서 이루어진 것임을 명확히 하였다.

10. 인디언 권리 되찾기

미국 초기 정착자가 미국 땅을 밟은 때부터 1820년까지 국지적으로 있었던 토지 분쟁이 1800년대에 들어서면서 미국 정부의 적극적 정책으로 선회하면서 부족을 말살 또는 강제 이주 시키는 방법으로 인디언들의 땅을 수용함과 동시에 그들의 권리를 짓밟는 일이 서부 개척과 함께 진행되었다. 미 원주민이 일방적으로 당하는 과정에서도 간간이 벌어진 법적 투쟁이 원주민 들의 권리를 되찾는 불씨로 남아 시민운동과 함께 오히려 역습을 가할 수 있는 자료로 쓰이게 되었다.

지금까지 각 장에서 그 장의 주제와 관련된 법적 케이스들을 살펴보면서 각 케이스가 가진 의미를 살펴본 바 있다. 이 장에서는 그동안 있었던 주요 사건들을 나열하면서 법적 케이스들이 어떻게 원주민 들의 권리를 그나마 살려주었는지 주목해 보았다. 연방 정부가 정신없이 정책을 바꾸면서 속수무책으로 보호구역이라는 울타리에 갇히고 급기야는 의회 결의안으로 인디언의 주권과 권리를 한순간에 박탈당하기까지 하고 이어 그들의 운명이 주 정부 관리 하에 들어가기까지 했으나, 원주민 들의 끈기 있는 투쟁으로 현재 자결시대를 열게 된 것이야말로 바위에 달걀 던지기 같은 시도로 보일지라도 지치지 않는 권리 되찾기 운동이 얼마나 중요한지를 알게 한다.

역사상 미정부와 인디언 부족 간의 영토 또는 권리 다툼의 중요한 법적 케이스를 나열하면 다음과 같다. 각 케이스들이 갖는 의미를 짚어보면 각 시대와 더불어 인디언 권리에 어떤 씨앗을 남겼는지 알 수 있을 것이다.

1. 각종 인디언 관련 소송과 의미

역사상 미정부와 인디언 부족 간의 영토 또는 권리 다툼의 중요한 법적 케이스를 나열하면 다음과 같다. 각 케이스들이 갖는 의미를 짚어보면 각 시대와 더불어 인디언 권리에 어떤 씨앗을 남겼는지 알 수 있을 것이다.

Worcester v. Georgia (1832): 조지아 주가 체로키 부족의 자치권을 침해하고 주법을 적용하려 하자 대법원은 체로키 부족이 연방 정부와 직접적인 관계를 가지며 주 정부의 간섭을 받지 않는다고 판결했다. 이는 원주민 자치권을 강력히 지지한 판결이다.

Williams v. Lee (1959): 대법원은 주 법원이 인디언 보호구역 내에서 인디언 피고를 대상으로 한 청구를 심리할 권한이 없다고 판결했다. 이는 부족 자치권을 현대적으로 해석하여 강화한 판결로 평가받는다.

Menominee Tribe v. United States (1968): Menominee 부족이 연방 정부의 종결 정책(Termination Policy)에 따라 권리와 자원을 잃었을 때, 대법원에 소송을 제기했다. 대법원은 연방 정부가 Menominee 부족의 사냥과 어업 권리를 보호할 의무가 있다고 판결했다. 이는 종결 정책에도 불구하고 원주민 권리를 지지한 판결이다.

McClanahan v. Arizona State Tax Commission (1973): 나바호 부족의 구성원이 아리조나 주로부터 소득세를 부과받자, 이에 대해 소송을 제기했다. 대법원은 주 정부가 원주민 보호구역 내에서 원주민의 소득에 대해 과세할 권한이 없다고 판결했다. 이는 원주민 자치권을 강화한 판결이다.

United States v. Washington (1974): "볼트(Boldt) 판결"이라고도 불리는 이 사건은 워싱턴 주의 인디언 조약 어업 권리에 관한 소송이다. 대법원은 인디언 부족이 조약에 따라 연방 정부와의 협정을 통해 어업 권리를 유지한다고 판결했다. 이는 원주민 조약 권리를 강력히 지지한 판결이다.

United States v. Sioux Nation of Indians (1980): 연방 정부가 블랙 힐즈(Black Hills)를 불법적으로 수용하자, 수족(Sioux) 부족이 소송을 제기했다. 대법원은 연방 정부가 블랙 힐즈를 불법적으로 수용했음을 인정하고, 수족 부족에게 배상을 제공해야 한다고 판결했다.

Oneida Indian Nation v. County of Oneida (1985): Oneida 부족이 뉴욕 주와 카운티로부터 불법적으로 수용된 토지에 대해 소송을 제기했다. 대법원은 Oneida 부족의 손을 들어주며, 부족이 해당 토지에 대한 소송을 제기할 수 있다고 판결했다. 이는 원주민 토지 청구에 대한 법적 권리를 인정한 사례이다.

Mississippi Band of Choctaw Indians v. Holyfield (1989): 토 인디언 부족의 아동이 부족 보호구역 외부에서 비인디언 가정에 입양되자, 부족은 연방 법원에 소송을 제기하여 인디언 아동 복지법(ICWA)을 근거로 아동의 입양을 무효화하려 했다. 대법원은 ICWA가 적용되며, 아동의 입양은 부족 법원의 관할권에 속한다고 판결했다. 이는 인디언 아동의 문화적 정체성을 보호하고 부족의 권리를 지지하는 중요한 판결이었다.

Idaho v. Coeur d' Alene Tribe (1997): Coeur d' Alene 부족이 아이다호 주와의 토지 분쟁에서 소송을 제기했다. 대법원은 연방 정부의 보호 하에 부족의 자치권을 지지하며 주 정부의 권한을 제한하는 방향으로 판결했다.

County of Yakima v. Confederated Tribes and Bands of the Yakima Indian Nation (2005): 대법원은 부족이 조약에 명시되지 않은 경우에도 물 자원에 대한 권리를 보유한다고 판결했다. 이는 부족의 자원 관리 권리를 인정한 판례다.

Cobell v. Salazar (2010): 이 소송은 연방 정부가 인디언 신탁 자산을 부적절하게 관리했다는 주장으로 시작되었다. 연방 정부는 33억 달러 규모의 합의금을 지급하기로 결정되었으며, 이는 인디언 신탁 자산 관리 문제에 대한 큰 승리로 평가받았다.

Michigan v. Bay Mills Indian Community (2014): 미시간 주 정부는 Bay Mills 부족이 보호구역 외부에 카지노를 운영하는 것을 금지하려고 했다. 대법원은 부족의 자치권을 인정하며, 보호구역 외부에서의 카지노 운영에 대해 주 정부가 소송을 제기할 수 없다고 판결했다.

Nebraska v. Parker (2016): 네브래스카 주는 오마하 부족의 보호구역 경계를 축소하려 했다. 대법원은 오마하 부족의 보호구역 경계를 축소하려는 주 정부의 시도가 잘못되었음을 인정하며 기존 보호구역 경계를 유지하는 판결을 내렸다.

United States v. Bryant (2016): 이 사건은 원주민 보호구역 내에서 발생한 반복적인 가정 폭력 범죄에 대한 연방 정부의 관할권 문제를 다루었다. 대법원은 연방 정부가 반복적인 가정 폭력 범죄에 대해 원주민 보호구역 내에서 관할권을 행사할 수 있음을 인정하며 부족 자치권을 지지하는 판결을 내렸다.

Washington State Department of Licensing v. Cougar Den, Inc. (2019): 이 사건은 원주민 부족이 연방 조약에 따라 주 연료 세금을 면제받을 수 있는지를 다루었다. 대법원은 야카마 부족의 조약 권리를 인정하며, Cougar Den, Inc.가 주 연료 세금을 납부하지 않아도 된다고 판결했다.

Herrera v. Wyoming (2019): 크로우 부족의 구성원인 Clayvin Herrera는 와이오밍 주에서 불법 사냥 혐의로 기소되었으나, 1868년 포트 래러미 조약에 따라 사냥 권리를 주장했다. 대법원은 1868년 조약이 여전히 유효하며 크로우 부족 구성원들이 와이오밍 주에서 사냥할 권리가 있다고 판결했다.

McGirt v. Oklahoma (2020): 이 사건은 오클라호마 주에서의 형사 관할권 문제를 다루었다. 사건의 피고인 Jimcy McGirt는 자신의 범죄가 원주민 보호구역 내에서 발생했기 때문에 주 법원에 의해 기소될 수 없다고 주장했다. 대법원은 해당 지역이 여전히 원주민 보호구역임을 인정하며, 주 정부가 형사 관할권을 행사할 수 없다고 판결했다. 이 판결은 오클라호마 주의 상당 부분이 원주민 보호구역으로 인정되었다는 중요한 결과를 낳았다.

2. 인디언 토지 청구 합의(Indian Land Claims Settlements)

인디언 토지 청구 합의는 미국 의회에 의해 원주민 토지 청구를 해결하기 위한 합의에서 비롯된 것이다. 이러한 합의는 미국에서 원주민의 선조 소유권에 대한 청구를 종료시켰다. 첫 번째 두 사례는 로드아일랜드 청구 합의법과 메인 인디언 청구 합의법으로 각각 로드아일랜드와 메인에서 선조 소유권을 모두 소멸시켰다. 이는 부족들에게 유리한 초기 법원 판결 이후에 이루어진 것이다.

주요 사례로, 로드아일랜드 청구 합의법이 있고 이 합의는 로드아일랜드에서 원주민 선조 소유권을 소멸시키고, 부족들에게 일정한 보상을 제공하였다. 이는 부족들에게 유리한 법원 판결 이후에 이루어진 것이다. 또 메인 인디언 청구 합의법은 메인에서 원주민 선조 소유권을 소멸시키고 부족들에게 보상을 제공하였다. 이 합의 역시 부족들에게 유리한 초기 법원 판결 이후에 이루어졌다.

또 다른 사례들로서는 1994년 코네티컷에서의 모히건 네이션 토지 청구 합의도 부족에게 유리한 판결 이후에 이루어졌지만, 주정부 내 모든 선조 소유권을 소멸시키지는 않았다. 다른 부족들도 여전히 진행 중인 토지 청구가 있었다. 한편 패서마쿼디(1975), 내러갠셋 I 및 II(1976), 모히건(1980, 1982) 사건은 모두 미국 대법원의 Oneida I(1974) 판결에 따른 것이다. 이 판결은 이러한 청구에 대해 연방 사안 관할권이 있음을 인정한 것이다.

플로리다 인디언(미코수키) 토지 청구 합의와 플로리다 인디언(세미뇰) 토지 청구 합의는 에버글레이즈의 수자원 권리와 관련이 있다. 이들 합의는 부족들의 권리를 인정하고 보호하는 방향으로 이루어졌다.

이와 같은 합의는 원주민 들의 선조 소유권에 대한 청구를 해결하고, 부족들에게 법적 및 경제적 안정성을 제공하는 데 기여하였다. 이러한 사례들은 원주민의 권리를 인정하고 보호하는 법적 틀을 강화하는 데 중요한 역할을 하였다. 인디언 부족들은 이제 적극적으로 법적 수단을 통해 자신들의 권리를 주장하고 이를 회복하기 위한 노력을 지속적으로 이어가고 있다. 하지만 이러한 청구법 합의로 인해, 선조들이 소유한 토지에 대한 소유권을 모두 포기해야 하는 불이익도 감수해야 했다.

3. 인디언의 땅에 대한 이해와 미래적 관점[63]

원주민 들의 땅과 미래 관계에 대한 관점은 일반적인 땅 가치평가 방식과 크게 다르다. 원주민 공동체는 땅을 경제적 잠재력뿐만 아니라 문화적, 영적, 역사적 의의로도 중요하게 여긴다. 원주민들과 땅 사이의 관계는 전통, 의식, 조상과의 연결에 깊게 뿌리를 두고 있으며, 이는 종종 일반적인 땅 평가 관행에서 간과된다.

원주민 들의 땅에 대한 개념은 단순히 경제적 이익을 위해 사고팔거나 이윤을 위해 개발하는 자원으로 보는 것을 넘어선다. 땅은 신성한 가치를 지니며 생명을 유지하고 세대에 걸쳐 살아온 사람들의 기억과 역사를 간직하는 살아있는 존재다. 땅에 대한 이러한 종합적인 시각은 모든 생명체의 상호 연결성을 인식하고 미래 세대를 위해 땅을 보호하고 보존해야 한다는 책임을 내포하고 있다.

반면, 일반적인 땅 가치평가 방식은 종종 장기적인 땅과 그 주민들의 복지를 우선시하지 않고 경제적 이익과 발전을 중시한다. 이 관점은 땅을 상업적 자원으로 취급하며 주로 원주민 공동체가 부여한 문화적이나 영적 의미를 고려하지 않고 이윤을 위해 개발되는 자원으로 간주한다.

---

63) Nick Estes, 2019. *Our History Is the Future: Standing Rock Versus the Dakota Access Pipeline, and the Long Tradition of Indigenous Resistance*. Haymarket Books 이 책에서 요약하였다.

원주민 들의 땅과 미래 관계에 대한 관점은 상호주의, 관리, 지속가능성의 중요성을 강조한다. 원주민 공동체는 땅의 관리자로 자신을 보며 미래 세대를 위해 땅의 건강과 활력을 보장하는 책임을 가지고 있다. 이 관점은 단기적인 이익을 우선시하는 일반적인 관행과 대조되며 종종 환경 파괴와 자연자원의 악용으로 이어지는 환경 파탄을 비판한다.

역사적 예시 중 하나는 미주리 강의 픽-스로안 댐이 원주민 공동체에 미친 영향이다. 이곳에서 원주민들은 고향의 침수와 사람들의 이동으로 직면했다. 로워 브룰 수우족은 침수 후 자신들의 공동체를 재건해야 했는데, 이는 물리적으로만 재건하는 것이 아니라 그들의 가치와 땅과의 문화적 연결을 보존하는 중요성을 강조했다.

또한, 블랙 힐스의 불법 합병을 위해 연방 관리자가 레드 클라우드와 그의 사람들에게 땅을 사기 위해 돈을 제안했던 사례가 있다. 레드 클라우드는 블랙 힐스가 그에게 "일곱 세대"의 가치가 있다고 말함으로써 땅이 통화적 가치 이상의 심오한 영적과 문화적 의미를 지닌다는 것을 강조했다. 이 예시는 땅이 통화적 가치로만 측정할 수 없는 조상적 연결과 역사적 중요성을 지니고 있다는 개념을 강조한다.

댐 프로젝트로 영향을 받은 원주민 공동체들을 위한 이주와 재활 프로그램을 논의하는 과정에서, 단지 땅의 상실이 경제적 손실을 넘어 의식적인 행사의 상실, 전통적인 음식과 약초에 대한 접근성, 땅과의 문화적 연결의 붕괴는 통화적 보상을 넘어서는 중요한 결과를 초래한다.

요약하면, 원주민 공동체는 땅을 단순히 경제적 가치로만 보지 않고, 문화적 연결, 조상적 유대, 영적 의미를 가진 신성한 존재로 인식한다. 이러한 관점은 땅의 가치를 통화적 용어를 넘어서는 본질적 가치를 강조하며, 환경과의 보다 종합적이고 지속 가능한 관계를 촉구함으로써 일반적인 땅 가치평가 방식에 도전한다. 인디언들이 땅의 가치를 인식하는 방식을 이해하기 위해서는 이러한 포괄적인 시각을 받아들여야 한다.

4. 대법원의 역할과 미래 방향

미국 대법원은 여러 케이스에서 미 정부의 편에 서서 원주민의 주권과 권리를 잠식하는 판결을 내린 사례가 많다. 그러나 반대로, 대법원이 원주민 부족의 주권과 권리를 보호하는 판결을 내린 사례도 적지 않다. 이는 대법원이 단순히 정부의 입장만을 대변하는 것이 아니라, 정의를 지키고 사법 시스템의 본질을 유지하려는 역할도 함께 하고 있음을 보여준다.

대법원은 미국 사법 시스템의 최종 심판자로서, 원주민 부족의 주권과 권리를 보호하기 위한 판결을 내린 사례가 있다. 예를 들어, Worcester v. Georgia (1832) 판결에서는 체로키 부족의 자치권을 인정하고, 주 정부의 간섭을 막았다. 이는 대법원이 원주민의 주권을 강력히 지지한 대표적인 사례이다. 또한, Williams v. Lee (1959) 사건에서는 주 법원이 인디언 보호구역 내에서 인디언 피고를 대상으로 한 청구를 심리할 권한이 없다고 판결하여, 부족 자치권을 현대적으로 해석하고 강화하는 결정을 내렸다. 이러한 판결들은 원주민 부족의 권리가 완전히 소멸되지 않도록 보호하는 역할을 했다.

미국의 사법 시스템은 정의를 지키는 것을 기본 원칙으로 삼고 있다. 이는 대법원이 인디언 청구 위원회법(ICRA)에 대한 판결에서 명확히 드러난다. 대법원은 ICRA가 연방 법원에서 부족 정부를 상대로 민사 소송을 제기할 수 있는 권리를 제공하지 않는다고 판결했다. 이는 부족 정부의 자치권을 존중하고, 내부 문제를 독립적으로 해결할 수 있도록 하기 위한 결정이었다. 이 판결은 부족의 자치권을 보장하면서도 연방 정부의 지나친 간섭을 막는 중요한 의미를 지닌다.

대법원은 시대적 요청과 시민 운동에 부응하는 판결을 종종 내렸다. 이러한 판결들은 원주민 부족의 권리를 보호하고, 그들의 주권을 인정하는 방향으로 이루어졌다. 그러나 여전히 일부 판결에서는 부족 권리를 제한하는 결과가 나오기도 한다. 이는 대법원이 모든 판결에서 일관되게 원주민의 편에 서지 않는다는 것을 의미하며, 사법부의 복잡성과 균형 잡힌 접근 방식을 반영한다.

대법원은 미 정부의 입장을 지지하는 판결을 내리는 동시에, 원주민 부족의 주권과 권리를 보호하는 판결도 내렸다. 이는 미국 사법 시스템의 정의와 균형을 유지하려는 대법원의 역할을 보여준다. 원주민 부족의 권리를 보호하기 위한 판결들은 그들의 주권이 완전히 소멸되지 않도록 하는 중요한 역할을 해왔다. 대법원의 이러한 역할은 미국의 사법 시스템이 정의를 실현하고, 시대적 요구와 시민의 목소리에 부응하는 방식으로 작동하고 있음을 보여준다. 이처럼 대법원은 원주민 부족의 권리를 보호하는 보호자로서의 역할을 다하면서도, 때로는 미 정부의 정책을 지지하는 복잡한 역할을 수행하고 있다. 이러한 이중적 역할은 대법원이 사법적 정의와 정치적 현실 사이에서 균형을 유지하려는 노력을 반영한다.

티히톤 인디언 대 미정부 Tee-Hit-Ton Indians v. United States, 1955

티히톤 인디언 대 미정부 사건은 미국 대법원이 미 원주민의 토지 소유권과 관련하여 중요한 판결을 내린 사례 중 하나이다. 이 사건은 특히 원주민의 토지 권리를 어떻게 해석하고 보호할 것인지에 대한 논란을 불러일으켰다.

사건 배경: 티히톤 인디언 부족은 알래스카 지역에서 전통적으로 거주하며 사냥과 어업을 통해 생계를 이어온 부족이었다. 이들은 자신들의 전통적인 영토에서 나무를 수확할 권리가 있다고 주장했다. 그러나 미국 정부는 이 지역을 연방 소유지로 간주하고, 부족의 허락 없이 나무를 베어 갔다. 이에 티히톤 인

디언 부족은 정부의 행위가 부당하다며 소송을 제기했다.

법적 쟁점: 이 사건의 핵심 쟁점은 티히톤 인디언 부족이 전통적으로 사용해온 토지에 대해 법적 소유권을 주장할 수 있는지 여부였다. 티히톤 인디언 부족은 자신들의 조상이 이 땅을 사용해왔기 때문에 이 땅에 대한 권리가 있다고 주장했다. 반면, 미국 정부는 원주민의 토지 사용이 단순한 점유일 뿐이며, 법적 소유권을 주장할 수 없다고 반박했다.

대법원 판결: 미국 대법원은 1955년, 티히톤 인디언 부족의 주장을 기각하고, 미국 정부의 손을 들어주었다. 대법원은 원주민이 전통적으로 사용해온 토지에 대해 법적 소유권을 가지려면, 명시적인 연방 법률이나 조약에 의해 그 권리가 인정되어야 한다고 판결했다. 티히톤 인디언 부족의 경우, 그러한 법률이나 조약이 없었기 때문에 법적 소유권을 인정할 수 없다고 판단했다.

판결의 영향: 이 판결은 원주민의 전통적인 토지 사용이 법적 소유권으로 인정되지 않을 수 있음을 명확히 한 사례로, 많은 논란을 불러일으켰다. 티히톤 인디언 대 미정부 사건은 원주민의 권리를 제한하는 방향으로 해석되었으며, 이는 이후의 법적 분쟁에서도 중요한 참고 사례가 되었다.

대법원의 역할: 티히톤 인디언 대 미정부 사건은 대법원이 원주민의 주권과 권리를 제한하는 판결을 내린 사례 중 하나이다. 그러나 대법원은 다른 많은 사건에서도 원주민의 권리를 보호하는 판결을 내렸다. 이는 대법원이 단순히 정부의 입장을 지지하는 것이 아니라, 정의와 법치주의를 유지하기 위해 다양한 판결을 내렸음을 보여준다.

결론적으로 티히톤 인디언 대 미정부 사건은 원주민의 전통적인 토지 사용에 대한 법적 소유권을 인정하지 않은 사례로, 원주민 권리 보호의 한계와 도전을 보여준다. 이 사건은 원주민 권리와 정부 정책 사이의 복잡한 관계를 이해하는 데 중요한 법적 사례로 남아 있다. 대법원은 이와 같은 판결을 통해 원주민 권리를 제한하기도 했지만, 다른 사건에서는 원주민의 주권과 권리를 보호하는 역할도 수행하였다. 이는 대법원이 미국 사법 시스템에서 정의를 실현하는 복잡하고도 중요한 역할을 맡고 있음을 반영한다.

Oliphant v. Suquamish Indian Tribe 1978

이 사건은 미국 대법원이 인디언 부족의 형사 관할권에 대해 중요한 판결을 내린 사례 중 하나이다. 이 사건은 특히 인디언 보호구역 내에서 부족 법원이 비원주민에 대해 형사 관할권을 행사할 수 있는지 여부를 다루었다.

사건 배경: 1973년, 마크 올리펀트(Mark Oliphant)는 워싱턴 주의 수콰미시(Suquamish) 인디언 보호구역 내에서 발생한 폭력 사건과 관련하여 체포되었다. 그는 비원주민이었고, 수콰미시 부족 법원에서 기소되었다. 올리펀트는 부족 법원이 자신에 대해 형사 관할권을 행사할 수 없다고 주장하며 소송을 제기했다.

법적 쟁점: 이 사건의 핵심 쟁점은 인디언 보호구역 내에서 부족 법원이 비원주민에 대해 형사 관할권을 행사할 수 있는지 여부였다. 수콰미시 부족은 자신들의 자치권과 보호구역 내에서의 치안 유지를 이유로 관할권을 주장했다. 반면, 올리펀트는 비원주민이기 때문에 부족 법원의 관할권이 미치지 않는다고 주장했다.

대법원 판결: 1978년, 미국 대법원은 6-2로 올리펀트의 손을 들어주었다. 대법원은 인디언 부족이 비원주민에 대해 형사 관할권을 행사할 권한이 없다고 판결했다. 대법원은 미국 헌법과 연방 법률 체계 하에서, 인디언 부족은 연방 정부의 주권 아래 있으며, 비원주민에 대한 형사 관할권을 가지지 않는다고 판단했다.

판결의 영향: Oliphant v. Suquamish Indian Tribe 판결은 인디언 부족의 형사 관할권에 큰 제한을 가한 판례로, 인디언 보호구역 내에서의 법 집행에 중대한

영향을 미쳤다. 이 판결은 인디언 부족이 비원주민에 대해 형사 관할권을 행사할 수 없도록 하였고, 이는 인디언 보호구역 내에서 비원주민이 저지르는 범죄에 대해 부족 법원이 직접 처벌할 수 없음을 의미한다.

대법원의 역할: 이 사건은 대법원이 인디언 부족의 주권을 제한하는 판결을 내린 대표적인 사례이다. 대법원은 연방 정부의 주권과 법률 체계 하에서 인디언 부족의 권한을 해석하는 과정에서, 부족의 자치권을 제한하는 방향으로 판결하였다. 이는 대법원이 미국 내에서 법적 균형을 유지하려는 노력을 반영한다.

Oliphant v. Suquamish Indian Tribe 사건은 인디언 보호구역 내에서 부족 법원이 비원주민에 대해 형사 관할권을 행사할 수 없다는 중요한 판례를 남겼다. 이 판결은 인디언 부족의 자치권을 제한하는 한편, 연방 법률 체계 내에서의 주권 관계를 명확히 하는 데 기여했다. 대법원은 이러한 판결을 통해 인디언 부족의 주권과 연방 정부의 권한 사이의 복잡한 관계를 조정하는 역할을 수행하였다. 이는 대법원이 미국 사법 시스템 내에서 정의와 법적 균형을 유지하기 위한 중요한 역할을 맡고 있음을 보여준다.

Carcieri v. Salazar 2009

이 사건은 미국 대법원이 원주민 부족의 토지 신탁과 관련하여 중요한 판결을 내린 사례 중 하나이다. 이 판결은 인디언 부족의 연방 인정과 그에 따른 토지 신탁의 권한에 중대한 영향을 미쳤다.

사건 배경: 로드아일랜드 주의 카시어리(Carciaeri) 주지사와 주 정부는 내러갠셋(Narragansett) 부족이 1991년에 취득한 토지를 연방 정부가 신탁으로 받아들인 결정에 이의를 제기했다. 내러갠셋 부족은 1934년 인디언 재편법(Indian Reorganization Act, IRA) 제5조에 따라 연방 정부가 그들의 토지를 신탁으로 받아들일 권한

이 있다고 주장했다. 그러나 로드아일랜드 주는 내러갠셋 부족이 1934년 IRA가 제정되기 전에 연방 인정 부족이 아니었기 때문에, 연방 정부가 그들의 토지를 신탁으로 받아들일 권한이 없다고 주장했다.

법적 쟁점: 이 사건의 핵심 쟁점은 1934년 인디언 재편법이 제정될 당시 연방 인정 부족이 아니었던 부족의 토지를 연방 정부가 신탁으로 받아들일 수 있는지 여부였다. 내러갠셋 부족은 1934년 이후에 연방 인정된 부족이었기 때문에, 로드아일랜드 주는 연방 정부의 토지 신탁 결정이 법적으로 무효라고 주장했다.

대법원 판결: 2009년, 미국 대법원은 6–3으로 로드아일랜드 주의 손을 들어주었다. 대법원은 1934년 인디언 재편법의 문구를 해석하여, 연방 정부가 토지를 신탁으로 받아들일 수 있는 권한은 1934년 당시 연방 인정된 부족에만 적용된다고 판결했다. 따라서 1934년 이후에 연방 인정된 부족의 토지는 이 법에 따라 신탁으로 받아들일 수 없다고 결정했다.

판결의 영향: Carcieri v. Salazar 판결은 인디언 재편법의 적용 범위를 제한하는 중요한 판례로 남았다. 이 판결은 1934년 이후에 연방 인정된 부족들이 토지를 연방 정부의 신탁으로 받아들이는 데 어려움을 겪게 만들었다. 이는 많은 원주민 부족에게 토지 신탁과 관련된 권리 회복 및 자치권 강화에 큰 영향을 미쳤다.

대법원의 역할: 이 사건은 대법원이 원주민 부족의 토지 신탁 권한을 제한하는 판결을 내린 대표적인 사례이다. 대법원은 법의 문구를 엄격하게 해석하여, 연방 정부의 권한을 제한하는 방향으로 판결하였다. 이는 법적 안정성과 예측 가능성을 유지하려는 대법원의 역할을 반영한다.

Carcieri v. Salazar 사건은 원주민 부족의 토지 신탁 권한을 제한하는 중요한 판례를 남겼다. 이 판결은 인디언 재편법의 적용 범위를 명확히 하여, 1934년 이후에 연방 인정된 부족들이 토지를 신탁으로 받아들이는 데 제약을 가하였다. 대법원은 이러한 판결을 통해 법적 해석의 일관성을 유지하려는 노력을 보여주었다. 이 사건은 미국 사법 시스템 내에서 원주민 권리와 연방 정부의 권한 사이의 복잡한 관계를 이해하는 데 중요한 역할을 한다.

미래 방향: 부족 대법원 프로젝트 Tribal Supreme Court Project

부족 대법원 프로젝트는 2000년 미국 대법원이 인디언 법에 관한 두 가지 중요한 판결을 내린 이후 시작되었다. 이 판결들은 Atkinson Trading Co. v. Shirley (부족이 보호구역 내 비인디언 사업체에 대해 세금을 부과할 권한이 없다는 판결)와 Nevada v. Hicks (부족 법원이 보호구역 내에서 비인디언이 저지른 피해에 대해 재판할 권한이 없다는 판결)로, 이 판결들은 부족 자치권과 부족 사법권에 큰 타격을 주었다. 이에 대응하여, 2001년 9월, 부족 지도자들이 워싱턴 D.C.에서 모여 부족 주권 보호 이니셔티브의 일환으로 이 프로젝트를 설립했다.

프로젝트의 목적으로는,

첫째, 부족 옹호 강화: 대법원에서 부족 옹호를 강화하여 인디언 법률 사건에서 부족의 승소 기록을 개선하는 것이다. 이는 법원에서 부족의 입장을 보다 효과적으로 대변하고, 부족의 권리를 보호하기 위한 법적 기반을 강화하는 것을 목표로 한다.

둘째, 새로운 소송 전략 개발: 부족의 법적 자원을 조정하고 새로운 소송 전략을 개발하여, 부족 주권과 권리를 보호하는 것이다. 이는 법적 접근 방식을 새롭게 구성하고, 보다 효과적인 법적 대응을 통해 부족의 권리를 지키는 것을 목표로 한다.

셋째, 법률 및 학술 전문가 그룹: 전국의 인디언 법과 관련 법률 전문가들로 구성된 작업 그룹과 부족 지도자 자문 위원회를 통해 법적, 정치적, 학술적 지원을 제공한다. 이는 법률 전문가들과 학자들이 협력하여 부족의 권리 보호를 위한 전략을 개발하고, 법적 자문을 제공하는 것을 목표로 한다.

주요 활동을 살펴보면,

첫째, 사건 모니터링: 주법원 및 연방 항소 법원에서 대법원에 도달할 가능성이 있는 인디언 법 사건을 모니터링한다. 대법원에 제출된 모든 인디언 법 사건의 서류를 온라인 저장소에 유지하여 접근성을 높인다. 이를 통해 잠재적인 법적 분쟁을 조기에 파악하고 대응할 수 있다.

둘째, 법적 지원 제공: 부족 지도자와 변호사들이 상고 여부를 결정하는 데 도움을 제공한다. 인디언 부족을 대표하는 변호사들에게 소송 전략 개발 및 구두 변론 준비를 지원한다. 이를 통해 법적 대응의 질을 높이고, 부족의 입장을 효과적으로 대변할 수 있다.

셋째, 법정 친구 의견서(Amicus Brief) 작성 및 제출: 적절한 경우, 인디언 부족 및 조직을 대표하여 법정 친구 의견서를 작성하고 제출한다. 이를 통해 법원의 판결에 영향을 미칠 수 있는 추가적인 정보를 제공하고, 부족의 입장을 지지할 수 있다.

넷째, 주요 브리프의 검토 및 편집, 추가 법적 연구 수행: 법적 주장을 강화하기 위해 주요 브리프를 검토하고 편집하며, 필요한 경우 추가적인 법적 연구를 수행한다. 이를 통해 법적 문서의 품질을 높이고, 법원에서의 설득력을 강화한다.

다섯째, 네트워크 조정: 법정 친구 의견서 작성 네트워크를 조정하고, 소송 전략 개발을 돕는다. 이를 통해 법적 자원을 효율적으로 활용하고, 다양한 전문가들의 협력을 촉진한다.

여섯째, 구두 변론을 준비하는 변호사들을 위한 모의 법정과 원탁 토론 기회 제공: 이를 통해 변호사들이 구두 변론을 보다 효과적으로 준비할 수 있도록 지원하고, 실전에서의 대응 능력을 향상시킨다.

일곱째, 교육 및 논의 촉진: 전국의 변호사들과 회의를 통해 인디언 법 사건에 대해 논의하고, 필요할 때 특정 문제에 대한 전략을 수립하기 위한 소그룹을 형성한다. 이를 통해 법적 지식과 경험을 공유하고, 보다 효과적인 법적 대응 전략을 개발한다.

부족 대법원 프로젝트 (Tribal Supreme Court Project)는 대법원에서 부족의 승소 기록을 개선하고, 부족 주권을 보호하기 위한 새로운 소송 전략을 개발하기 위해 설립되었다. 이 프로젝트는 인디언 부족의 법적 권리를 보호하고, 대법원에서의 옹호를 강화하기 위한 중요한 이니셔티브이다. 부족 지도자, 변호사, 학술 전문가들이 협력하여 부족 주권과 권리를 지키는 데 기여하고 있다. 이 프로젝트를 통해 부족들은 법적 대응 능력을 강화하고, 사법 시스템 내에서 자신들의 권리를 보다 효과적으로 보호할 수 있게 되었다.

5. 미 원주민 권리 기금 (NARF: Native American Rights Fund)

미 원주민 권리 기금은 미국 원주민의 권리 보호와 법적 지원을 제공하기 위해 설립된 비영리 단체이다. 1970년에 설립된 NARF는 인디언 부족과 개인이 법적 문제를 해결하고, 권리를 보호하며, 자치권을 강화하기 위한 법적 서비스를 제공하는 데 중점을 두고 있다. NARF는 원주민의 권리를 보호하기 위해 다양한 법적, 교육적, 옹호 활동을 수행하고 있다.

NARF의 주요 활동 및 목표는,

첫째, 법적 옹호: NARF는 인디언 부족과 개인을 대리하여 연방 및 주 법원에서 법적 소송을 진행한다. 이들은 토지 권리, 조약 권리, 자원 관리, 자치권 강화 등 다양한 분야에서 원주민의 권리를 보호하기 위해 활동한다.

둘째, 교육 및 연구: NARF는 원주민의 권리와 법적 문제에 대한 연구를 수행하고, 이를 통해 정책 제안을 마련한다. 또한, 원주민과 관련된 법적, 역사적,

문화적 정보를 제공하는 교육 프로그램을 운영한다. NARF는 다양한 출판물을 통해 원주민 법과 정책에 대한 이해를 증진시키고, 원주민 커뮤니티와 법률 전문가들을 교육한다.

셋째, 정책 옹호 및 입법 활동: NARF는 연방 및 주 의회에서 원주민의 권리를 보호하는 법률과 정책을 옹호한다. 이들은 원주민의 권리를 보호하고, 자치권을 강화하기 위한 법률 개정과 새로운 법률 제정을 촉진한다. 주요 입법 활동에는 인디언 아동 복지법(ICWA), 인디언 자결 및 교육 지원법(ISDEAA) 등이 포함된다.

미국 대법원은 역사적으로 원주민의 권리와 자치권을 보호하는 데 중요한 역할을 해왔다. 그러나 최근 몇몇 판결은 부족 권리를 제한하는 방향으로 나아갔다. 향후 대법원이 부족의 자치권과 조약 권리를 지속적으로 보호하고 강화하는 방향으로 나아가는 것이 중요하다. 부족 대법원 프로젝트와 같은 이니셔티브는 이러한 목표를 달성하는 데 중요한 역할을 할 것이다. NARF와 같은 단체들은 법적 옹호, 교육 및 연구, 정책 옹호 및 입법 활동을 통해 원주민의 권리 보호와 자치권 강화를 위해 지속적으로 노력하고 있다.

이러한 노력들은 원주민 공동체가 직면한 법적 문제를 해결하고, 그들의 권리를 지키며, 자치권을 강화하는 데 크게 기여하고 있다. 앞으로도 NARF와 같은 단체들은 원주민 권리 보호의 선봉에서 중요한 역할을 계속 수행할 것이다.

6. 인디언 토지 소유권 분쟁

인디언 토지 소유권에 대한 법적 복잡성과 역사적 맥락은 미국에서 매우 중요한 이슈로 다뤄지고 있다. 전문가들은 인디언 토지 소유권을 둘러싼 법적 배경에 대해 귀중한 통찰력을 제공하며, 이 문제의 복잡성을 조명하고 있다.

토지 획득: 미국은 미국 혁명 종료부터 1900년까지 인디언 부족과 국가들이

주장한 2억 에이커 이상의 토지를 획득했다. 이 과정에서 미국 정부는 저렴한 가격에 조약이나 합의로 토지를 구매하거나, 때로는 보상 없이 일방적으로 몰수하기도 했다. 이러한 토지 획득 방식은 인디언 부족에게 큰 피해를 주었으며, 토지 소유권에 대한 보상 요구를 어렵게 만들었다.

보상 문제: 인디언 부족들은 자신들의 토지 소유권에 대한 정당한 보상을 받기 위해 오랜 기간 동안 싸워왔다. 미국 정부가 인디언 부족과 국가들이 주장한 2억 에이커 이상의 토지를 조약이나 합의 없이 일방적으로 몰수한 사실은 보상 문제의 핵심이다. 이러한 행위는 인디언 부족들이 자신들의 토지에 대한 정당한 보상을 받을 권리가 있음을 강조하는 중요한 요소이다.

정책 비판: 인디언 청구위원회법의 근본적인 정책에 대한 비판도 제기되고 있다. 정부가 인디언들로부터 불법으로 빼앗은 토지의 소유권을 확정하고, 인디언 부족을 해산하기 전에 자신들의 양심을 달래기 위해 인디언 청구위원회법을 도입했다는 비판이 있다. 또한, 개별적인 토지 소유권 판결 절차에 대한 불공정한 절차도 문제로 지적되고 있다.

창의적인 해결책: 인디언 토지 소유권에 대한 문제를 해결하기 위해서는 더 창의적이고 유연한 접근이 필요하다. 단순히 토지 소유권을 확인하거나 부인하고 현금 보상을 하는 것을 넘어서는 상상력 있는 해결책을 찾는 것이 중요하다. 예를 들어, 일부 인디언 커뮤니티 내에서는 현금 보상보다 토지 지분을 선호하는 목소리가 있다. 이는 자금 남용 문제와 미래 세대에 이로운 지속 가능한 해결책이 필요하다는 우려를 반영한다.

역사적 맥락과 지속적인 도전: 이러한 주요 내용은 미국에서의 인디언 토지 소유권을 다루는 데 내재된 복잡성과 도전을 강조한다. 인디언 부족들은 자신들의 토지에 대한 인정과 보상을 찾는 데 역사적 불의와 지속적인 고난을 겪어왔다. 이는 단순한 법적 분쟁을 넘어, 인디언 공동체의 문화적, 영적, 사회적 정체성을 보존하기 위한 중요한 문제로서 인식되고 있다.

미국에서 인디언 토지 소유권을 둘러싼 법적 배경과 역사적 맥락은 매우 복잡하며, 인디언 부족들은 여전히 자신들의 권리를 인정받기 위해 노력하고 있다. 이러한 문제를 해결하기 위해서는 보다 창의적이고 유연한 접근이 필요하며, 역사적 불의를 바로잡고 지속 가능한 해결책을 찾기 위한 노력이 계속되어야 한다.

7. 권리 행사 지연의 법칙(Doctrine of Laches)

권리 행사 지연의 법칙은 법적 청구나 권리 행사가 부당하게 지연되었을 경우 해당 청구를 기각할 수 있는 법적 원칙을 말한다. 이 법칙은 부족과 정부 간의 법적 분쟁에서 오랜 기간 동안 권리 주장을 하지 않은 경우 적용될 수 있는 중요한 법적 원칙이다. 이 원칙에 따르면, 미 정부가 강제로 수용한 땅이라도 시간이 많이 흘러 그 소유권이 다른 사람으로 넘어가거나 다른 목적으로 사용되고 있을 때, 원 소유주의 권리를 인정할 수 없다는 주장을 할 수 있다. 이러한 법칙은 미 정부가 예상되는 여러 인디언 토지 다툼에서 법적 책임을 회피하려는 전략으로 볼 수 있다.

주요 법적 사건

Sherrill v. Oneida Indian Nation of New York (2005) 사건에서 권리 행사 지연의 법칙이 적용되었다. 오네이다 인디언 네이션은 뉴욕주에서 과거에 소유했던 토지를 매입한 후 해당 토지에 대한 세금 면제를 주장했다. 뉴욕주는 오네이다 부족이 오랜 기간 동안 이 토지에 대한 소유권 주장을 하지 않았기 때문에 권리 행사 지연의 법칙을 적용하여 세금 면제를 거절할 수 있다고 주장했다. 미국 대법원은 뉴욕 주의 주장을 받아들여 오네이다 네이션의 세금 면제 주장을 기각했다. 대법원은 오네이다 부족이 오랜 기간 동안 토지에 대한 소유권 주장을 하지 않았기 때문에 권리 행사 지연의 법칙이 적용된다고 판결했다. 이 판결은 다른 부족들이 과거의 권리를 회복하려는 노력에 있어 중요한 법적 선례가 되었다.

개인적인 케이스

Petrella v. Metro-Goldwyn-Mayer, Inc. (2014) 사건에서도 권리 행사 지연의 법칙이 논의되었다. 폴라 페트렐라는 아버지의 각본을 바탕으로 한 영화 "레이징 불"(Raging Bull)에 대한 저작권을 주장하며 소송을 제기했다. 그녀는 1963년 각본이 작성된 이후 1981년에 영화가 개봉된 지 약 18년이 지난 후에야 소송을 제기했다. MGM은 권리 행사 지연의 법칙을 근거로 페트렐라의 소송이 부당하게 지연되었으므로 기각되어야 한다고 주장했다. 그러나 미국 대법원은 페트렐라의 저작권 청구는 저작권법의 소멸 시효에 의해 제한되어야 하며, 권리 행사 지연의 법칙이 해당 소멸 시효가 끝나기 전까지는 적용되지 않는다고 판결했다. 즉, 저작권법에 명시된 소멸 시효 동안은 소송을 제기할 수 있는 권리가 보호된다고 본 것이다.

Coster v. Urban (2020) 사건에서도 권리 행사 지연의 법칙이 적용되었다. 코스터는 어반기업(Urban Enterprises)에 대해 부동산 소유권을 주장하며 소송을 제기했다. 그는 수십 년 동안 부동산 소유권을 주장하지 않았고, 그 동안 어반기업은 해당 부동산을 개발하고 운영해왔다. 어반기업은 코스터가 소유권을 주장하기에 너무 오래 기다렸기 때문에 권리 행사 지연의 법칙이 적용되어야 한다고 주장했다. 법원은 어반기업의 주장을 받아들여 코스터의 소송이 부당하게 지연되었으며 소유권 주장이 기각되어야 한다고 판결했다.

미 정부는 여러 법적 이론을 활용하여 자신들에게 유리한 방향으로 법을 해석하고 적용함으로써 원주민의 토지와 권리를 침해하는데 사용하는 전략을 펼쳐왔다. 권리 행사 지연의 법칙은 이러한 전략의 일환으로, 원주민들이 오랜 기간 동안 주장하지 않은 권리에 대해 법적 보호를 제한하는 역할을 한다. 이 법칙은 원주민 들의 권리 회복을 어렵게 만들고, 미 정부가 과거의 잘못에 대한 책임을 회피하는 데 사용될 수 있다. 이러한 법적 원칙은 원주민 권리 보호에 있어 중요한 도전 과제가 되고 있다.

8. 미 원주민의 시민 운동(American Indian Civil Movements, AIM)

미국 인디언 운동(AIM)은 원주민의 권리 보호, 자치권 강화, 사회적 정의 실현을 목표로 하는 단체로, 1968년에 미니애폴리스에서 설립되었다. AIM은 경찰 폭력, 빈곤, 실업 등의 문제에 대응하기 위해 창설되었으며, 주요 활동과 사건으로는 알카트라즈 점거(1969-1971), 깨진 조약의 행진(Trail of Broken Treaties, 1972), 운디드 니(Wounded Knee, 1973) 사건이 있다.

알카트라즈 섬 점거 1969-1971

알카트라즈 점거는 1969년 11월 20일부터 1971년 6월 11일까지 샌프란시스코 만의 알카트라즈 섬에서 진행된 원주민 권리 운동이다. 약 89명의 미국 원주민 활동가들이 섬을 점거하여 연방 정부가 약속한 원주민의 권리와 토지를 되찾기 위해 항의했다. AIM의 지원을 받은 이 점거는 약 19개월 동안 지속되었으며, 원주민 문제에 대한 전국적 관심을 불러일으켰다.

알카트라즈 섬은 1963년 연방 교도소가 폐쇄된 후 비어 있었고, 1868년 포트 라라미 조약에 따라 사용되지 않은 연방 토지는 원주민에게 반환되어야 한다는 주장을 근거로 원주민 활동가들이 섬을 점거했다. 점거 기간 동안 원주민들은 섬에서 학교와 문화 센터를 설립하고, 자치적인 공동체를 운영했다. 1971년

6월 11일, 연방 정부는 알카트라즈 섬을 점거한 원주민들을 강제로 철수시켰지만, 이 사건은 원주민 권리 운동에 중요한 전환점을 마련했다.

깨진 조약의 행진 Trail of Broken Treaties, 1972

깨진 조약의 행진은 1972년 미국 원주민 권리 운동의 일환으로 여러 원주민 단체들이 주도하여 워싱턴 D.C.까지 행진한 사건이다. 이 행진은 연방 정부와 원주민 간의 조약 위반에 항의하고 원주민의 권리 회복을 요구하기 위해 조직되었다. 미국 전역에서 온 원주민들이 워싱턴 D.C.로 행진을 시작했으며, 인디언사무국(BIA) 사무실을 점거하고 20개 항의 요구서를 제출했다. 이 사건은 원주민 문제에 대한 대중의 인식을 높이고, 연방 정부의 정책 변화를 촉구하는 데 중요한 역할을 했다.

운디드 니 사건 Wounded Knee, 1973

운디드 니 사건은 미국 원주민 권리 운동의 중요한 전환점이 되었다. 이 사건은 미국 인디언 운동(AIM)과 오글라라 수 부족이 사우스다코타 주 파인 리지 보호구역의 운디드 니 마을에서 일으킨 무장 봉기다. 2월 27일부터 5월 8일까지 약 71일 동안 지속된 이 사건은 미국 원주민의 권리와 자치권을 주장하기 위한 투쟁이었다.

파인 리지 보호구역에서는 부족 지도자인 딕 윌슨의 부패와 독재적 행태에 대한 불만이 고조되었고, 그의 정치적 반대자들이 연방 정부의 개입을 요구했다. 1973년 2월 27일 약 200명의 AIM 회원과 오글라라 수 부족원들이 운디드 니 마을을 점거하면서 사건이 시작되었다. 이들은 연방 정부와의 조약 위반에 항의하고 부족 내 부패를 해소하기 위해 봉기를 일으켰다.

점거 기간 동안 AIM 회원들은 무장을 했고, 연방 정부는 FBI와 연방 법원원을 파견하여 상황을 통제하려 했다. 여러 차례 교전이 발생했으며 두 명의 AIM 회원이 사망하고 여러 명이 부상을 입었다. 협상은 어려움을 겪었고 긴장이 지속되었다. 결국 5월 8일 AIM과 연방 정부 간의 협상이 타결되면서 봉기는 종료되었다.

미국 인디언 운동(AIM)은 원주민의 권리 보호와 자치권 강화를 목표로 다양한 활동을 펼쳤다. 알카트라즈 점거, 깨진 조약의 행진, 운디드 니 사건 등 주요 활동과 사건들은 원주민 문제에 대한 대중의 인식을 높이고, 원주민 권리 운동에 중요한 전환점을 마련했다. 이러한 노력들은 원주민 자치권과 권리 회복을 위한 법적, 사회적 변화를 촉진하며, 원주민 공동체의 결속을 강화하는 데 기여했다. AIM의 활동은 원주민 권리 보호와 자치권 강화를 위한 지속적인 투쟁의 중요한 부분으로 남아 있다.

9. 고스트 댄스(Ghost Dance)와 운디드 니 학살 사건

고스트 댄스: 고스트 댄스 운동은 1889년 네바다 주의 원주민 예언자 와보카(Wovoka)에 의해 시작된 종교 운동이다. 와보카는 예언과 환상 속에서 새로운 세상이 오며, 그때 원주민들이 잃어버린 영토를 되찾고 조상의 영혼이 돌아올 것이라고 믿었다. 이 운동은 종교적 의식을 통해 백인 정착자들을 몰아내고 원주민의 전통적 생활 방식을 회복할 것이라는 믿음을 가지고 있었다. 이 운동은 다양한 부족들 사이에서 연대감을 형성시켰고, 고스트 댄스 의식을 통해 여러 부족이 하나로 결속되었으며, 이는 백인 정착자들에게 강한 위협으로 간주되었다. 결국 고스트 댄스 운동은 종교적 행사를 넘어 정치적 저항의 일환으로 원주민들이 연방 정부의 정책에 반발하고 자신들의 권리를 주장하는 방식이 되었다. 이는 결국 운디드 니 학살로 이어졌으며, 원주민 저항의 상징적 사건이 되었다.

미군 제7기병대는 라코타족을 무장 해제하는 과정에서 운디드 니 크릭에서 대규모 충돌을 일으켰고, 이로 인해 많은 사상자가 발생했다. 약 250~300명의 라코타족이 사망했으며, 이 중 많은 이들은 여성과 아이들이었다. 또한, 25명의 미군 병사도 사망했다. 이 사건은 미국 원주민 역사에서 중요한 상징적 사건으로 남아 있으며, 원주민과 연방 정부 간의 긴장 관계를 잘 보여준다.

1965년에 이 장소는 미국 국립 역사적 랜드마크로 지정되었고, 1966년에는 미국 국립 사적지로 등록되었다. 이는 원주민의 고통과 투쟁을 기리고, 후세에게 중요한 교훈을 전하기 위한 노력의 일환이다.

10. 유엔 원주민 권리 선언(UNDRIP: UN Declaration on the Rights of Indigenous Peoples)

유엔 원주민 권리 선언(UNDRIP)은 2007년 9월 13일 유엔 총회에서 채택된 법적 구속력이 없는 결의안으로, 원주민의 권리 보호와 증진을 목표로 한다. 이 선언은 원주민의 자결권, 문화적 존엄성, 경제적 및 사회적 발전 권리 등을 포함하며, 원주민이 자신들의 전통과 문화를 유지하고 발전시킬 수 있는 권리, 땅과 자원에 대한 권리, 교육과 건강 관리에 대한 접근성을 보장한다. 또한, 원주민에 대한 차별을 금지하고, 그들의 경제적, 사회적 발전을 추구할 권리를 촉진하며, 국가와 원주민 간의 조화롭고 협력적인 관계를 촉진한다. 선언은 144표 찬성, 11표 기권, 4개국 반대(호주, 캐나다, 뉴질랜드, 미국)로 채택되었다.

호주, 캐나다, 뉴질랜드, 미국 등 주요 국가들이 2007년 유엔 원주민 권리 선언(UNDRIP)에 반대한 이유는 여러 가지가 있다. 첫째, 이들 국가는 선언이 원주민에게 광범위한 자결권을 부여하여 국가의 영토적 통합성과 정치적 단결을 해칠 수 있다고 우려했다. 둘째, 선언의 일부 조항이 법적으로 모호하고 국내법과의 충돌 가능성을 우려했다. 세째, 선언이 원주민의 토지 및 자원 권리를 광범위하게 인정함으로써 기존의 법적 및 경제적 구조에 큰 변화를 초래할 수 있다는 우려가 있었다.

그러나, 이후 이들 국가들 역시 선언을 지지하였다.

유엔 원주민 권리 선언은 23개의 전문과 46개의 조항으로 구성된 유엔 결의안 형태로 작성되었다. 대부분의 조항은 국가가 원주민의 권리를 촉진하고 보호해야 할 바람직한 방향을 포함하고 있다.

권리선언의 주요 내용은 다음과 같다:
원주민 개인과 민족의 자결권 (조항 1-8, 33-34)
 -개인과 집단의 차이를 다룸
 -원주민 개인과 집단은 강제 동화나 문화 파괴를 겪지 않을 권리가 있습니다.

원주민의 문화 보호 권리 (조항 9-15, 16, 25, 31)
 -원주민은 그들의 문화를 실천, 언어, 교육, 미디어, 종교를 통해 보호할 권리가
 있으며, 지적 재산권을 통제할 권리가 있습니다.
 -원주민의 자치권 및 경제 발전권 (조항 17-21, 35-37)
 -건강권 (조항 23-24)
 -하위 그룹 보호 (예: 노인, 여성, 아동) (조항 22)
 -토지 권리 (소유권, 배상, 반환 등) (조항 10, 26-30, 32)
 -이 문서의 해석 방법 규정 (조항 38-46)

규정 선언의 서문과 제2조는 "원주민은 모든 다른 민족과 동등하다"고 규정한다. 이 선언에서 두 가지 주요 조항이 주목할 만하다. 제8조는 "국가는 원주민을 그들의 토지, 영토 또는 자원에서 몰수하는 것을 목적으로 하거나 결과적

으로 몰수하는 모든 행동을 예방하고 구제할 효과적인 메커니즘을 제공해야 한다"고 선언하고 있으며, 제25조는 "원주민은 전통적으로 소유하거나 점유하고 사용한 토지, 영토, 해안 수역 및 기타 자원과의 독특한 영적 관계를 유지하고 강화할 권리가 있으며, 이 의미에서 미래 세대에 대한 책임을 지원할 권리가 있다"고 명시하고 있다.

또 국가가 취해야 할 몇 가지 조치로는 다음과 같은 조항이 있다.

토지 반환 (조항 26), 의례적 물품 반환 (조항 12), 유해 반환 (조항 12)

원주민의 건강을 모니터링, 유지, 복원하기 위한 프로그램 설치 (조항 29)

원주민 개인과 집단의 권리를 보호하고 지키기 (여러 조항에서 언급)

11. 오늘날의 원주민 저항 사건

아리조나 대 나바호 네이션Arizona v. Navajo Nation, 2023

아리조나 대 나바호 네이션 사건은 나바호 네이션이 1868년 조약에 따라 연방 정부가 물을 확보하기 위해 적극적으로 조치를 취해야 한다고 주장한 사건이다. 나바호 네이션은 연방 정부가 나바호 네이션의 물 필요를 평가하고, 물을 확보하기 위한 계획을 수립하며, 필요시 물 인프라를 건설해야 한다고 요구했다. 그러나 연방 정부와 여러 주(애리조나, 콜로라도, 네바다)는 나바호 네이션의 주장을 반대하며, 조약에 그러한 명시적인 의무가 없다고 주장했다.

나바호 네이션은 1868년 조약을 근거로, 연방 정부가 자신들의 물 권리를 보장하기 위해 적극적인 조치를 취할 의무가 있다고 주장했다. 반면, 연방 정부와 애리조나, 콜로라도, 네바다는 조약에 물 권리에 대한 명시적인 언급이 없기 때문에 연방 정부가 그러한 의무를 가지지 않는다고 주장했다.

미국 대법원은 5-4 판결로 나바호 네이션의 주장을 기각했다. 다수 의견을 작성한 브렛 캐버너 대법관은 1868년 조약이 물 권리에 대한 명시적인 의무를 포함하지 않으며, 연방 정부가 나바호 네이션을 위해 물을 확보하기 위한 적극적인 조치를 취할 필요가 없다고 판결했다. 캐버너 대법관은 조약의 해석은 재판소가 아닌 의회와 대통령의 역할이라고 강조했다.

소수 의견을 작성한 닐 고서치 대법관은 역사적 맥락을 고려하여 조약이 나바호 네이션의 물 권리를 보장해야 한다고 주장했다. 그는 연방 정부가 조약의 목적을 달성하기 위해 물을 확보하기 위한 적극적인 조치를 취할 의무가 있다고 주장했다.

이 판결은 나바호 네이션의 물 권리 주장에 중요한 영향을 미쳤으며, 원주민 권리와 관련된 법적 해석에 있어 중요한 선례가 되었다. 이 판결은 원주민들이 연방 정부에 대해 물 권리를 주장하는 데 있어 더 명확한 법적 근거가 필요함을 시사한다. 나바호 네이션의 물 권리를 인정하지 않은 이 판결은, 다른 원주민 부족들이 유사한 권리 주장을 할 때 더 명확한 조약이나 법적 문서를 필요로 하게 만들었다.

Standing Rock Sioux Tribe와 Dakota Access Pipeline NODAPL, 2020

이 사건은 2016년에 시작되어 전 세계의 주목을 받은 중요한 법적 분쟁이다. 이 사건은 다코타 액세스 파이프라인(DAPL)이 원주민의 권리와 환경을 침해한다고 주장하며 수우 부족이 제기한 소송으로, 파이프라인이 미주리 강을 따라 보호구역 근처를 지나가면서 발생한 문제들을 중심으로 진행되었다.

다코타 액세스 파이프라인(DAPL)은 노스다코타의 바켄 유전에서 일리노이까지 원유를 운송하기 위해 건설된 1,172 마일 길이의 파이프라인이다. 이 파이프라인은 미주리 강과 오아헤 호수(Oahe Lake) 아래를 지나가며, 이는 스탠딩 록 수우 부족(Standing Rock Sioux Tribe)의 주요 수원지에 큰 위협을 제기한다. 수우 부족은 파이프라인 건설이 그들의 물 공급을 오염시키고, 신성한 땅을 훼손하며, 그들의 조약 권리를 침해한다고 주장했다. 특히, 미 육군 공병대가 파이프라인에 대한 환경 검토를 충분히 하지 않았다고 주장했다.

주요 쟁점으로는

환경 및 문화적 영향: 파이프라인이 원주민의 물 공급과 문화 유산에 미치는 잠재적 영향이 주요 쟁점이었다. 원주민 공동체는 파이프라인의 누출 가능성과 이에 따른 환경 오염을 우려했다. 특히 미주리 강과 오아헤 호수는 스탠딩 록 수우 부족의 주요 수원지이자 성지로, 파이프라인 건설이 이 지역을 오염시킬 수 있다는 우려가 있었다.

법적 및 정치적 논쟁: 이 사건은 원주민 권리와 연방 정부의 책임, 그리고 대규모 에너지 프로젝트의 환경적, 사회적 영향을 둘러싼 법적 및 정치적 논쟁을 불러일으켰다. 수우 부족은 미 육군 공병대가 파이프라인 건설에 대한 환경 영향 평가를 충분히 수행하지 않았다고 주장하며 소송을 제기했다.

2016년 봄, 수우 부족은 다코타 액세스 파이프라인 건설에 반대하는 데모를 주도했으며, 300개 이상의 원주민 부족이 연대를 표명하기 위해 대표를 파견했다. 이들은 미주리 강의 안전을 위협하고 수우 부족의 주거지를 침해하며 부족의 주권을 침해할 것이라며 파이프라인 건설에 반대했다. 2017년 2월 7일, 트럼프 대통령은 미주리 강과 노스다코타 주의 오아헤 호수를 관통하는 파이프라인 건설을 승인하여 수우 부족의 강제 이주를 초래했다.

부족은 미 육군 공병대를 상대로 소송을 제기하며 파이프라인 건설 중단을 요구했다. 이 소송은 국립 사적 보호법(National Historic Preservation Act) 및 기타 법률 위반을 근거로 하고 있다. 여러 차례 법적 공방 끝에, 2020년 미국 지방법원은 공병대가 환경 영향 평가를 충분히 수행하지 않았다고 판결하며 파이프라인의 허가를 취소했다. 그러나 이 결정은 이후 고등법원에서 번복되었고 파이프라인은 계속 운영되었다.

이 사건은 원주민 권리 운동에 중요한 전환점을 마련했으며, 글로벌 환경 운동과 연대하는 계기가 되었다. 주요 이슈로는 다음이 있다:

환경 및 문화적 영향: 파이프라인이 원주민의 물 공급과 문화 유산에 미치는 잠재적 영향이 주요 쟁점이었다. 원주민 공동체는 파이프라인의 누출 가능성과 이에 따른 환경 오염을 우려했다.

법적 및 정치적 논쟁: 이 사건은 원주민 권리와 연방 정부의 책임, 그리고 대규모 에너지 프로젝트의 환경적, 사회적 영향을 둘러싼 법적 및 정치적 논쟁을 불러일으켰다.

이 파이프라인의 저항은 원주민 권리 운동에 중요한 전환점을 마련했으며, 글로벌 환경 운동과 연대하는 계기가 되었다. 이 사건은 현재도 진행 중이며, 다양한 법적 및 환경적 논의의 중심에 있다. 이는 원주민 권리와 환경 보호를 위한 지속적인 투쟁의 중요한 사례로 남아 있다.

12. 미국의 원주민 사과: 역사적 맥락과 의의

1993년, 미국 의회는 1893년 하와이 왕국을 전복한 것에 대해 하와이 원주민들에게 사과하는 결의를 채택했다. 이는 하와이 원주민들에 대한 연방 정부의 공식적인 사과였다. 그러나 미국 원주민 부족들에 대한 공식 사과는 2009년이 되어서야 이루어졌으며, 이는 아무 관련도 없는 지출 법안에 은밀히 포함되어 있었다. 67페이지 분량의 2010년도 국방 예산 법안(H.R. 3326)의 45페이지에 미국 원주민들에 대한 사과를 담고 있는 8113조항이 슬쩍 끼워져 있었다.

S.J.Res.14 결의안(64)

S.J.Res.14 결의안은 인디언 부족에 대한 연방 정부의 오랜 공식적인 약탈과 잘못된 정책들을 인정하고 미국을 대표하여 모든 원주민들에게 사과하는 공동 결의안이다. 이 결의안은 111번째 의회에서 발표되었으며, 연방 정부가 인디언 부족에 대해 취한 역사적 부당행위와 잘못된 정책들을 공식적으로 인정하고 사과하려는 목적을 가지고 있다.

> "미국은 의회를 통해 미국 국민을 대표하여 모든 원주민에게 미국 시민들이 가한 여러 차례의 폭력, 학대 및 방치에 대해 사과한다. 또한 과거 잘못의 결과와 그것에 대한 유감을 표현하며 이 땅의 모든 사람들이 형제자매로서 화합하고 이 땅을 함께 보호하고 가꾸어가는 더 밝은 미래로 나아가기 위해 과거와 현재의 긍정적인 관계를 바탕으로 나아갈 것을 다짐한다."

결의안의 주요 내용

역사적 부당행위 인정: 결의안은 인디언 부족에게 피해를 준 오랜 기간의 약탈과 잘못된 정책들을 인정했다. 이러한 인정을 통해 원주민들이 겪었던 부당함을 해결하려는 중요한 첫걸음을 내디뎠다.

공식 사과: 결의안은 미국을 대표하여 모든 원주민들에게 공식적인 사과를 제안하였다. 이 사과는 과거 정부의 행동과 정책들로 인한 고통과 어려움을 해결하기 위한 것이었다.

역사적 맥락: 결의안은 연방 정부의 정책들이 인디언 부족에 부정적인 영향을 미쳤던 특정 사건들과 시기를 강조했다. 여기에는 강제 이주, 파기된 조약, 그리고 기타 억압과 착취 형태의 행동들이 포함되었다.

---

64) 2008년과 2009년에 미국 상원의원 샘 브라운백(R-캔자스)과 바이런 도건(D-노스다코타)이 제안한 Native American Apology Resolution (S.J.RES. 14)

더 나은 미래를 위한 약속: 과거의 잘못을 인정하면서 결의안은 또한 원주민들이 존중받고 그들의 권리가 보장되는 미래를 조성하기 위한 약속을 표현했다. 이는 미국과 원주민 공동체 간의 치유와 화해를 촉진하는 목적을 가지고 있었다.

S.J.Res.14의 통과는 원주민들이 겪었던 역사적 부당행위를 해결하기 위한 미국의 중요한 발걸음을 의미했다. 과거의 잘못을 공식적으로 인정하고 사과함으로써, 이 결의안은 연방 정부와 인디언 부족 간의 더 나은 관계를 촉진하고 치유를 도모하려는 의도를 가지고 있었다.

그러나 이 사과의 형식은 많은 논란을 불러일으켰다. 사과문이 국방 예산안 중간에 슬쩍 끼워 발표되었고, 이에 대한 진정성을 의심하는 목소리가 높았다. 또한, 사과문에는 원주민들이 미국 정부를 상대로 진행 중인 수십 건의 소송에 대해 책임을 인정하지 않는다는 점을 명확히 하였다.

"이 조항의 어떠한 내용도 … 미국에 대한 어떠한 청구를 승인하거나 지지하지 않으며; 미국에 대한 어떠한 청구의 해결책으로 작용하지 않는다"는 내용은 사과가 법적 책임을 회피하려는 의도가 있었음을 시사한다.

2010년, 오바마 대통령은 "미국 원주민에 대한 사과"를 공개적으로 인정하였다. 이 사과문은 S.J.Res.14 결의안의 내용과 동일했다. 그러나 사과에도 형식이 중요한 법이다. 사과의 형식과 타이밍은 그 진정성을 평가하는 중요한 요소로 작용한다. S.J.Res.14 결의안의 사과는 원주민들에게 중요한 의미를 가지지만, 그 형식과 조건 때문에 많은 비판을 받았다. 진정한 화해와 치유를 위해서는 형식뿐만 아니라 실질적인 정책 변화와 원주민 권리 보호를 위한 지속적인 노력이 필요하다.

나바호 네이션의 반응

2012년 12월 19일, 나바호 네이션을 대표하여 마크 찰스는 워싱턴 D.C.의 국회 의사당 앞에서 "미국 원주민에 대한 사과"를 공개적으로 낭독했다. 이후 그는 사과문의 형식과 전달 방식에 대해 다음과 같이 비판했다.

> "이 사과문은 2010년 국방 예산 법안(H.R. 3326)에 숨겨져 있다. 이 법안은 2009년 12월 19일 오바마 대통령에 의해 서명되었지만 백악관이나 의회에 의해 발표되거나 공개적으로 낭독된 적이 없다."

마크 찰스는 이러한 방식이 사과의 진정성을 의심하게 만든다고 지적했다. 그는 "문맥상, H.R. 3326의 예산 항목들은 거의 무의미하게 들렸다"고 언급하며, 사과문이 국방 예산 법안의 중간에 끼워져 있다는 사실이 사과의 중요성을 희석시킨다고 강조했다.

찰스는 또한 "우리는 지적하거나 지도자들의 이름을 언급하지 않았으며 단지 그들의 사과의 문맥과 전달 방식의 부적절성을 강조하려 했다"며, 사과문의 내용보다 그 전달 방식의 부적절함에 더 큰 문제를 제기했다. 그는 이러한 방식을 통해 사과의 진정성이 떨어진다고 비판했다.

나바호 네이션을 비롯한 많은 원주민 공동체는 이러한 사과가 진정한 화해를 위한 첫걸음으로 작용해야 한다고 생각했다. 하지만 사과문의 형식과 전달 방식은 그 진정성을 훼손시키는 결과를 초래했다. 원주민들은 단순한 사과 이상의 것을 원했다. 그들은 연방 정부가 과거의 잘못을 인정하고, 이를 바탕으로 지속 가능한 변화와 진정한 화해를 위한 구체적인 조치를 취하기를 원했다.

13. 보상 문제의 공론화와 최근 원주민 저항 운동

미국 정부의 공식 사과와 원주민 보상 문제: 미국 정부의 공식 사과는 당연히 미국 정부의 손에 의해 오랫동안 부당한 대우를 받은 원주민들에게 보상 문제를 제기하게 된다. 흑인들에게 노예 제도에 대한 보상을 하는 문제는 정기적으로 논의되지만, 원주민들에게 유사한 보상을 하는 문제는 거의 언급되지 않는다. 이러한 차이는 흑인 미국인과 원주민 들의 경험 차이에서 비롯된다고 자주 언급된다.

흑인 미국인들은 같은 역사, 문화, 언어를 공유하며 유사한 편견과 차별의 경험을 공유한다. 이에 비해 다양한 원주민 부족들은 수십 개의 서로 다른 문화와 언어를 포함하며 각기 다른 경험을 겪었기 때문에 원주민들에게 일괄적인 보상 정책을 마련하는 것이 거의 불가능하다는 것이 정부의 주장이다. 정부는 이 차이를 이유로 원주민 보상 문제를 회피하고 있다.

이 문제는 2019년 2월 엘리자베스 워런 상원의원이 2020년 민주당 대선 후보로 출마하면서 다시 공론화되었다. 워런 상원의원은 원주민들이 흑인 미국인들에 대한 보상 논의에 포함되어야 한다고 주장하였다. 자신이 원주민 조상을 가졌다고 논란이 된 바 있는 워런 상원의원은 뉴햄프셔주 맨체스터에서 기자들에게 미국은 "추한 인종차별의 역사를 가지고 있다"고 하면서 보상을 문제 해결의 한 방법으로 제시하였다.

그녀는 "우리는 이 문제를 정면으로 대면해야 하며, 이를 해결하기 위한 올바른 방법을 논의하고 변화를 만들어야 합니다"라고 말했다. 이는 원주민 보상 문제를 공론화하고, 이를 해결하기 위한 구체적인 정책과 변화를 촉구하는 중요한 발언이었다.

미국 정부와 여러 단체들은 과거의 잘못을 인정하고 사과하는 움직임을 보여주었지만, 원주민들에게 실제로 유의미한 변화를 가져올 수 있는 구체적인 정책이나 보상 체계는 아직 충분히 마련되지 않았다. 원주민 커뮤니티는 이러한 사과와 논의가 단순한 말에 그치지 않고, 실질적인 권리 회복과 보상으로 이어지기를 기대하고 있다.

원주민 커뮤니티는 연방 정부의 정책이 단순한 사과로 끝나지 않고, 그들이 오랜 기간 동안 겪어온 고통과 부당함을 실질적으로 해결하는 방향으로 나아가기를 원한다. 이는 토지 권리 회복, 경제적 지원, 문화 보존 및 교육 지원 등을 포함한 다양한 측면에서 이루어져야 한다.

공식적인 사과는 원주민 권리 회복과 보상을 위한 중요한 첫걸음이지만, 이는 말뿐인 사과로 끝나서는 안 된다. 미국 정부와 사회는 원주민들이 겪어온 역사적 부당함을 실질적으로 해결하기 위한 구체적인 정책과 변화를 마련해야 한다. 이를 통해 원주민과 연방 정부 간의 신뢰를 회복하고, 더 나은 미래를 위한 토대를 마련할 수 있을 것이다.

미국 인디언 기숙학교 성학대 조사 결과 발표 2023년

2023년, 카톨릭 기숙학교에서 원주민 아동에 대한 성학대 사건을 조사한 결과가 발표되었다. 이 조사는 수십 년 동안 원주민 아동들이 기숙학교에서 겪었던 고통과 학대를 폭로하며 원주민 커뮤니티 내에서 큰 충격을 불러일으켰다. 이러한 결과 발표는 원주민 커뮤니티의 치유와 정의를 요구하는 운동으로 이어졌다.

미국 인디언 기숙학교 시스템은 19세기 후반부터 20세기 중반까지 운영되었으며, 원주민 아동들을 강제로 학교에 보내어 그들의 문화와 언어를 말살하려는 의도로 만들어졌다. 이러한 기숙학교에서는 아동들이 신체적, 정서적, 성적 학대를 당하는 사례가 많았다. 이로 인해 많은 원주민 아동들이 심각한 트라우마를 겪었다.

2023년 발표된 조사 결과는 이러한 학대 사건들이 조직적이고 광범위하게 발생했음을 보여주었다. 카톨릭 기숙학교에서 발생한 성학대 사건들은 원주민 커뮤니티 내에서 큰 분노와 슬픔을 불러일으켰으며, 치유와 정의를 위한 강력한 요구를 촉발시켰다.

이 조사 결과 발표 이후, 원주민 커뮤니티는 다음과 같은 활동을 전개하고 있다:

치유와 정의를 위한 요구: 많은 원주민 커뮤니티가 학대를 당한 생존자들의 치유와 회복을 지원하기 위한 프로그램을 요구하고 있다. 이는 상담, 심리치료, 그리고 커뮤니티 기반의 치유 프로그램을 포함한다.

공식적인 사과와 배상 요구: 원주민 지도자들은 연방 정부와 기숙학교를 운영했던 종교 단체들에 공식적인 사과와 배상을 요구하고 있다. 이는 과거의 잘못을 인정하고, 피해자들과 그 가족들에게 보상하는 데 중점을 두고 있다.

문화적 재건과 교육: 많은 원주민 커뮤니티가 전통 문화와 언어의 회복을 위한 프로그램을 추진하고 있다. 이는 기숙학교 시스템이 말살하려 했던 문화적 유산을 되찾기 위한 중요한 노력이다.

법적 대응과 정책 변화: 원주민 커뮤니티는 법적 대응을 통해 과거의 학대 사건들에 대한 정의를 실현하고, 향후 유사한 일이 재발하지 않도록 정책 변화를 요구하고 있다. 이는 기숙학교 시스템의 진상 규명과 책임자 처벌을 포함한다.

미국 인디언 기숙학교 성학대 조사 결과 발표는 원주민 커뮤니티 내에서 큰 반향을 일으키며, 치유와 정의를 위한 강력한 운동으로 이어지고 있다. 이러한 운동은 원주민 권리와 환경 보호, 사회적 정의를 위한 중요한 노력의 일환으로 계속되고 있다. 원주민 커뮤니티는 과거의 상처를 치유하고, 보다 밝은 미래를 위해 지속적으로 노력하고 있으며, 이를 통해 그들의 권리와 존엄성을 회복하려는 강한 의지를 보여주고 있다.

11. 미인디언 의식 및 종교자유

1. 미인디언의 영적 전통

미국 원주민들은 자신들의 전통적인 영적 생활 방식을 "종교"에 포함하지 않는다고 한다. 그들은 기존의 전통적인 개념의 종교 언어로 자신들의 영적 행위를 형상화하는 것이 불가능하다고 생각하기 때문이다. 이러한 차이는 우주론과 인식론의 차이에서 비롯된다. 서구 전통은 종교적 사고와 행위를 초자연적인 궁극적 권위로 구분한다. 그러나 대부분의 원주민 세계관에서는 이러한 대조가 없다. 식물과 동물, 구름과 산이 모두 신적 계시를 담고 있기 때문이다.

원주민 전통이 지상의 세계와 분리된 영역을 상상하는 경우에도, 예를 들어 이로쿼이족의 하늘 세계나 푸에블로 우주론의 여러 지하 세계처럼, 이 세계들 간의 경계는 투과성이 있다. 땅과 하늘, 또는 땅과 지하 세계 사이의 존재론적 거리는 짧으며 양방향으로 넘나든다.

원주민 종교 전통은 신성함과 세속성의 이중성을 포함하기보다는 신성함과 더 신성함만을 포함하는 것처럼 보인다. 영혼, 힘 또는 그와 유사한 것은 모든 것에 존재하지만 동일하지 않게 존재한다. 원주민 공동체에서 종교는 살아있는 인간과 다른 존재나 사물 사이의 관계로 이해된다. 이러한 관계는 죽은 사람과 아직 태어나지 않은 인간, 식물과 동물의 "자연 세계"의 존재, 서구 기준으로는 생명체가 아닌 산, 샘, 호수, 구름과 같은 보이는 존재를 포함한다. 이러한 존재는 학자들이 "신화적 존재"라고 부를 수 있는, 보통 보이지 않지만 이 세계나 인접한 다른 세계에 영향을 미치는 존재들도 포함한다.

미국 원주민의 영적 전통은 다양한 언어와 문화에 따라 크게 다르다. 약 300

개의 언어와 30-50개의 언어 가족이 있으며, 각 부족마다 고유한 신화와 의례가 있다. 예를 들어, 이로쿼이족은 창조주의 "원래 지침(original Instructions)"을 강조하지만, 코유콘족(Koyukon)은 알래스카의 원주민 부족 중 하나로 그들의 신화와 전통에서 레이븐(Raven)을 중요한 영적 존재로 존중한다. 레이븐은 인간을 포함한 여러 생명체를 창조한 존재로 여겨지지만 전지전능하거나 완벽한 존재로는 간주되지 않는다. 대신 레이븐은 인간적인 약점과 결함을 가지고 있으며 이러한 특성을 통해 교훈을 전한다.

일반적으로 원주민 세계관에서 식물, 동물, 구름, 산 등은 영적인 계시를 담고 있으며 초자연적 경계는 투과성이 있어 인간과 신성한 존재 간의 상호작용이 빈번하다고 믿는다.

의식에 있어서는 나바호족은 개인의 필요에 맞춘 의례를 주로 행하며, 푸에블로족은 공동체 전체가 참여하는 의례를 중심으로 한다. 이러한 의례는 자연 주기에 따라 계획되고 참가자들에게 치유와 공동체적 이익을 가져다준다.

원주민 종교는 신성함과 더 신성함의 연속체로 이해되며 모든 존재가 영적 중요성을 지닌다. 원주민 사회에서는 행동, 말, 생각이 실제로 힘을 가지며 참여가 믿음보다 중요한 요소로 여겨진다. 전통 지식은 구전 전통으로 전승되며 세대를 통해 내려온다. 특정 지식은 매우 강력하고 위험할 수 있어 이를 사용하는 사람들에게 특별한 교육과 입문 과정이 필요하다.

원주민 문화에서 관대함은 종교적이자 사회적 행위로 여겨진다. 가족 및 공동체와의 협력이 중심이며, 이러한 가치는 어린이 교육과 일상 생활에서 강조된다. 죽음은 종종 전환으로 이해되며 사람들은 죽음 후에도 다양한 형태로 존재한다고 믿는다. 원주민 전통에서는 죽음과 관련된 의례가 매우 중요하며 사후 세계에 대한 다양한 믿음이 존재한다.

유럽인의 도래로 인해 원주민들은 거대한 변화와 파괴를 경험했다. 전체 언어와 의례, 구전된 지식이 상실되었다. 그러나 일부 원로들은 이러한 비관론을 거부한다. 예를 들어, 한 원로는 사라진 의식에 대해 "그 의식이 사라진 이유는 더 이상 필요하지 않았기 때문"이라며 "다시 필요하면 뱀들이 우리에게 다시 가르쳐 줄 것"이라고 말했다.

요약하면 미국 원주민의 영적 생활 방식은 단순히 종교라는 범주에 국한되지 않는 풍부하고 복잡한 세계관을 반영한다. 이는 모든 존재와의 상호작용, 신성함과 일상의 경계가 없는 연속체, 그리고 구전 전통을 통해 전해지는 지혜로 구성되어 있다. 현대의 도전 속에서도 원주민들은 그들의 문화와 전통을 지키고 회복하기 위해 지속적으로 노력하고 있다. 이러한 노력은 단순히 과거를 회복하는 것이 아니라, 현재와 미래를 위한 새로운 길을 모색하는 과정이다.

원주민 전통 종교의 문제와 우려 사항

미국 원주민 전통 종교는 다양한 도전과 우려 사항에 직면해 있다. 이들은 신성한 장소의 훼손과 언어 소멸, 성물 반환, 종교 지식의 무분별한 사용, 전통 지식의 전승, 그리고 현대 생활의 도전 등 여러 가지 문제를 포함한다.

첫째, 신성한 장소의 접근 및 관리: 신성한 장소는 원주민 전통 종교에서 중요한 역할을 한다. 그러나 많은 신성한 장소가 공공 토지에 위치해 있어 훼손과 오염의 위험에 처해 있다. 관광객의 무분별한 접근, 산업 개발, 환경 오염 등이 신성한 장소의 보존을 위협하고 있다. 원주민 공동체는 이러한 장소의 보호와 관리를 위해 법적, 사회적 노력을 기울이고 있지만, 공공 정책과의 충돌로 어려움을 겪고 있다.

둘째, 언어 보존: 전통 의례와 지식은 원주민 언어로만 진정한 효력을 가진다. 그러나 많은 원주민 언어가 빠르게 소멸되고 있어, 전통 지식의 전승이 어려워지고 있다. 언어 소멸은 문화적 정체성과 공동체의 결속력에도 심각한 영향을 미친다. 언어 보존을 위한 교육 프로그램과 자원 지원이 절실히 필요하다.

셋째, 성물 반환: 박물관과 개인 소장자들에 의해 불법적으로 가져가진 성물의 반환 문제도 큰 이슈이다. 이러한 성물들은 원주민 문화와 종교의 중요한 부분이며, 그들의 정체성과 영적 생활에 깊이 연결되어 있다. 원주민 공동체는 성물 반환을 위해 법적 투쟁과 협상을 벌이고 있으며, 일부 성과를 거두고 있지만, 여전히 많은 성물이 반환되지 않고 있다.

넷째, 종교 지식의 무분별한 사용: 원주민 종교 지식이 왜곡되거나 무단으로 사용되는 문제는 특히 학자와 뉴에이지 운동가들에 의해 발생하고 있다. 이러한 무분별한 사용은 원주민 전통과 종교를 존중하지 않고, 상업적 이익을 위한 수단으로 전락시킨다. 이는 원주민 공동체의 문화적 정체성을 훼손하고, 전통 지식의 가치를 폄하한다.

다섯째, 전통 지식의 전승: 전통 지식은 세대를 통해 구전으로 전승되며, 젊은 세대의 참여와 교육이 중요하다. 현대 기술을 활용하여 전통 지식을 유지하고 전승할 수 있는 혁신적인 방법들이 개발되고 있다. 온라인 교육 프로그램, 디지털 아카이브, 멀티미디어 자료 등이 그 예이다. 원주민 공동체는 이러한 방법을 통해 전통 지식의 보존과 전승을 도모하고 있다.

여섯째, 현대 생활의 도전: 현대 경제 생활의 압력은 전통 종교 생활과 지식 습득에 어려움을 초래하고 있다. 많은 원주민 청소년들이 전통 지식에 강한 관심을 보이며, 이를 배우고 유지하기 위한 새로운 방법을 모색하고 있다. 이는 공동체의 강한 의지와 자원 지원이 필요하며, 청소년들의 참여를 유도하는 교육 프로그램과 활동이 중요하다.

결론적으로 이러한 문제들은 원주민 공동체가 전통을 유지하고 발전시키는 데 있어 큰 도전 과제를 제시한다. 원주민 전통 종교와 문화의 보존을 위해서는 공동체의 노력뿐만 아니라, 정부와 사회의 지원이 필수적이다. 전통을 지키기 위한 지속적인 노력과 혁신적인 접근이 필요한 시점이다. 원주민들의 영적 생활과 전통 지식은 그들의 정체성과 문화의 핵심이며, 이를 보존하고 발전시키는 것은 모두의 책임이다.

2. 코스모 비전(Cosmo Vision)

코스모비전은 전통적인 종교적, 정신적 신념 및 세계관을 포괄하는 개념이다. 이는 지구와 모든 존재물 사이의 상호 연결성과 상호 의존성을 강조한다. 코스모비전은 종교, 생태학, 윤리학 등 다양한 영역을 아우르며 지구를 살아있는 존재로 인식하는 종합적인 시각을 제공한다. 이런 코스모비전의 시각으로 보면 인디언의 영적 세계관과 그들이 지구와 생태를 인식하는 방식을 이해할 수 있다.

인디언 코스모비전의 핵심 요소로는,

첫째, 자연과의 조화: 인디언들은 지구를 살아있는 존재로 인식하고, 자연과의 조화를 중요시하는 코스모비전을 가지고 있다. 이들은 지구와 모든 생명체 간의 상호 의존성을 강조하며 자연이 신성하다고 생각한다. 산, 강, 숲 등을 신성한 곳으로 여기고 이러한 곳을 보호하고 유지함으로써 지구의 균형을 유지하려고 노력한다.

둘째, 영적 신념과 윤리적 가치: 인디언의 코스모비전은 자연과의 상호작용, 영적 신념, 윤리적 가치 등을 포함하며 지구와 모든 생명체 간의 연결을 강조한다. 이들은 모든 존재들이 상호 의존하고 연결되어 있다고 믿으며, 자연 현상과 생태계의 다양성을 존중하고 숭배한다.

셋째, 창조 과정의 인식: 원주민들의 코스모비전에서는 우주의 창조 과정을 하나의 사고나 정신적 과정으로 보는 것이 일반적이다. 창조의 원천이 복수의 개인인 경우가 많으며, 이는 여러 존재가 창조에 참여하거나 첫 번째 원칙에서 많은 신성한 행위자가 파생되기 때문이다.

원주민 코스모비전의 특징은

첫째, 신성한 창조자: 창조의 행위자는 인간으로 묘사되지 않고 대신 "wakan"(신성)이나 동물(코요테, 레이븐, 큰 흰 토끼 등), 또는 자연의 힘(바람/호흡 등)으로 묘사된다. 예를 들어, 라코타 부족은 대정령이 인간처럼 생긴 것이 아니라 힘으로 존재한다고 말한다.

둘째, 살아있는 창조: 원주민 코스모비전의 가장 중요한 측면은 창조를 살아있는 과정으로 인식하는 것이다. 이는 모든 것이 친족 관계를 맺고 있는 살아있는 우주를 의미한다. 따라서 창조자들은 우리의 가족이며 모든 창조물들은 필연적으로 우리의 친척이다.

코스모비전의 적용 사례를 보면,

자연과 신성함: 인디언들은 지구와 모든 생명체 간의 상호 의존성을 강조하며 자연이 신성하다고 생각한다. 산, 강, 숲 등을 신성한 곳으로 여기고 이러한 곳을 보호하고 유지함으로써 지구의 균형을 유지하려고 노력한다. 이러한 코스모비전은 그들의 문화와 종교의 중요한 부분이며 지속 가능한 생태계와 환경 보호에 대한 인식을 높이는 데 기여한다.

의례와 전통 이야기: 인디언들은 전통 이야기와 예술을 통해 생물 다양성, 땅, 조상, 그리고 우주와의 관계를 나타내며 이를 통해 인간이 자연과 조화롭게 상호작용하는 방법을 전달한다. 예를 들어, 이로쿼이족은 창조주의 "원래 지침(original Instructions)"을 강조하지만, 코유콘족은 레이븐을 중요한 영적 존재로 존중한다.

현대적 도전과 코스모비전의 역할은,

신성한 장소의 접근 및 관리: 신성한 장소의 훼손과 오염 문제, 특히 공공 토지에 있는 신성한 장소의 문제가 주요 이슈로 대두되고 있다.

언어 보존: 전통 의례와 지식은 원주민 언어로만 진정한 효력을 가지며, 많은 원주민 언어가 빠르게 소멸되고 있다.

성물 반환: 박물관 등에 의해 불법적으로 가져가진 성물의 반환 문제가 중요한 이슈로 남아 있다.

종교 지식의 무분별한 사용: 종교 지식이 왜곡되거나 무단으로 사용되는 문제, 특히 학자와 뉴에이지 운동가들에 의해 발생하고 있다.

전통 지식의 전승: 젊은 세대의 참여와 교육이 중요하며, 새로운 기술을 활용하여 전통 지식을 유지하고 전승할 수 있는 혁신적인 방법이 개발되고 있다.

현대 생활의 도전: 현대 경제 생활의 압력은 전통 종교 생활과 지식 습득에 어려움을 초래하고 있다.

결론적으로 인디언의 코스모비전은 자연과의 조화를 중시하고 지구의 생명력을 보호하는 데 중요한 역할을 한다. 이러한 코스모비전을 이해하고 존중함으로써 우리는 지구와 모든 생명체에 대한 존중과 보호의 중요성을 깨닫게 된다. 코스모비전은 인디언 문화와 종교의 핵심이자 지구의 지속 가능한 미래를 위한 중요한 지침이 될 수 있다.

3. 어머니 지구 (Mother Earth)

미국 원주민들의 사고 체계에서 어머니 지구는 생명의 근원으로서 모든 생명체가 상호 의존하며 공존하는 공동체로 여겨진다. 이 개념은 자연과의 깊은 연결을 강조하며, 자연을 존중하고 보호해야 한다는 철학을 담고 있다. 원주민들에게 어머니 지구는 단순한 자연이 아니라 영적인 존재로, 인간과의 관계를 소중히 여기며, 모든 생명체에게 책임을 지는 존재로 인식된다.

공통된 사고 체계: 원주민들은 지구를 어머니로 부르고, 어머니의 품으로 생각한다. 이는 세계 모든 원주민들이 공통적으로 가지고 있는 생각이며, 자연과 인간의 조화를 중시하는 철학의 중심에 있다.

생명의 근원: 원주민들은 어머니 지구를 생명의 근원으로 여기며, 모든 생명체가 그녀의 품 안에서 태어나고 자란다고 믿는다. 이들은 지구가 모든 생명체에게 자양분을 제공하고, 생명을 유지하게 하는 중요한 존재로 인식한다.

영적 연결: 어머니 지구는 단순한 물리적 존재가 아니라 영적인 존재로 여겨진다. 인간과 자연, 그리고 초자연적인 힘들이 긴밀히 연결되어 있다고 믿는다. 이러한 영적 연결은 모든 존재들이 서로에게 영향을 미치며, 조화와 균형을 이루어야 한다는 가르침을 포함한다.

자연의 존중과 보호: 원주민들은 어머니 지구를 존중하고 보호해야 한다고 믿는다. 이는 자연의 자원을 소중히 여기고, 무분별한 개발과 파괴를 피하며, 지속 가능한 방식으로 자연과 상호작용하는 것을 의미한다.

책임감: 모든 생명체는 어머니 지구에게 책임을 진다고 믿는다. 인간은 지구의 자녀로서 그녀를 돌보고, 보호하며, 다음 세대에게 건강한 지구를 물려줄 책임이 있다. 이는 자연 보호와 환경 보존의 중요한 철학적 기초가 된다.

라코타족의 기도

1931년, 라코타족의 스탠딩 베어는 고대 기도를 낭송하며 다음과 같이 말했다.

"어머니 지구여, 당신은 자녀들에게 자비를 보여준 유일한 어머니입니다. 나는 지구의 네 방향과 연결된 친척입니다. 지구 위의 모든 생명체의 얼굴은 닮았습니다. 어머니 지구는 이 얼굴들을 부드럽게 지구에서 내보냈습니다. 오, 위대한 영이여, 이들을 보십시오. 이 모든 얼굴들이 손에 아이들을 들고 있습니다."[65]

이 기도는 어머니 지구에 대한 깊은 경의와 감사를 표현하며, 지구와 모든 생명체 간의 상호 연결성과 책임을 강조한다. 스탠딩 베어의 기도는 어머니 지구가 모든 생명체에게 자비를 베풀고, 생명의 근원이자 보호자로서의 역할을 상기시킨다.

어머니 지구는 미국 원주민들의 영적 세계관과 철학에서 핵심적인 위치를 차지한다. 이들은 지구를 살아있는 존재로 인식하고, 자연과의 조화, 존중, 보호를 중요시한다. 이러한 사고 체계는 현대 사회에서 환경 보호와 지속 가능한 발전의 중요성을 깨닫게 하며, 지구와 모든 생명체에 대한 존중과 책임감을 강조하는 중요한 가르침을 제공한다.

어머니 지구 권리 선언The Universal Declaration of the Rights of Mother Earth, UN 2010, [66]

어머니 지구 권리 선언은 지구와 모든 생명체의 권리를 보호하고 증진하는 것을 목표로 한다. 이 선언은 인간과 자연이 상호 의존적이라는 인식을 바탕으로, 자본주의 시스템과 인간의 활동이 지구에 끼친 파괴적 영향을 지적한다. 선언은 인간의 권리를 보장하기 위해 어머니 지구와 그 안의 모든 존재들의 권리를 인정하고 보호해야 한다고 주장한다. 또한, 기후 변화와 환경 위협에 대응하기 위한 집단적이고 결정적인 행동을 촉구한다.

선언의 발의와 배경: 이 선언은 2010년 볼리비아 코차밤바에서 열린 기후 변

---

65) Neihardt, *The Sixth Grandfather*, p. 288.

66) Universal Declaration of the Rights of Mother Earth. From World People's Conference on Climate Change and the Rights of Mother Earth, Cochabamba, Bolivia, 22 April - Earth Day 2010

화와 어머니 지구 권리에 관한 세계 민중 회의에서 발의되었다. 이 회의에는 전세계 원주민 대표, 환경 운동가, 학자들이 모여 어머니 지구의 권리를 논의하고 선언문을 작성하였다. 선언문은 유엔 총회에 채택을 촉구하며, 모든 개인과 기관이 이를 지지하고 교육과 의식을 통해 권리를 존중할 것을 요구한다.

선언문 서문은 원주민들이 지구(대지)를 어떻게 생각하는지 이해할 수 있는 내용으로 구성되어 있다:

"우리 지구의 사람들과 국가들은 다음을 선언한다: 우리는 모두 어머니 지구의 일부분으로, 상호 연결되고 의존적인 존재들로 구성된 불가분의 생명 공동체에 속해 있음을 고려하며, 어머니 지구가 생명, 양육, 학습의 원천이며 우리가 잘 살기 위해 필요한 모든 것을 제공한다는 것을 감사히 인정한다. 자본주의 시스템과 모든 형태의 약탈, 착취, 남용, 오염이 어머니 지구에게 큰 파괴와 퇴보, 혼란을 초래하여 오늘날 우리가 알고 있는 생명을 위협하고 있다는 것을 인식하며, 상호 의존적인 생명 공동체에서 인간의 권리만을 인정하는 것은 어머니 지구 내에서 불균형을 초래할 수 밖에 없음을 확신한다. 인권을 보장하기 위해서는 어머니 지구와 그 안의 모든 존재들의 권리를 인정하고 방어하는 것이 필요하다는 것을 확인하며, 이를 실천하는 기존의 문화, 관습, 법이 존재한다는 것을 인식한다. 기후 변화와 어머니 지구에 대한 다른 위협을 야기하는 구조와 시스템을 변혁하기 위해 결정적이고 집단적인 행동이 시급하다는 것을 인식한다. 이러한 이유로 우리는 이 어머니 지구 권리 선언을 발표하며, 유엔 총회가 이를 채택하여 모든 사람들과 모든 국가들의 공통 성취 기준으로 삼을 것을 촉구한다. 또한, 모든 개인과 기관이 이 선언에서 인정된 권리를 존중하고 교육, 의식 고양을 통해 이를 촉진하며, 국가적 및 국제적 조치를 통해 모든 사람들이 이 권리를 보편적이고 효과적으로 인식하고 준수하도록 보장할 것을 촉구한다."

선언의 주요 내용은,

첫째, 인간과 자연의 상호 의존성: 인간은 어머니 지구의 일부분이며, 모든 생명체가 상호 연결되고 의존적이라는 인식을 바탕으로 한다.

둘째, 자연에 대한 존중과 책임: 어머니 지구와 그 안의 모든 생명체에 대한 권리를 인정하고 보호해야 한다고 주장한다.

세째, 환경 보호와 지속 가능성: 자본주의와 인간 활동이 지구에 끼친 파괴적 영향을 지적하며, 기후 변화와 환경 위협에 대응하기 위한 집단적이고 결정적인 행동을 촉구한다.

네째, 법적 프레임워크와 정책 권장: 선언문은 국제 사회의 법적 언어로 표현된 세계관을 반영하며, 이를 통해 지구와 생명체의 권리를 보호하기 위한 법적 철학을 제안한다.

다섯째, 공동체의 참여와 교육: 모든 개인과 기관이 선언에서 인정된 권리를 존중하고 교육과 의식을 통해 이를 촉진할 것을 요구한다.

어머니 지구 권리 선언은 인간 거버넌스 시스템이 자연 시스템의 질서와 일치하도록 하는 생태 중심적인 접근 방식을 옹호한다. 매년 4월 20일을 세계 어머니 지구의 날로 기념하며, 선언의 목표와 가치를 전 세계에 알리고자 한다. 이 선언은 법적 구속력이 없으며, 국가에 의해 공식적으로 채택되기 전까지는 국제법적 도구가 되지 않는다. 각 지역의 법적 문화에 맞는 법률, 제도 및 관행이 필요하며, 이를 통해 지구와 모든 생명체의 권리를 보호하는 지속 가능한 미래를 만들어 나가야 한다.

4. 대정령(The Great Spirit)

미국 원주민 문화에서 대정령(Great Spirit)은 비인간적인 신성한 존재로, 우주와 얽혀 있으며 모든 생명체와 세상에 개인적으로 관여하는 신성한 존재로 인식된다. 다양한 창조 신화가 존재하며, 이러한 신화들은 개인과 공동체를 지탱하기 위해 행동을 안내하는 교훈적인 이야기로 사용된다. 대정령은 인간에게 벌을 내리거나 영원한 고통을 주는 것이 아니라, 인간과 지구, 공동체와의 균형이 깨진 삶 자체가 벌이라고 여긴다. 원주민은 이러한 영적 관계를 매우 중요하게 생각한다.

이러한 종교적 관점을 지나치게 낭만화하는 것은 쉬운 일이지만, 원주민 부족들이 서로 경쟁하고 갈등을 겪었다는 점도 기억해야 한다. 각 부족은 자신들만의 신의 비전을 가지고 있었으며, 이는 부족들 사이의 갈등을 일으키기도 했다. 콜럼버스 이후, 이러한 부족 종교에 보편주의적 요소가 주입되었고, 대정령은 향수를 불러일으키는 신으로 남아 있다. 그러나 부족 전쟁과 의식 고문, 희생 제물 등은 더 이상 존재하지 않는다.

원주민 신화와 부족 설화에서 나오는 신성한 것들은 대정령과 하나임을 보여준다. 그러나 이러한 영들이 대정령과 별개인지, 또는 하나인지는 확실하지 않다. 여러 문화와 신념 체계의 진화를 고려할 때, 이는 명확히 알 수 없다. 일부 문화는 16세기 초에 점점 단일신론적이고 일원론적인 신의 관점으로 발전했다고 할 수 있다. 이 종교들이 현대 원주민 부족 그룹 사이에서 생존했다고 설명하는 것이 가능할 것이다.

대정령은 부족마다 다른 이름으로 불린다. 예를 들면, "와칸 탄카"(Wakan Tanka)는 라코타/수우족의 대정령, "마니투"(Manitou)는 이로쿼이족의 대정령, "아피스토토케"(Apistotoke)는 블랙풋족의 대정령, "마헤오"(Maheo)는 샤이엔족의 대정령, "티라와 아티우스"(Tirawa Atius)는 포니족의 대정령이다. 대정령은 남성과 여성, 각각의 독립된 존재로 인식되기도 하며, 일부 부족에서는 "아버지", "할아버지", 또는 "노인"으로 불린다. 대정령의 어머니 지구 측면은 신석기 여신 문화로 거슬러 올라간다. 원주민 사회에서 여성은 남성과 동등한 지위를 누리며 이는 서구 종교와 문화 전통에 비해 훨씬 균형 잡혀 있다.

수우족에게 대정령은 아버지 하늘과 어머니 지구, 인간 생활과 자연 요소를 감독하는 여러 영혼들의 집합체로 여겨진다. 쇼쇼니족은 창조신을 "탐 아포"(~ Tam Apo), 즉 "우리 아버지"라고 부른다. 일부 부족은 최고 존재를 동물, 특히 인간의 사고와 언어를 가진 늑대로 나타낸다.

일반적으로 원주민들은 별, 강, 산, 바위, 불, 공기, 동물, 곤충, 호수, 지구 등 모든 것에 영혼이 깃들어 있다고 믿는다. 유목 생활을 하는 부족들은 풍부한 사냥터가 있는 사후 세계를, 농업 중심의 부족들은 지하 세계를 믿는다.

라코타 네이션의 루터 스탠딩 베어 추장은 다음과 같이 말했다:

> "와칸 탄카(Wakan Tanka), 대정령으로부터 모든 것들에 흐르고 있는 큰 통합의 생명력이 나왔습니다. 평원의 꽃들, 불어오는 바람, 바위, 나무, 새, 동물 등 모든 것에 그 생명력이 흐르고 있으며, 그것은 최초의 인간에게 불어넣어진 동일한 힘이었습니다. 따라서 모든 것들은 친족 관계에 있으며, 동일한 대정령에 의해 하나로 결합되었습니다."

이와 같이 원주민들의 대정령 신앙은 자연과의 깊은 연결을 강조하며, 모든 생명체와 상호 의존하며 공존하는 삶의 철학을 담고 있다.

5. 신성한 장소

미국 원주민들이 단순한 생존을 넘어 문화적으로 번성하면서, 그들은 땅의 중요성, 습관, 변덕, 그리고 주기를 이해하는 과정에서 실용적인 지식을 점차 깊이 있는 이해로 발전시켰다. 이러한 이해는 결국 환경과의 정서적이고 영적인 연결로 이어졌으며, 이는 대륙 전역의 수많은 원주민 문화에 걸쳐 형성된 믿음과 철학으로 발전하였다. 그중에서도 가장 중심이 되는 것은 땅이 신성하다는 믿음이다. 땅은 우리의 시작이며 우리의 근원이고 우리의 생계이다. 땅은 사실상 그리고 영적으로 우리의 어머니이다. 이러한 현실과의 연결은 기원과 창조 이야기뿐만 아니라 재생과 확증의 이야기로 표현된다. 거의 모든 원주민 이야기에는 특정 장소(산꼭대기, 언덕, 계곡, 동굴, 강)가 연관되어 있으며, 이들 각각의 장소는 신성하게 여겨진다.

북미 원주민들은 대륙의 길고 넓은 지역에 걸쳐 거주하였기 때문에 신성한 장소들은 도처에 널려 있으며 그 수는 수천 개에 이를 것으로 추정된다. 물론, 시간이 지나면서 많은 장소들이 잊혀졌고, 일부는 집단 기억의 변두리에 남아 있다. 그러나 모든 장소가 잊혀진 것은 아니다. 이 신성한 장소들은 각 원주민 부족이나 국가의 역사, 문화, 영성, 그리고 신화에서 중요한 역할을 한다. 더불어 하나의 국가나 부족을 구성하는 개별 씨족, 밴드 또는 공동체는 각각 신성하다고 여기는 장소나 지역을 가질 수 있다.

현재도 존재하는 500개 이상의 민족적으로 식별 가능한 원주민 국가 각각은 적어도 하나의 기원 이야기를 가지고 있으며, 땅과의 깊은 연결을 설명하는 수많은 이야기를 가지고 있다. 어떤 장소도 다른 장소보다 더 신성하거나 덜 신성하지 않으며, 어떤 이야기도 다른 이야기보다 더 설득력 있거나 덜 설득력 있지 않다. 각각의 이야기는 부족의 이야기와 역사와 밀접하게 연관되어 있다. 불행히도 많은 장소들이 법적 불확실성에 있거나 현대 사회의 침해와 개발로 인해 변경되었지만 원주민의 눈과 마음에서는 그 중요성이 결코 감소하지 않는다.

따라서 인디언들에게 신성한 장소는 단순한 물리적 공간을 넘어 영적, 문화적, 역사적 중요성을 지닌 곳이다. 이러한 장소들은 그들의 정체성과 세계관의 핵심 요소로, 영혼과 조상, 그리고 대정령과의 깊은 연결을 상징한다. 신성한 장소는 부족의 전통과 믿음을 보존하고 후손들에게 전수하는 중요한 역할을 한다.

신성한 장소의 역할을 보면,

첫째, 의례와 의식의 중심지: 신성한 장소는 종교적 의례와 의식을 행하는 중심지로 기능한다. 예를 들어, 블랙 힐스는 라코타족의 성지로, 다양한 의식과 축제가 이곳에서 열린다. 이곳에서 행해지는 의식들은 대정령과의 영적 교감을 증진시키고 공동체의 결속을 강화한다.

둘째, 정화와 치유의 공간: 이러한 장소들은 정신적, 신체적 치유를 위해 방문된다. 세이지 굴과 같은 장소는 정화와 치유의 힘을 지니고 있다고 믿어진다. 이러한 신성한 공간에서의 의식은 참여자들에게 내면의 평화와 치유를 제공한다.

셋째, 역사와 전설의 보존지: 신성한 장소는 부족의 역사와 전설을 보존하는 역할을 한다. 와운디드 니는 라코타족에게 중요한 역사적 사건과 그로 인한 의미를 되새기는 장소로, 부족의 정체성과 역사를 후손들에게 전달하는 역할을 한다.

넷째, 자연과의 연결: 신성한 장소는 자연과의 깊은 연결을 유지하고, 환경 보호의 중요성을 강조하는 공간이다. 요세미티 국립공원은 아와니치족의 신성한 장소로, 자연과의 조화와 공존을 상징한다. 이러한 장소에서의 활동은 자연의 중요성을 인식하고 환경 보호를 위한 책임감을 고취시킨다.

결론적으로, 신성한 장소는 인디언들의 영적 중심지로 그들의 문화와 전통을 유지하고 후손들에게 전수하는 중요한 역할을 한다. 이러한 장소들은 의례와 의식의 중심지, 정화와 치유의 공간, 역사와 전설의 보존지, 그리고 자연과의 연결을 통해 부족의 정체성을 강화하고 공동체의 결속을 다지는 역할을 한다. 신성한 장소의 중요성은 인디언 문화의 핵심 요소로, 그들의 영적 생활과 문화적 전통을 지속시키는 데 중요한 역할을 한다.

미 인디언 공동체들에게 신성한 장소는 영적, 문화적, 그리고 공동체적 실천의 중심지로서 깊은 의미를 지닌다. 이러한 장소들은 창조 이야기, 조상과의 연결, 자연 환경 등과 밀접하게 연관되어 있다. 신성한 장소로 알려진 몇 곳을 소개하면 다음과 같다.

마운트 샤스타(Mount Shasta, 캘리포니아): 현지 윈투(Wintu) 사람들의 언어로 "우이 타아코(Uytaahkoo)"라 불리는 마운트 샤스타는 신성한 산으로 여겨지며, 강력한 영혼들의 거처로 믿어진다. 이 산은 치유와 재생과 연관되어 있다.

데빌스 타워(Devils Tower, 와이오밍): 이 거대한 바위 형성물은 라코타(Lakota), 샤이엔(Cheyenne), 크로우(Crow) 등 여러 평원 인디언 부족들에게 신성한 장소이다. "베어 로지(Bear Lodge)" 또는 "베어스 티피(Bear's Tipi)"로 알려져 있으며, 창조 이야기와 비전 탐구(vision quests)와 연관되어 있다.

차코 캐니언(Chaco Canyon, 뉴멕시코): Ancestral Puebloans에게 중요한 고고학적 유적지인 차코 캐니언에는 수많은 신성한 구조물과 의식 장소가 포함되어 있다. 이곳은 무역(trade), 의식(ceremony), 천문 관찰(astronomical observations)의 중심지로 사용되었다.

블랙 힐스(Black Hills, 사우스 다코타): 라코타 수우(Lakota Sioux)와 다른 평원 부족들에게 신성한 블랙 힐스는 "파하 사파(Paha Sapa)"로 알려져 있으며, 라코타 영성(Lakota spirituality)과 깊이 연결되어 있다. 이곳은 창조, 비전 탐구, 그리고 썬 댄스(Sun Dance)와 같은 의식과 연관되어 있다.

마우나 케아(Mauna Kea, 하와이): 하와이 원주민들에게 신성한 장소로 여겨지는 마우나 케아는 바닥에서부터 측정했을 때 세계에서 가장 높은 산이다. 이곳은 신들의 거처로 여겨지며, 의식(ceremony), 기도(prayer), 조상과의 연결(connection to ancestors)을 위한 장소로 사용된다.

베어스 이어스 국립 기념물(Bears Ears National Monument, 유타): 여러 원주민 부족들에게 신성한 지역인 베어스 이어스는 고대 암각화(ancient petroglyphs), 절벽 거주지(cliff dwellings), 의식 장소(ceremonial sites) 등을 포함하고 있으며, 문화 유산(cultural heritage)과 영적 중요성(spiritual significance)을 지닌다.

레인보우 브리지(Rainbow Bridge, 나바호 네이션, 유타): 나바호(Navajo) 부족에게 신성한 이 장소는 "치' 시보시 치' 아히니아"(Navajo: Tsé Naní áhí)라 불리며, 강력한 영혼들이 거주한다고 믿어진다. 이곳은 나바호 부족의 창조 이야기와 비전 탐구와 연관되어 있다.

이 외에도 북미 전역에는 수많은 신성한 장소들이 존재하며, 각각의 장소는 고유의 문화적, 영적 중요성을 지니고 있다. 이러한 장소들의 신성함을 인식하고 존중하는 것은 중요하다. 이는 원주민 공동체의 정체성과 복지에 중요한 역할을 하기 때문이다.

6. 미국 원주민 묘지 보호 및 반환법 NAGPRA (Native American Graves Protection and Repatriation Act, 1990)

NAGPRA는 1990년에 제정된 법으로, 미국 내 원주민 유해와 문화유산의 보호와 반환을 목적으로 한다. 이 법은 연방 정부와 연방 지원을 받는 기관들이 소유하거나 관리하는 원주민 유해, 유물, 신성한 물품 등을 원주민 부족들에게 반환하도록 규정하고 있다. NAGPRA는 원주민 문화의 존엄성을 보호하고, 그들의 전통과 역사를 유지하는 중요한 법적 기초를 제공한다.

NAGPRA는 원주민 무덤, 유해, 유물을 발굴하거나 훼손하는 것을 방지하고 이미 발굴된 유해와 유물을 원주민 부족들에게 반환하도록 규정하고 있다. 이는 원주민들의 영적 믿음과 문화적 관습을 존중하는 데 중요한 역할을 한다. 예를 들어, 원주민 유해가 포함된 땅에서 건설 프로젝트가 계획될 경우 해당 부족과의 협의가 필수적이다.

NAGPRA에 따라 연방 기관과 박물관은 소유하고 있는 원주민 유물과 유해 목록을 작성하고 이를 해당 원주민 부족에게 통보해야 한다. 이러한 절차는 투명성과 신뢰성을 확보하며, 유물 반환 과정에서 발생할 수 있는 분쟁을 최소화한다. 스미스소니언 박물관은 NAGPRA에 따라 수천 점의 원주민 유물을 반환한 대표적인 사례이다.

유해와 유물의 소유권과 반환 절차는 원주민 부족과의 협의를 통해 진행된다. 이는 원주민의 문화적 자율성과 권리를 보장하는 중요한 과정이다. 예를 들어, "케네윅 사람"(Kennewick Man)의 유해 반환 문제는 NAGPRA 적용 여부를 둘러싸고 법적 분쟁이 있었지만, 이러한 협의 과정은 원주민의 관점을 반영하고 존중하는 방향으로 이루어졌다.

이 법은 원주민 유해 및 장례용 물품의 반환 지침을 설정하지만 몇 가지 한계가 있다. NAGPRA는 연방 자금을 받는 박물관이나 기타 기관에만 적용되며 사립 소장품은 연방 법의 적용을 받지 않는다. 일반적인 NAGPRA 지침에 따른 반환에서는 물품이 직접 후손이나 해당 부족에게 반환된다.

연방법에 따라 부족에게 반환되어야 하는 약 87만 개의 유물 중 거의 11만 개의 해골과 기타 인체 유해가 여전히 전국의 대학, 박물관 및 기타 기관에 소장되어 있다. NAGPRA의 한계에도 불구하고, 이 법은 원주민 유해와 문화유산을 보호하고 반환하는 중요한 역할을 하고 있다. 이를 통해 원주민의 영적, 문화적 유산이 존중되고 보존될 수 있는 기회를 제공하고 있다.

운디드 니 유품 반환 Wounded Knee Artifact Repatriation

1990년에 제정된 원주민 무덤 보호 및 반환법(NAGPRA)은 미국 내 원주민의 유해와 문화유산을 보호하고, 이들을 원주민 부족에게 반환하는 절차를 마련했다. 최근 Wounded Knee 재단과 박물관 간의 법적 다툼은 NAGPRA에 따른 유물 반환을 둘러싸고 벌어졌다. 이 사건은 특히 1890년 Wounded Knee 학살과 관련된 유물 반환을 중심으로 이루어졌다.

주요 논점으로는,

첫째, 유물의 출처와 분류: 박물관들이 소유한 유물의 출처와 분류에 대한 정보가 부족하여, 원주민 부족이 해당 유물을 어떻게 되찾아야 할지 모호한 경우가 많았다. 예를 들어, 아메리칸 자연사 박물관은 Wounded Knee 관련 유물을 "의복 및 장식", "의식 및 오락", "미지정/알 수 없음" 등으로 분류했지만, 자세한 출처 정보는 제공하지 않았다.

둘째, 문화적 지식의 부족: 박물관과 부족 간의 문화적 이해 차이로 인해 원활한 협의가 어려운 경우도 있었다. 부족은 박물관의 분류 시스템에 대해 잘 알지 못하고, 박물관은 부족의 문화적 배경을 충분히 이해하지 못하는 상황이 발생했다.

셋째, 유물 반환의 어려움: 유물 반환 절차는 매우 느리게 진행되었다. 예를 들어, 매사추세츠 주의 작은 박물관인 Founders Museum은 150개 이상의 유물을 반환하는 데 수십 년이 걸렸다. 이 과정에서 유물의 출처를 확인하고, 개별적으로 식별, 사진 촬영 및 목록화하는 작업이 필요했다.

결국, 2022년, Founders Museum은 1890년 Wounded Knee 학살과 관련된 유물을 반환하기로 결정했다. 이는 유물 반환 절차가 시작된 지 약 30년 만에 이루어진 결과였다. 2022년 11월 10일, 반환 행사가 열렸고, 이후 공식적인 유물 인도는 비공개로 진행되었다. 이 행사는 Wounded Knee 학살의 아픔을 치유하는 중요한 단계로 평가되었다.

7. 미원주민 종교 자유법(AIRFA: American Indian Religious Freedom Act, 1978)

미원주민 종교 자유법(AIRFA)은 미원주민과 알래스카 원주민의 종교적 자유를 보호하고 촉진하기 위한 법이다. 이 법은 원주민들이 전통적인 종교 관습, 의례, 그리고 신념을 자유롭게 실천할 수 있도록 보장하는 것을 목표로 한다.

특히, 원주민들이 그들의 신앙과 관습을 보호받지 못하고 있는 현실을 인식하고 이를 개선하고자 제정되었다.

AIRFA는 원주민들이 그들의 종교적 전통을 유지하고, 중요한 의례를 수행하며, 성스러운 장소에서 의식을 거행할 수 있는 권리를 명시적으로 보호한다. 이는 원주민 공동체가 그들의 정체성과 문화적 유산을 보존하고 발전시키는 데 중요한 역할을 한다. 이 법은 연방 기관들이 원주민들의 종교적 관습을 존중하고 보호하는 정책을 수립하고 실행하도록 요구한다.

미국 원주민 종교 자유법이 제정되기 전까지 많은 원주민 공동체는 그들의 종교적 관습을 실행하는 데 있어 다양한 법적, 사회적 제약에 직면해 있었다. 성스러운 장소는 개발과 관광 등으로 인해 훼손되었으며, 전통적인 의식과 의례는 법적 규제로 인해 자유롭게 수행될 수 없었다. 이러한 문제들은 원주민 공동체의 정체성과 문화적 지속성에 큰 위협이 되었다.

AIRFA의 주요 내용은 다음과 같다: 첫째, 종교적 의례 보호: 원주민들이 전통적인 종교 의례를 자유롭게 수행할 수 있도록 보장한다. 둘째, 성스러운 장소 보호: 원주민들의 성스러운 장소가 개발 등으로부터 보호되도록 한다. 세째, 종교적 유물 반환: 박물관과 기타 기관들이 소장하고 있는 종교적 유물을 원주민 공동체에 반환하도록 촉진한다.

AIRFA는 제정 이후 원주민의 종교적 자유를 보호하기 위한 다양한 법적 근거를 제공해왔다. 예를 들어, 원주민들이 전통적인 방식으로 성스러운 장소에서 의식을 거행할 수 있도록 하기 위해 연방 정부와의 협상이 이루어졌으며, 성스러운 유물의 반환을 요구하는 법적 싸움에서도 중요한 역할을 했다. 최근의 사례로는 케네윅 사람(Kennewick Man) 유골 반환 문제가 있다. 이 유골은 발견된 이후 긴 법적 싸움 끝에 원주민 공동체에 반환되었으며 이는 NAGPRA와 AIRFA의 적용을 받았다.

AIRFA는 원주민들의 종교적 권리를 보호하는 중요한 법률로 그들의 문화적 지속성과 정체성을 지키는 데 큰 기여를 하고 있다. 이를 통해 원주민들은 그들의 신앙과 관습을 자유롭게 실천하며 성스러운 장소와 유물을 보호받을 수 있게 되었다.

미국 원주민 종교 자유법(AIRFA)은 1978년 처음 제정된 이후 여러 차례 개정을 거치며 원주민의 종교적 자유와 권리를 더욱 폭넓게 보호하는 방향으로 발전해왔다. 1994년에 중요한 내용의 개정을 했다. 이 개정을 통해 AIRFA는 아메리카 원주민들이 전통적인 종교 의식에서 특정 식물과 물질을 사용할 수 있는 권리를 명확하게 보장하였다. 이 법안은 원주민들이 전통적으로 신성하게 여기는 식물, 특히 선인장류 식물인 페요테(Peyote)를 종교 의식에서 사용할 수 있도록 허용하여 페요테를 사용한 종교 의식을 연방 및 주 법률에서 보호받을 수 있도록 하였다. 페요테는 특히 네이티브 아메리칸 교회(Native American Church)에서 중요한 역할을 한다.

법은 또한 원주민들의 종교적 의식이 거행되는 성스러운 장소에 대한 보호를 강화하였다. 성스러운 장소가 상업적 개발이나 기타 외부 요인으로부터 훼손되는 것을 막기 위해, 정부 기관들은 원주민들의 종교적 권리를 보호하기 위한 정책을 수립하고 시행하도록 권고받았다.

AIRFA는 NAGPRA와 밀접하게 연계되어 있다. NAGPRA는 원주민의 유물과 유해가 적절하게 보호되고 반환될 수 있도록 하는 법률로 두 법은 함께 원주민의 종교적 자유와 문화적 유산을 보호하는 역할을 한다.

결론적으로 미국 원주민 종교 자유법과 그 이후의 개정들은 원주민의 종교적 자유와 권리를 보호하는 중요한 법적 기초를 제공한다. 이러한 법률들은 원주민들이 그들의 전통적 종교 의식과 문화를 자유롭게 실천할 수 있도록 보장하며, 성스러운 장소와 유물을 보호하는 데 중대한 역할을 하고 있다. 이는 원주민 공동체의 정체성과 문화적 지속성을 지키는 데 중요한 기여를 하고 있다.

8. 종교 자유 회복법(RFRA:Religious Freedom Restoration Act, 1993)

종교 자유 회복법(RFRA)은 1993년 미국 의회에서 통과된 법률로, 개인의 종교적 자유를 보호하는 것을 목적으로 한다. 이 법은 주로 정부의 정책이나 법률이 개인의 종교적 신념과 관습을 부당하게 제한하지 않도록 하는 데 중점을 둔다.

법률의 주요 내용은 다음과 같다.

첫째, 정부의 부담: RFRA는 정부가 개인의 종교적 관습에 중대한 부담을 주는 경우, 반드시 그 부담이 정부의 중대한 이익을 보호하기 위한 '최소한의 방법'이어야 한다고 명시한다. 이는 종교적 자유를 최대한 보장하기 위해 정부의 간섭을 최소화하려는 취지이다.

둘째, 엄격한 심사 기준: RFRA는 종교적 자유에 대한 제한이 합헌인지 판단하는 기준을 '엄격한 심사 기준'으로 강화하였다. 이는 정부가 종교적 자유를 제한하려면 반드시 중대한 정부 이익을 위해 '최소한의 제한적 수단'을 사용해야 한다는 것을 의미한다.

RFRA는 1990년 미국 대법원의 스미스 대 오레곤 사건(Employment Division v. Smith) 판결에 대한 반응으로 제정되었다. 이 사건에서 대법원은 두 명의 미원주민이 종교 의식에서 페요테를 사용한 이유로 해고된 사건에서 종교적 자유가 보장되지 않는다는 판결을 내렸다. 이에 대한 반발로 RFRA가 제정되어 종교적 자유를 보다 강하게 보호하는 법적 틀을 마련하였다.

RFRA는 처음에는 연방 정부뿐만 아니라 주 정부에도 적용되었으나, 1997년 시티 오브 보에른 대 플로레스(City of Boerne v. Flores) 사건에서 미국 대법원은 RFRA가 주 정부에 적용될 수 없다는 판결을 내렸다. 그 결과, RFRA는 현재 연방 정부에만 적용되며, 몇몇 주에서는 이와 유사한 주법을 제정하여 종교적 자유를 보호하고 있다.

주요 사례로는 구첸호츠 대 미국 (Gonzales v. O Centro Espírita Beneficente União do Veg-
etal, 2006) 사건이 있다. 이 사건은 브라질 종교 단체가 그들의 종교 의식에서 사
용되는 차 성분이 미국의 마약 법률을 위반하는 것에 대해 RFRA를 근거로 소
송을 제기하였고, 대법원은 종교적 관습을 보호해야 한다는 판결을 내렸다. 또
한, 버웰 대 호비 로비 스토어즈 (Burwell v. Hobby Lobby Stores, 2014) 사건에서는 호비
로비 사가 RFRA를 근거로 종교적 신념에 반하는 피임약 비용을 직원 건강보험
으로 제공해야 하는 오바마케어의 규정에 이의를 제기하였고, 대법원은 호비
로비의 손을 들어 주었다.

결론적으로 종교 자유 회복법(RFRA)은 미국에서 개인의 종교적 자유를 보호
하는 중요한 법적 수단으로, 정부가 종교적 관습에 부당한 부담을 주지 않도록
한다. 이 법은 종교적 신념을 가진 사람들이 그들의 신념을 실천할 수 있도록 법
적 보호 장치를 제공하며, 종교적 자유에 대한 정부의 간섭을 최소화하려는 목
적을 가지고 있다.

9. 종교계의 반성과 사죄

교황의 발견의 원리 취소

발견의 원리(The Doctrine of Discovery)는 식민지 시대에 원주민의 토지를 합법적
으로 점유하는 것을 정당화한 교황의 칙령으로부터 시작된 이론으로, 식민지
시대 전 세계에 적용된 점유 변명이며 미원주민의 토지와 권리를 제한하는 데까
지 적용된 이론이다. 원주민들은 끊임없이 교황청에 이 칙령을 취소하고 사과
하라고 요구해 왔다. 이에 대한 원주민의 요구에 응답하여 바티칸은 2023년 3
월 30일에 공식적으로 이 원칙을 폐기하였다.

바티칸의 개발 및 교육 사무소에서 발표된 이 성명 67)은 유럽 강대국들이 저지른 식민지 시대의 학대에 대한 바티칸의 공모를 역사적으로 인정한 것이다. 성명은 교황 칙령들이 경쟁하는 식민지 강대국들에 의해 정치적으로 조작되어, 때로는 교회 당국의 반대 없이 원주민에 대한 부도덕한 행위를 정당화하는 데 사용되었다고 언급했다.

이 성명은 이러한 오류를 인정하고, 식민지 시대의 동화 정책이 원주민들에게 끼친 끔찍한 영향을 인정하며, 그들에게 용서를 구하는 것이 옳다고 밝혔다. 이는 포르투갈과 스페인 왕국이 아프리카와 아메리카에서 기독교를 전파하기 위해 영토를 확장하는 데 종교적 지원을 제공한 교황 칙령을 공식적으로 폐기하라는 수십 년간의 원주민 요구에 대한 응답이다.

바티칸의 이번 발표는 원주민들의 권리와 존엄성을 인정하는 중요한 한 걸음으로, 교황청이 역사적인 부당함을 바로잡기 위해 노력하고 있음을 보여준다. 이 성명은 과거의 잘못을 인정하고, 앞으로 더 나은 관계를 구축하기 위한 기반을 마련하는데 중요한 의미를 갖는다.

성명서를 요약하면 다음과 같다.

1. 보편적 형제애와 존엄성: 가톨릭 교회는 예수 그리스도로부터 받은 사명을 충실히 이행하며, 모든 인간의 존엄성과 보편적 형제애를 촉진하려고 노력한다.

2. 폭력과 불의에 대한 비판: 역사적으로 교황들은 원주민을 포함한 폭력, 억압, 사회적 불의 및 노예 제도를 비판하였다. 많은 주교, 사제, 수도자 및 평신도들이 이러한 불의에 맞서 싸우며 생명을 바쳤다.

3. 과거의 잘못 인정: 역사적 사실에 대한 존중을 요구하며, 모든 세대의 그리스도의 제자들이 저지른 인간적 약점과 잘못을 인정해야 한다고 강조한다. 최

---

67) Joint Statement of the Dicasteries for Culture and Education and for Promoting Integral Human Development on the "Doctrine of Discovery", 30.03.2023

근 교황들은 원주민에 대한 악행에 대해 여러 차례 용서를 구했다.

4. 원주민과의 대화: 원주민, 특히 가톨릭 신앙을 가진 원주민들과의 대화를 통해 교회는 그들의 가치와 문화를 더 잘 이해하게 되었다. 이는 그들의 땅이 신과 조상들로부터 받은 성스러운 선물로 간주되는 것을 이해하고, 과거의 강제 동화 정책이 그들의 고유 문화를 말살하려 했던 것을 인식하는 데 도움이 되었다. 교황 프란치스코는 이러한 고통이 식민주의적 사고를 버리고 원주민과 함께 나아갈 것을 강력히 촉구하고 있다.

5. 발견의 원칙에 대한 비판: 교회는 발견의 원칙에 대한 개념을 다루는 것이 중요함을 인식하였다. 이 개념은 식민지 강대국들에 의해 논의되었으며, 토지 발견이 원주민의 소유권을 없애는 독점적 권리를 부여한다고 주장하였다.

6. 가톨릭 교리와의 무관성: 발견의 원리는 가톨릭 교리의 일부가 아니며, 교황 문서들이 정치적 질문과 연관되어 작성된 것일 뿐, 가톨릭 신앙의 표현으로 간주된 적이 없음을 명확히 한다. 교회는 이러한 문서들이 원주민의 동등한 존엄성과 권리를 충분히 반영하지 못했음을 인정하고, 원주민에 대한 비도덕적 행위를 정당화하는 데 사용되었음을 인식한다.

7. 모든 인간에 대한 존중: 교회의 교도권은 모든 인간에 대한 존중을 강조하며, 원주민의 권리를 인정하지 않는 개념들을 거부한다.

8. 원주민의 권리 옹호: 교회와 교황들은 반복적으로 원주민의 권리를 옹호해 왔다. 예를 들어, 교황 바오로 3세는 1537년 칙령 Sublimis Deus에서 원주민이 자유와 재산 소유를 박탈 당해서는 안 된다고 선언했다.

9. UN 원주민 권리 선언 지지: 교회의 원주민에 대한 연대는 유엔 원주민 권리 선언의 원칙을 강력히 지지하는 형태로 나타났다. 이러한 원칙의 이행은 원주민의 생활 조건을 개선하고 그들의 권리를 보호하며, 그들의 정체성, 언어 및 문화를 존중하는 방식으로 그들의 발전을 촉진할 것이다.

한편, 원주민 지도자들은 이 성명을 첫 번째 좋은 단계로 환영했으나 칙령 자체의 철회나 학대에 대한 실제 바티칸의 책임을 인정하는 데까지는 이르지 않았다고 지적했다. 더우기 발견의 원리를 공식적으로 취소한다고 공식발표를 하면서도 6항에 발견의 원리는 가톨릭 교리나 신앙의 표현이 아니라고 강변하면서 정치적 견해를 담은 교황 문서라고 발뺌함으로서 스스로 논리의 모순을 보이고 있다. 교황의 칙령이 가톨릭의 공식 견해이며 모든 교회의 교리의 근본이 됨을 나서서 부인한 셈이다.

종교계 사과와 회개

10개 교단 합동 최초 사과

1987년 11월 21일 워싱턴 주 시애틀 시내의 고대 묘지에서 기독교계 10대 교파 지도자들이 연합하여 태평양 북서부 인디언 및 에스키모인들의 부족 위원회와 전통 영적 지도자들에게 공식 사과 선언문을 발표하였다. 이 선언문은 그들의 교회가 북미 원주민 종교 파괴에 참여한 것에 대한 사과를 담고 있다. 성명에서 지도자들은 원주민들의 관습과 신념, 종교적 목적으로 신성한 장소를 보호하는 것, 깃털과 담배 같은 물품을 종교적 목적으로 사용하는 것을 공식적으로 인정했다. 또한 교회들은 1978년 제정된 미원주민 종교 자유법(American Indian Religious Freedom Act)을 지지하고 지원하겠다고 약속했습니다. 이 사과 선언은 원주민 종교와 문화에 대한 존중을 표명하며 과거의 잘못을 인정하고 원주민들과의 화해와 협력을 약속하는 중요한 의미를 갖는다. 이 사과에 참여한 10개 교단은 다음과 같다.

Lutheran Church in America, American Baptist Churches of the Northwest, Regional Christian Church, Episcopal Diocese of Olympia, United Church of Christ, Roman Catholic Archdiocese of Seattle, Presbyterian Church, North

Pacific District, Northwest American Lutheran Church, Roman Catholic Archdiocese of Seattle, United Methodist Church – Pacific Northwest Conference

하지만 각 교단이 공식적으로 채택한 사과문은 아니어서 이후 각 교단 개별적으로 사과하기에 이른다.

로마 가톨릭 교회: 2023년 공식적으로 발견의 원리를 취소하기 전 2021년 캐나다에서 로마 가톨릭 교회의 원주민 기숙학교 관련 과거 잘못에 대해 사과하고 용서를 구하는 성명을 발표했다. 교황 프란치스코는 원주민의 고통을 인정하고 진정한 치유와 화해를 위한 노력을 다짐했다.

미국 성공회(ECA): 미국 성공회 76회 총회(2007. 7. Anaheim, CA)의 결의: 발견의 원리 취소 발표. 그리고 이 때 미국 성공회는 원주민 기숙학교의 운영에 있어서 자신들의 역할을 인정하며 과거의 잘못에 대해 사과했다. 2012년 성공회 총회에서는 원주민과의 관계 회복을 위한 회개의 행사를 열었다.

연합감리교회: 연합감리교회는 1996 총회에서 샌드 크리크 학살에 대해 사과했다. 왜냐하면 이 학살을 주도한 지도자가 감리교 목사 시빙턴이었기 때문이다. 2012년 총회에서 원주민과의 관계를 회복하기 위한 회개의 행사를 가졌습니다. 2016년에 소책자를 발행하여 원주민에 대한 교단의 사과의 입장을 정리했다.

먼저 연합감리교회는 발견의 교리가 원주민들의 토지를 강탈하고 인권을 침해하는 데 사용된 법적 문서임을 비판하였다. 이 소책자에서 연합감리교회는 미국 인디언들에게 하는 고백으로 연합 감리교회(및 그 전신 기관들)는 "미국 인디언 형제자매들에게 죄를 지어왔으며 여전히 죄를 짓고 있다. 교단은 그들의 의도적이든 비의도적이든 참여한 것에 대해 사과한다"고 용서를 빌었다. 그리고 원주민의 생활방식을 존중한다고 약속했다. 즉 인디언 주권과 자치권을 존중하고 그들의 문화, 땅, 종교적 표현 및 신성한 장소를 존중한다고 밝혔다.

미장로교회(PCUSA) : 222회 총회(2016년)에서 "PCUSA와 그 회원들이 교단 내외의 미국 원주민 조상 출신 시민들에게 사과할 것을 지시한다. 특히 인디언 동화운동 중 '도난 세대'의 일부였던 사람들, 즉 인디언 기숙학교의 전 학생들, 그들의 가족, 그리고 그들의 공동체에게 이 사과를 바친다"고 성명을 발표했다. 또한편, "인디언 기숙학교에 재학 중이던 학생으로서 신체적, 성적, 정서적 학대를 당한 이들에게 (미국 장로교회)가 가장 진심 어린 사과를 드린다. 당신들은 아무 잘못이 없으며 당신들은 어떤 경우에도 정당화될 수 없고 용서될 수 없는 사악한 행위의 피해자들이다"이라고 피해자들에게 진심으로 사과했다.

크리스천 개혁장로회(CRC) : 2010 결의안을 통해 "미국 시민들이 원주민들에게 가한 수많은 폭력, 학대, 방치 사례에 대해 미국 국민을 대신하여 모든 원주민들에게 공식적으로 사과한다"고 밝혔다.

남침례교(SBC) : 2022년 7월 총회에서 채택한 결의안에서 미원주민에 대한 강제 동화와 강제 개종을 "종교의 자유와 영혼의 자유라는 침례교의 독특한 신념에 반하는 행위"로 규탄하였다. 이 성명서는 또한 이러한 고통스러운 역사가 원주민들에게 계속해서 영향을 미치고 있음을 인정하였다. 미국에서 가장 큰 교단이 가장 늦게 사과 성명을 낸것은 만시지탄이지만 "남침례회의 긴 역사를 보면, 원주민들과 함께하는 입장을 취한 결의안은 역사상 한 번도 없었다"라고 뒤늦은 반성을 표명하였다.

이외 그리스도연합교회(UCC) 메노나이트 교단, 루터교(ELCA)도 공식적으로 사과했다. 이외 노회 차원이나 또는 개별 종교지도자들이 사과를 표명하였다.

12. 미 정부-미 인디언 신탁관계

1. 신탁 원칙: Federal-Tribal Trust Relationship (Doctrine of Trust) 68)

'신탁 책임'은 1983년 미국 대 미첼 (United States v. Mitchell) 사건에서 대법원이 "미국과 인디언 간의 일반적인 신탁 관계의 존재가 의심의 여지가 없다"고 언급한 법적 원칙이다. 이 관계는 연방 인디언 법에서 가장 중요하고 동기 부여가 되는 개념 중 하나이다. 대법원은 초기 인디언 조약을 해석하는 사건들에서 연방-인디언 신탁 관계의 존재를 처음으로 인정하였다. 1787년에서 1871년 사이에 미국은 인디언 부족들과 거의 400개의 조약을 체결하였다. 일반적으로 이러한 조약에서 미국은 부족들로부터 원하는 땅을 얻었고, 그 대가로 미국은 다른 예약지(Reservation)를 부족들에게 할당하고, 연방 정부가 부족의 주권을 존중하고, 부족을 보호하며, 부족의 복지를 제공할 것을 보장하였다. 대법원은 조약이 부족과 연방 정부 간의 특별한 관계를 만들어냈으며, 이는 정부가 부족이 자신의 의무를 지켰기 때문에 정부도 자신의 약속을 지켜야 한다는 의무를 부과한다고 판결하였다. 이러한 원칙은 정부가 약속을 지키고 조약 의무를 이행해야 한다는 신탁 책임 원칙으로 알려져 있다. 예를 들어, 세미놀 네이션 대 미국 (Seminole Nation v. U.S., 1942), 미국 대 메이슨 (U.S. v. Mason, 1973), 모튼 대 만카리 (Morton v Mancari, 1974) 등의 사례가 있다. 신탁 원칙은 인디언을 위한 연방 책임의 출처로서, 연방 정부가 부족 자치와 경제 번영을 지원해야 하는 의무를 부과한다.

---

68) U.S. Department of the InteriorIndian Affairs. What is the federal Indian trust responsibility? -Stephen L. Pevar. 2009. THE FEDERAL-TRIBAL TRUST RELATIONSHIP: ITS ORIGIN, NATURE, AND SCOPE. CA Water Plan.

이는 정부가 인디언 부족을 보호하고 그들의 주권을 존중할 것이라는 조약 보증에서 비롯된 의무이다. 1977년 미국 인디언 정책 검토 위원회 상원 보고서는 신탁 의무를 다음과 같이 표현하였다: "신탁 원칙의 목적은 인디언 부족과 사람들의 생존과 복지를 보장하는 것이다. 이는 부족 토지, 자원, 자치 정부를 보호하고 강화하기 위해 필요한 서비스를 제공할 의무를 포함하며, 인디언 사람들의 생활 수준과 사회적 복지를 비인디언 사회와 비교할 수 있는 수준으로 향상시키기 위해 필요한 경제적 및 사회적 프로그램도 포함된다." 인디언 부족 사법 지원법(Indian Tribal Justice Support Act, 1993)은 미국과 각 인디언 부족 간의 정부 대 정부 관계와 신탁 책임을 반영하여, 연방 정부가 부족 정부에 대해 갖는 독특한 의무와 약속을 명시적으로 인식하고 강조하고 있다.

이 법은 미국과 각 인디언 부족 간의 정부 대 정부 관계의 존재를 인정하며, 부족 정부의 주권적 지위와 이 관계를 뒷받침하는 상호 존중을 강조한다. 이를 통해, 이 법은 부족 국가가 고유의 권리와 책임을 가진 독립된 정치적 실체임을 확인하며, 연방 정부가 이를 존중하고 준수해야 한다는 원칙을 확립한다. 또한, 이 법은 부족 정부에 대한 미국의 신탁 책임을 강조하며, 부족 주권의 보호와 효과적인 부족 사법 시스템의 촉진을 포함한다. 이러한 신탁 책임은 부족 법원의 활동을 지원하고, 부족 정부가 공동체 내에서 정의를 구현할 수 있는 필수 자원과 도구를 제공하는 데 대한 약속을 수반한다. 전반적으로, 1993년 인디언 부족 사법 지원법은 미국과 인디언 부족 간의 정부 대 정부 관계와 신탁 책임을 입법적으로 구현한 것으로, 부족 주권을 유지하고 부족 국가의 자치 및 사법 시스템을 지원해야 하는 연방 정부의 법적 및 도덕적 의무를 재확인한다.

미국 대법원은 다양한 주요 판결을 통해 인디언 부족과 연방 정부 간의 일반적인 신탁 관계의 존재를 확인해왔다. 미 정부 대 미첼(United States v. Mitchell, 1983) 사건에서, 대법원은 미국과 인디언 민족 간에 일반적인 신탁 관계가 존재한다는 오랜 원칙을 인정했다. 이 사건은 정부가 부족 재산을 현명하게 관리하고 부족의 이익을 위해 관리해야 할 신탁 의무를 강조했다. 더 나아가, 미 정부 대 나바호 네이션(United States v. Navajo Nation, 2003) 사건에서, 대법원은 인디언 부족과 연방 정부 간의 일반적인 신탁 관계를 확인했다. 이 사건은 부족 정부에 대한 미국의 신탁 책임, 부족 주권과 이익 보호를 강조했다. 이러한 대법원 판결들은 연방-부족 신탁 관계의 법적 인정과 집행을 강조하며, 정부가 인디언 부족에 대한 신탁 의무를 충실히 이행해야 할 책임을 강조한다.

신탁 원칙의 본질과 범위는 연방 관료들이 인디언 부족에 대한 신탁 의무를 이행하는 데 필요한 사항들을 설명한다. 신탁 원칙은 연방 정부에 부족의 이익을 최우선으로 생각하고 신탁 책임을 준수할 신탁 의무를 부과한다. 신탁 원칙을 광범위하게 해석하면, 연방 관료들은 부족 자치 정부를 지원하고 장려하며, 부족 공동체 내 경제 번영을 촉진하고 부족의 이익을 보호할 의무가 있다. 이 의무는 조약과 법령에 명시된 특정 의무와는 별개로 존재한다. 연방 관료들은 부족 자원의 사용 및 개발과 관련된 의사 결정 과정에서 부족과 협의해야 한다. 그들은 부족을 향해 성실하게 행동하고, 부족의 이익을 대변하며, 연방 통제 하에 있는 부족 자원을 생산적이고 수익성 있게 만드는 것을 추구해야 한다. 신탁 관계는 법이 인정하는 가장 높은 수준의 책임을 부과하며, 이는 후견인과 피후견인 사이의 관계에 비유될 수 있다. 연방 관료들은 최 대한의 충성심을 보여야 하며, 부족 자원을 현명하게 관리하고, 부족의 이익에 부합하는 결정을 내려야 한다. 결론적으로, 신탁 원칙은 연방 관료들이 인디언 부족에 대한 신탁 의무를 준수하도록 요구하며, 이를 통해 부족 자치 정부를 촉진하고, 경제 번영을 도모하며, 협의와 대변, 그리고 책임 있는 자원 관리를 통해 부족의 이익을 보호해야 한다.

신탁 원칙은 의회가 인디언과 부족과 관련된 법률을 제정하는 데 중요한 역할을 하며, 연방 인디언 법의 근본 개념이자 입법 활동의 원동력으로 작용한다. 지난 몇십 년 동안 의회가 인디언 문제에 대해 통과시킨 거의 모든 법률은 연방 정부의 신탁 의무를 바탕으로 하고 이를 통해 지지받아왔다. 예를 들어 인디언 부족 사법 지원법은 부족 법원의 운영을 강화하는 것을 목표로 하며, 미국과 각 인디언 부족 간의 정부 대 정부 관계를 명시적으로 인정하고, 부족 주권 보호를 포함한 미국의 신탁 책임을 강조하고 있다. 마찬가지로 연방 석유 및 가스 로열티 관리법(Federal Oil and Gas Royalty Management Act)과 2001년 아동 교육 법안(No Child Left Behind Act)에는 각각 인디언 자원의 관리와 인디언 아동의 교육에 직접적으로 관련된 조항이 포함되어 있으며, 이는 연방 정부가 인디언 민족에 대한 신탁 관계와 책임을 이행하는 데 목적을 두고 있다. 본질적으로, 신탁 교리는 인디언과 부족과 관련된 법률 개발에 정보를 제공하고 영향을 미치는 지침 원칙으로 작용하며, 연방 정부가 부족 국가들에 대한 의무와 약속을 준수하도록 보장하는 역할을 한다.

2. 연방권력(Federal Power)의 해석

1. 연방 권력의 원천: 미국 헌법

전쟁 권한—제1조, 제8절, 제2항 "[의회는] 전쟁을 선언할 권한을 가진다.…"

상업 조항—제1조, 제8절, 제3항 "[의회는] 외국과 여러 주 사이, 그리고 인디언 부족과의 상업을 규제할 권한을 가진다."

조약 권한—제2조, 제2절, 제2항 "[대통령은] 상원의 조언과 동의를 받아, 출석한 상원의원 3분의 2의 동의를 얻어 조약을 체결할 권한을 가진다. …"

재산 조항—제4조, 제3절, 제2항 "[의회는] 미국에 속하는 영토 또는 기타 재산에 관한 모든 필요하고 적절한 규칙과 규정을 처분하고 만들 권한을 가진다. …"

2. 연방 권력의 원천: 판례 분석

미국과 인디언 부족 간의 관계에서 연방 권력의 원천은 여러 판례를 통해 확립되고 정당화되었다. 이러한 판례들은 연방 정부가 인디언 부족에 대해 가지는 권한의 기초와 범위를 명확히 한다. 주요 판례들을 통해 이를 살펴보자.

워세스터 대 조지아 (Worcester v. Georgia, 1832): 워세스터 대 조지아 사건에서는 부족과 연방 정부 간의 관계가 독점적임을 명확히 했다. 대법원은 주 정부가 인디언 부족에 대해 권한을 가지지 않는다고 판결하였다. 이 판결은 연방 정부가 인디언 부족과의 관계에서 주된 권한을 가지며, 주 정부는 인디언 문제에 개입할 수 없음을 명확히 했다. 이는 인디언 부족의 주권을 보호하고 연방 정부의 권한을 강조하는 중요한 판례이다.

미 정부 대 카가마 (US v. Kagama, 1886): 미 정부 대 카가마 사건에서는 인디언 부족이 국가의 피후견인임을 명확히 하였다. 대법원은 연방 정부가 인디언 부족을 보호할 의무가 있으며, 이를 위해 범죄 관할권을 주장할 수 있다고 판결했다. 이 판결은 연방 정부가 인디언 부족의 보호자 역할을 수행할 수 있도록 하는 법적 근거를 제공하며, 인디언 부족의 안전과 법적 보호를 보장하는 데 중요한 역할을 한다.

론 울프 대 히치콕 (Lone Wolf v. Hitchcock, 1903): 론 울프 대 히치콕 사건에서는 의회가 인디언 조약을 일방적으로 폐기할 수 있는 권한을 가지고 있음을 확인하였다. 대법원은 의회의 이러한 권한이 보호자-피후견인 관계에 의해 정당화된다고 판결하였다. 이는 연방 정부가 인디언 조약을 수정하거나 폐기할 수 있는 법적 권한을 가지며, 이를 통해 인디언 부족의 복지를 보장할 수 있음을 의미한다. 이 판례는 연방 정부의 권한을 강화하는 동시에 인디언 부족의 권리를 보호하는 데 중요한 법적 기준을 제공한다.

미 정부 대 산도발 (US v. Sandoval, 1913): 미 정부 대 산도발 사건에서는 뉴멕시코의 푸에블로족이 "국내 종속 공동체"로 간주됨을 확인하였다. 대법원은 의회가 이러한 종속 공동체에 대해 입법 권한을 가지며, 이를 통해 푸에블로족의 권리를 보호할 수 있다고 판결했다. 이 판결은 연방 정부가 인디언 부족에 대해 입법적 권한을 가지며, 이를 통해 부족의 복지와 자치를 보호할 수 있음을 명확히 한다.

미 정부 대 디온 (US v. Dion, 1986): 미 정부 대 디온 사건에서는 조약을 폐기하기 위해 의회의 명백한 의도가 필요하지 않으며, 단순히 "명백한 증거"가 필요하다는 원칙을 확립하였다. 이 판결은 의회가 인디언 조약을 수정하거나 폐기할 때 명백한 증거를 통해 그 의도를 확인할 수 있음을 의미한다. 이는 연방 정부가 인디언 부족과의 조약을 보다 유연하게 조정할 수 있도록 하며, 부족의 권리와 연방 정책 간의 균형을 유지하는 데 기여한다.

연방 권력의 원천에 대한 판례들은 미국과 인디언 부족 간의 관계에서 중요한 법적 기준을 설정한다. 워세스터 대 조지아 사건에서의 독점적 관계 인정, 미 정부 대 카가마 사건에서의 보호자 역할, 론 울프 대 히치콕 사건에서의 조약 폐기 권한, 미 정부 대 산도발 사건에서의 입법 권한, 그리고 미 정부 대 디온 사건에서의 명백한 증거 요구는 모두 연방 정부가 인디언 부족에 대해 가지는 권한과 책임을 명확히 한다. 이러한 판례들은 인디언 부족의 주권과 권리를 보호하면서도 연방 정부의 권한을 정당화하고, 부족의 복지와 자치를 보장하는 중요한 법적 장치로 작용한다.

3. 연방 권력의 원천: 입법

1790-1834년 무역 및 교류 법

1885년 주요 범죄법

4. 연방 권력의 제한: 미국 헌법

권리 장전 (1791)

제1차 수정헌법 [종교, 언론, 출판, 집회, 청원]

제2차 수정헌법 [무기 소지 권리]

제3차 수정헌법 [병력 주둔]

제4차 수정헌법 [수색과 압수]

제5차 수정헌법 [대배심, 이중위험, 자기부죄, 적법절차, 수용]

제6차 수정헌법 [형사 소추 – 배심 재판, 대질 및 변호인 권리]

제7차 수정헌법 [일반 법 소송 – 배심 재판]

제8차 수정헌법 [과도한 보석금 또는 벌금, 잔인하고 이례적인 처벌]

제9차 수정헌법 [열거되지 않은 권리]

제10차 수정헌법 [주에 유보된 권리]

5. 연방 권력의 제한: 판례 분석

미국과 인디언 부족 간의 관계에서 연방 권력의 제한은 중요한 법적 이슈이다. 여러 판례를 통해 연방 권력이 인디언 부족에 미치는 영향과 그 한계가 어떻게 설정되는지 명확해졌다. 주요 판례들을 통해 이를 살펴보자.

메노미니 부족 대 미 정부 (Menominee Tribe v. US, 1968) : 메노미니 부족 대 미 정부 사건에서는 의회가 인디언 재산권, 특히 사냥 및 낚시 권리를 폐기하려는 의도가 명확히 드러나야 한다는 원칙이 확립되었다. 이 판결은 연방 정부가 인디언 부족의 전통적 권리를 제한하거나 폐기하려는 경우, 그 의도가 명백하게 입법 기록에 나타나야 함을 요구한다. 이는 인디언 부족의 전통적 권리가 쉽게 침해되지 않도록 보호하는 중요한 판례로 작용한다.

모턴 대 만카리 (Morton v. Mancari, 1974): 모턴 대 만카리 사건에서는 인디언 선호 조항의 법적 성격에 대한 중요한 판결이 내려졌다. 대법원은 인디언 선호 조항이 인종적 성격이 아닌 정치적 성격을 띠고 있다고 판단했다. 따라서 이러한 법률은 엄격한 심사가 아닌 합리적 심사만을 요구한다. 즉, 법률이 인디언에 대한 의회의 독특한 의무와 합리적으로 연결되어 있는 한, 합법적인 것으로 간주된다. 이는 인디언 정책이 인종 차별로 오해받지 않도록 보호하며, 인디언의 정치적 지위를 인정하는 중요한 판례이다.

델라웨어 부족 비즈니스 위원회 대 웍스 (Delaware Tribal Business Committee v. Weeks, 1977): 델라웨어 부족 비즈니스 위원회 대 웍스 사건에서는 인디언 문제에 대한 의회의 권한이 전면적이지만 절 대적이지 않다는 원칙이 확립되었다. 대법원은 의회의 권한이 사법 심사의 대상이 될 수 있으며, 이는 특정한 상황에서 의회의 권한이 제한될 수 있음을 의미한다. 이 판결은 의회가 인디언 정책을 수립할 때 무제한적인 권한을 가지지 않도록 하며, 사법부의 검토를 통해 균형을 유지하는 데 기여한다.

미 정부 대 디온 (US v. Dion, 1986): 미 정부 대 디온 사건에서는 조약을 폐기하기 위해서는 명확한 의도가 입법 기록에 나타나야 한다는 원칙이 재확인되었다. 이 판결은 의회가 인디언 조약을 폐기하거나 수정하려는 경우, 그 의도를 명확히 밝혀야 함을 요구한다. 이는 조약이 쉽게 폐기되지 않도록 보호하며, 인디언 부족의 권리를 보장하는 중요한 법적 장치로 작용한다. 이 판례는 연방 권력이 조약을 폐기하는 과정에서도 명확성과 투명성을 요구하여, 인디언 부족의 권리를 보호하는 데 기여한다.

연방 권력의 제한에 대한 판례들은 미국과 인디언 부족 간의 관계에서 중요한 법적 기준을 설정한다. 메노미니 부족 대 미 정부 사건에서의 명확한 의도 요구, 모턴 대 만카리 사건에서의 정치적 성격 인정, 델라웨어 부족 비즈니스 위원회 대 웍스 사건에서의 사법 심사 가능성, 그리고 미 정부 대 디온 사건에서의 조약 폐기 시 명확한 의도 요구는 모두 인디언 부족의 권리를 보호하는 데 중요한 역할을 한다. 이러한 판례들은 연방 권력이 인디언 부족에 대해 가지는 권한이 무제한적이지 않음을 보여주며, 인디언 부족의 전통적 권리와 자치를 보호하는 데 기여한다.

6. 반신탁 관점

반신탁 관점에서는 연방 정부와 인디언 부족 간의 신탁 관계를 비판적으로 바라보며, 신탁 원칙이 인디언 부족의 권리를 제한하거나 억압하는 방식으로 사용될 수 있음을 강조한다. 이러한 관점은 다음과 같은 네 가지 주요 시각으로 구분된다.

첫 번째 시각은 신탁을 단순히 도덕적 "힘"으로 간주하는 것이다. 이 시각에 따르면, 신탁 관계는 법적 구속력이 없는 도덕적 의무로 해석된다. 이러한 해석의 대표적인 사례는 1955년 티-히트-톤 인디언 대 미국(Tee-Hit-Ton Indians v. US) 사건이다. 이 사건에서 대법원은 정부의 인정을 받지 않은 원주민 소유권이 제5차 수정헌법에 의해 보호되지 않는다고 판결했다. 이는 원주민의 땅이 정부에 의해 보상 없이 수용될 수 있음을 의미한다. 조약에서 명시적으로 "법적 신탁 책임"으로 규정되지 않은 경우, 연방 정부는 도덕적 책임만을 지니게 된다는 것이다. 이 시각은 신탁 관계를 실질적인 법적 보호 수단으로 보기 어렵다는 점에서 인디언 부족의 권리를 충분히 보호하지 못한다는 비판을 받는다.

두 번째 시각은 신탁을 비유익적이거나 무제한적으로 간주하는 것이다. 이 관점은 인디언 부족에 대한 연방 통제가 무제한적이며, 연방 정부의 권리가 우선시된다는 해석을 내포한다. 이는 정부의 책임이 이례적인 연방 권리를 수반한다고 주장한다. 예를 들어, 티-히트-톤 사건에서 연방 정부는 원주민의 소유권을 인정하지 않았고, 이는 정부가 보상 없이 수용할 수 있는 권리를 가진다는 의미이다. 또한, 연방 권리와 충돌할 경우 인디언 종교 자유를 무시할 수 있는 능력도 포함된다. 링 사건에서는 이러한 해석이 잘 드러나는데, 정부의 권리가 인디언 종교 자유보다 우선시되었다. 이러한 시각은 연방 정부의 권한이 인디언 부족의 권리를 침해할 수 있다는 비판을 받는다.

세 번째 시각은 보상 없는 수용과 연방 권리가 인디언 종교 자유와 충돌할 경우 이를 무시할 수 있는 능력에 대한 것이다. 티-히트-톤 사건에서 연방 정부는 원주민의 소유권을 인정하지 않았고, 이는 정부가 보상 없이 수용할 수 있는 권리를 가진다는 의미이다. 또한, 링 사건에서는 연방 정부의 권리가 인디언 종교 자유보다 우선시되었다. 이러한 시각은 연방 정부가 인디언 부족의 권리를 무시하고 그들의 종교 자유를 제한할 수 있다는 점에서 인디언 부족의 권리를 충분히 보호하지 못한다는 비판을 받는다.

마지막으로, 네 번째 시각은 신탁을 보호자-피후견인 관계로 간주하는 것이다. 이는 가부장적 시각으로, 연방 정부가 인디언 부족을 보호하고 지도해야 하는 책임을 지닌다는 것이다. 이 관점에서 연방 정부는 인디언 부족의 후견인으로서 부족의 이익을 보호하고 그들의 권리를 대변해야 한다. 이는 부족이 자치 정부를 유지하고 경제적 번영을 도모하는 데 있어서 정부의 적극적인 지원과 협력이 필요함을 의미한다. 그러나 이러한 시각은 인디언 부족을 독립적인 주체로 인정하지 않고, 그들을 보호 대상으로만 여긴다는 점에서 비판을 받는다.

반신탁 관점에서는 신탁 관계가 인디언 부족의 권리를 제한하거나 억압하는 방식으로 사용될 수 있음을 강조한다. 신탁을 단순히 도덕적 "힘"으로 간주하거나, 비유익적 또는 무제한적으로 해석하며, 보상 없는 수용과 종교 자유의 무시, 보호자-피후견인 관계로 간주하는 시각은 모두 인디언 부족의 권리를 충분히 보호하지 못할 수 있다. 이러한 관점들은 연방 정부의 권한이 인디언 부족의 권리를 침해할 가능성을 지적하며, 신탁 원칙의 재검토와 개선이 필요함을 강조한다.

7. 친신탁 관점

친신탁 관점은 연방 정부와 인디언 부족 간의 신탁 관계를 법적, 보호적, 그리고 의무적인 차원에서 바라본다. 이는 인디언 부족의 권리와 복지를 보장하기 위한 연방 정부의 법적 책임을 강조하는 관점으로, 신탁 관계를 여러 측면에서 법적으로 집행 가능한 의무로 해석한다.

첫째, 신탁을 "인디언과 거래하는 연방 관료들의 법적 집행 가능한 의무"로 간주

이 시각에 따르면, 신탁 관계는 단순한 도덕적 책임을 넘어, 법적으로 집행 가능한 의무를 포함한다. 이는 비준된 조약, 부족과의 합의, 국제법, 일반 국가 법률, 대통령 정책, 행정 명령, 연방 법원 의견 등을 통해 구체화된다.

비준된 조약과 부족과의 합의: 인디언 부족과의 조약은 법적 구속력을 가지며, 연방 정부는 이를 준수해야 할 법적 의무가 있다. 이러한 조약은 인디언 부족의 권리를 보호하고, 그들의 자치를 보장하는 중요한 수단이다.

국제법: 유럽의 선점 원칙과 다른 유럽으로부터의 보호 원칙은 인디언 부족의 권리를 국제법적 차원에서 보호하는 중요한 요소이다.

일반 국가 법률: 인디언 부족과 관련된 다양한 법률들은 연방 정부의 신탁 의무를 법적으로 뒷받침하며, 인디언 부족의 권리를 보호하는 역할을 한다.

대통령 정책 및 행정 명령: 대통령의 정책과 행정 명령은 인디언 부족의 권리와 복지를 보장하는 중요한 수단으로 작용한다.

연방 법원 의견: 연방 법원의 판결은 인디언 부족의 권리를 보호하고, 연방 정

부의 신탁 의무를 명확히 하는 데 중요한 역할을 한다.

둘째, 신탁을 "신탁자–수혜자" 관계로 간주

이 시각에서는 신탁 관계를 신탁자와 수혜자 관계로 간주하며, 연방 정부가 인디언 부족을 보호해야 할 법적 책임을 지닌다. 이는 인디언 부족의 권리와 복지를 보장하기 위한 보호적 접근으로, 연방 정부는 인디언 부족의 이익을 최우선으로 고려해야 한다.

친신탁 관점의 예시

1787년 북서부 조례 (Northwest Ordinance): 1787년 북서부 조례는 인디언 부족의 권리와 재산을 보호하기 위한 첫 번째 중요한 법적 문서 중 하나이다. 이 조례는 인디언 부족의 동의 없이는 그들의 토지와 재산을 빼앗지 않을 것이라고 명시하고 있다. 또한, 인디언 부족의 재산, 권리 및 자유를 보호하기 위한 법률을 제정하고, 평화와 우정을 유지하기 위한 정의와 인류애에 기반한 법률을 강조하고 있다.

1790년 무역 및 교류법 (Trade and Intercourse Act) 및 1790-1834년 개정: 이 법은 연방 정부 외의 누구에게도 인디언 부족의 토지를 판매하기 위해 연방의 동의를 요구한다. 이는 인디언 부족의 토지 권리를 보호하고, 연방 정부가 이들의 토지를 관리할 수 있는 법적 권한을 제공한다.

1887년 일반 할당법 (General Allotment Act): 일반 할당법은 인디언 토지를 25년 동안 미국의 신탁으로 보유하도록 규정하였다. 이 법은 인디언 부족의 교육과 문명화를 위해 잉여 인디언 토지 판매에서 벌어들인 돈을 보유하는 계정을 창설하였다. 1906년 개정안은 신탁 기간을 연장하였으며, 1934년 인디언 재조직법은 신탁 기간을 무기한 연장하였다.

1983년 인디언 토지 통합법 (Indian Land Consolidation Act) : 이 법은 인디언 신탁 토지의 분할 이익을 처리하려는 의회의 첫 시도였다. 이는 인디언 토지의 효율적인 관리와 보호를 위한 법적 장치를 마련하였다.

1994년 미국 인디언 신탁 기금 관리 개혁법 (American Indian Trust Fund Management Reform Act) 및 많은 개정안: 이 법의 주요 목적은 연방 기관이 인디언 자금 계정을 관리하는 방식을 변경하는 것이었다. 이는 코벨 소송에 대한 대응으로, 인디언 자금 관리의 투명성과 효율성을 높이기 위해 제정되었다.

2000년 인디언 토지 통합법 개정안 (Indian Land Consolidation Act Amendments) : 이 개정안은 인디언 토지의 추가 분할을 방지하고, 소유권의 통합을 촉진하기 위한 법적 장치를 마련하였다. 또한, 부족 주권을 강화하고, 부족 자립과 자결을 촉진하는 데 목적을 두고 있다.

친신탁 관점은 연방 정부와 인디언 부족 간의 관계를 법적, 보호적, 그리고 의무적인 차원에서 바라본다. 이는 인디언 부족의 권리와 복지를 보장하기 위한 연방 정부의 법적 책임을 강조하는 관점으로, 다양한 법률과 정책을 통해 구체화된다. 이러한 관점은 인디언 부족의 권리를 보호하고, 그들의 자치와 경제적 번영을 도모하는 데 중요한 역할을 한다.

8. 신탁의 세 가지 종류의 진화

신탁 원칙은 미국과 인디언 부족 간의 관계에서 중요한 역할을 하며, 그 진화 과정에서 세 가지 주요 유형으로 발전하였다. 각각의 유형은 법적 판례와 역사적 맥락에서 구체화되었다.

1. **일반 신탁** (General Trust) : 일반 신탁은 연방 정부와 인디언 부족 간의 보호자-피보호자 관계를 인정하는 역사적 관계로, 초기 법적 판례들에서 명확히 드러

난다.

체로키 네이션 대 미 정부 (Cherokee Nation v. Georgia, 1831): 대법원은 체로키 네이션이 독립된 주권 국가가 아니며, 연방 정부의 보호를 받는 "국내 종속 민족"임을 인정했다. 이는 연방 정부가 인디언 부족을 보호하고 그들의 복지를 책임진다는 보호자-피보호자 관계를 명확히 했다.

워세스터 대 조지아 (Worcester v. Georgia, 1832): 이 판결은 인디언 부족의 주권을 인정하고, 주 정부가 인디언 부족의 땅에 대한 관할권을 행사할 수 없음을 명확히 했다. 이는 연방 정부가 인디언 부족의 보호자 역할을 강화하는 데 기여했다.

세미놀 네이션 대 미 정부 (Seminole Nation v. U.S., 1942): 대법원은 연방 정부가 인디언 부족과의 조약을 충실히 이행해야 할 신탁 의무를 가지고 있음을 재확인했다. 이는 보호자-피보호자 관계를 더욱 강화한 판결이다.

2. 단순 또는 제한된 신탁 (Bare or Limited Trust): 단순 또는 제한된 신탁은 인디언 부족의 토지와 재산에 대한 연방 정부의 신탁 의무를 보다 구체적으로 규정하고, 특정한 법적 목적에 따라 제한하는 유형이다.

원래의 일반 할당법 (General Allotment Act, 1887): 이 법은 인디언 토지를 개별 할당하고, 25년 동안 미국의 신탁으로 보유하도록 규정하였다. 이는 인디언 부족의 토지 소유권을 보호하면서도, 일정 기간 후에는 개인 소유로 전환될 수 있도록 하는 제한된 신탁 형태였다.

미 정부 대 미첼 (US v. Mitchell, 1980, 'Mitchell I'): 이 사건에서 대법원은 연방 정부가 인디언 토지에 대해 제한된 신탁 책임을 가지고 있음을 인정했다. 이는 특정 법적 목적에 따른 신탁 의무를 명확히 한 판결이다.

3. 법적 신탁 관계 (Fiduciary Relationship): 법적 신탁 관계는 연방 정부와 인디언 부족 간의 가장 엄격한 신탁 기준을 적용하며, 연방 정부가 인디언 부족의 권리와 자산을 최대한 보호해야 하는 법적 의무를 강조한다.

세미놀 네이션 대 미 정부 (Seminole Nation v. U.S., 1942): 대법원은 연방 정부가 인디언 부족에 대한 신탁 책임을 가장 엄격하게 이행해야 함을 명확히 했다. 이는 인디언 부족의 권리와 자산을 보호하는 데 있어 연방 정부의 역할을 강화한 판결이다.

미첼 Ⅱ (US v. Mitchell, 1981): 이 사건에서 대법원은 연방 정부가 인디언 토지와 자산을 관리할 때 신탁 책임을 엄격하게 이행해야 한다고 판결했다. 이는 연방 정부의 신탁 의무를 구체적으로 규정한 판결이다.

코벨 대 살라자르 (Cobell v. Salazar, 1996~2009): 이 사건은 인디언 신탁 자산의 잘못된 관리에 대한 대규모 소송으로, 2009년과 2011년에 걸쳐 합의가 이루어졌다. 이 소송은 연방 정부가 인디언 신탁 자산을 관리하는 방식에 대해 엄격한 신탁 기준을 적용해야 함을 강조하였다.

결론적으로 신탁 원칙은 연방 정부와 인디언 부족 간의 관계에서 중요한 역할을 하며, 그 진화 과정에서 일반 신탁, 단순 또는 제한된 신탁, 그리고 신탁 관계의 세 가지 주요 유형으로 발전해 왔다. 이러한 유형들은 각기 다른 법적 판례와 역사적 맥락에서 구체화되었으며, 인디언 부족의 권리와 복지를 보호하는 데 핵심적인 역할을 한다. 연방 정부는 인디언 부족의 자산과 권리를 보호하고, 그들의 자치와 경제적 번영을 촉진하기 위해 신탁 의무를 충실히 이행해야 한다.

신탁 원칙에 대한 다양한 시각은 미국과 인디언 부족 간의 관계를 이해하는 데 중요한 역할을 한다. 도덕적 의무로서의 신탁, 무제한적 통제로서의 신탁, 보호자-피후견인 관계로서의 신탁, 그리고 법적 의무로서의 신탁 등 각기 다른 해석은 연방 정부가 인디언 부족과 어떻게 상호작용해야 하는지를 결정짓는다. 궁극적으로, 신탁 원칙은 인디언 부족의 권리와 주권을 보호하고 그들의 복지를 증진시키기 위해 연방 정부가 어떤 책임을 져야 하는지를 명확히 규정하는 중요한 개념이다. 이를 통해 인디언 부족의 자치와 경제적 번영을 도모하고, 공정하고 정의로운 사회를 실현하는 데 기여할 수 있다.

다양한 법적 원칙과 판례는 미국 연방 정부가 인디언 부족과의 관계에서 신탁 원칙을 어떻게 해석하고 실행하는지를 보여준다. 이 과정에서 연방 정부의 역할과 책임이 명확히 규정되며, 인디언 부족의 권리 보호와 복지 증진을 위한 법적 근거가 강화된다.

13. 풀어야 할 숙제 현행 이슈

인디언 주권(Indian Sovereignty)과 관련한 현행 이슈들을 살펴 본다.

1. 연방 인디언법의 재검토를 위하여

에코-호크(Echo-Hawk)는 그의 책에서 "연방 인디언 법의 어두운 면을 버리기 위한 여덟 단계"를 제시한다. 이 단계들은 다음과 같다.[69]

연방 인디언 법의 탈식민화: 오래된 식민주의 교리를 버리고 원주민의 권리를 보호하기 위해 연방 인디언 법을 개혁할 필요성이 있다. 이는 기존의 법체계가 식민주의적 사고방식에 기반을 두고 있어 이를 탈피하지 않으면 진정한 개혁이 이루어질 수 없다.

인종차별과 식민주의의 잔재를 식별하고 제거하기: 미연방 법률 시스템 내에 남아있는 인종차별과 식민주의의 잔재를 인식하고 제거하는 것이 중요하다. 이는 원주민에 대한 불공정한 대우와 차별을 지속시키는 요소들을 뿌리 뽑는 과정이다.

법의 어두운 면 개혁하기: 연방 인디언 법의 불공정함과 차별을 영속화시키는 측면들을 개혁할 것을 촉구한다. 이는 법률의 불합리한 조항과 관행을 수정하여 정의를 실현하는 방향으로 나아가야 함을 의미한다.

식민주의적 법률 교리 버리기: 차별적 개념과 식민지적 분류에 기반한 법적 원칙들을 버려야 한다. 이는 원주민의 권리를 침해하는 법적 프레임을 재검토하고 폐기하는 과정이다.

---

69) Walter R Echo-Hawk. 2012. *In the Courts of the Conquerer: The 10 Worst Indian Law Cases Ever Decided.*

법적 옹호에서의 지침 원칙 채택하기: 원주민의 권리를 보호하기 위해 연방 인디언 법의 기본 원칙에 따라 법적 옹호를 이끌어야 함도 중요하다. 이는 법적 논쟁에서 원주민의 권리와 이익을 최우선으로 고려해야 하기 때문이다.

정의로운 문화 촉진하기: 모든 구성원, 특히 원주민의 요구와 관심사를 반영하고 가치 있게 여기는 정의로운 사회를 목표로 한다. 이는 사회가 다양성을 존중하고 모든 사람에게 공정한 기회를 제공하는 문화를 형성하는 것을 의미한다.

원주민 관계 지원하기: 착국가의 통제에서 벗어나 원주민 관계를 정의하기 위해 더 적절한 법적 기반을 찾을 것을 제안한다. 이는 원주민의 자치권과 독립성을 보장하는 방향으로 법적 틀을 재편성하는 것을 의미한다.

도전에 맞서고 정의를 위해 노력하기: 모두 힘을 합해 앞으로의 도전에 맞서 싸우고 탈식민 세계에서 더 정의로운 사회를 위해 노력할 것을 권장한다. 이는 법률 개혁뿐만 아니라 사회 전반에서 정의와 평등을 실현하기 위한 지속적인 노력을 필요로 한다.

이러한 단계들은 에코-호크가 제안하는 연방 인디언 법의 어두운 면을 버리고 원주민의 정의를 촉진하기 위한 구체적인 경로를 나타낸다. 이는 법률 개혁을 통해 원주민의 권리를 보호하고 더 나아가 정의롭고 공정한 사회를 이루기 위한 방향성을 제시하고 있다.

2. 미원주민의 식량 시스템

원주민의 식량 시스템에 대하여 몇 가지 전통적인 관행을 설명하기 전 먼저 원주민 식품체계와 전통 생태지식(TEK)은 과거의 것이 아니라 활기차고 진화하는 삶의 방식이라는 점을 주목해야 한다. 생태지식의 중요성이 점점 더 인식됨에 따라 미원주민들은 자신들의 문화 유산을 되찾고 생태계 건강을 회복하며 기후 위기에 대처하기 위한 귀중한 도구를 되찾기를 원한다. 현대 주류사회의 식량 시스템에 적용할 원리를 한번 깊이 고민해 보아야 할 지점이다.

전통 생태지식TEK

전통 생태지식(TEK)은 아메리카 원주민과 기타 원주민 공동체가 세대를 거쳐 축적한 환경 및 생태계에 대한 깊은 이해를 의미한다. TEK는 종종 서구 과학과 대비되며, 독특한 방식으로 자연 환경과 상호작용하고 이를 관리하는 지식 체계이다. TEK의 주요 요소는 다음과 같다.

세대 간 지식 전수: TEK는 수백 년, 때로는 수천 년에 걸쳐 전해 내려온 지식과 경험에 기초한다. 이러한 지식은 구전 전통, 실습, 의식 및 문화적 서사를 통해 전승된다. 이를 통해 축적된 지식은 원주민 공동체의 생존과 번영에 필수적인 역할을 한다.

전체론적 접근: TEK는 생태계의 모든 구성 요소가 서로 연결되어 있다고 본다. 이는 생물학적, 기후적, 지형적 요소뿐만 아니라 문화적, 영적 요소도 포함한다. 이러한 접근 방식은 생태계의 균형을 유지하고 지속 가능한 방식으로 자원을 관리하는 데 중점을 둔다. TEK는 자연 환경을 하나의 통합된 시스템으로 바라보며, 각각의 요소가 서로 영향을 미친다는 이해를 바탕으로 한다.

적응성 및 유연성: TEK는 변화하는 환경 조건에 적응하고 대응하는 능력을 강조한다. 원주민 공동체는 환경 변화에 대한 관찰을 기반으로 지식과 관행을 지속적으로 조정하고 최적화한다. 이를 통해 TEK는 끊임없이 변화하는 생태적 조건에 적응할 수 있는 능력을 갖추게 된다.

문화적 및 영적 요소: TEK는 종종 문화적 및 영적 신념과 깊이 연관되어 있다. 이는 자연환경과 인간의 관계를 신성하고 상호 의존적인 것으로 간주하며, 자연을 존중하고 보호하는 것이 인간의 의무로 여긴다. 이러한 신념은 자연 보호와 자원 관리에 대한 강력한 동기를 제공한다.

실제사례로는 세자매농법, 들소복원, 연어사람들이 있다.

세 자매농법The Three Sisters Agriculture

세 자매 농법은 가장 널리 알려진 원주민 농업 기술 중 하나로, 옥수수, 콩, 호박을 함께 재배하는 관행이다. 이 세 가지 작물은 서로 상호작용하며 성장하는 독특한 방식으로, 생태계의 균형을 유지하고 농작물의 생산성을 높이는 역할을 한다.

농법의 원리와 효과

옥수수: 옥수수는 높은 줄기를 형성하여 콩이 타고 오를 수 있는 지지대를 제공한다.

콩: 콩은 옥수수 줄기를 타고 자라면서, 공기 중의 질소를 고정하여 토양에 공급한다. 이는 토양의 비옥도를 높여 다른 작물들의 성장을 돕는다.

호박: 호박은 넓은 잎을 통해 땅을 덮어 토양을 보호하고 잡초의 성장을 억제한다. 또한, 토양의 수분을 유지하는 데 도움을 준다.

이러한 상호작용의 결과로, 세 자매 농법은 영양가 높은 주식과 일상 생활에서 사용할 섬유를 생산하는 매우 생산적인 재배 시스템을 형성한다.

사회적, 문화적, 영적 중요성: 세 자매 농법은 단순한 재배 시스템 이상의 의미를 지닌다. 이는 많은 원주민 공동체의 사회적, 문화적, 영적 관행과 깊이 얽혀 있다. 예를 들어, 이로쿼이(Iroquois) 사람들은 세 자매를 "육체적이고 영적인 생명의 유지자"로 묘사하였다. 세 자매 농법은 그들의 생활 방식과 밀접하게 연결되어 있으며, 공동체의 지속 가능성을 유지하는 중요한 요소로 작용한다.

역사적 기원과 확산: 세 자매 농법은 11세기 경 중미(Mesoamerica)에서 기원했을 가능성이 크다. 이 농법은 시간이 지나면서 북동부와 남동부 미국의 최소 15개 부족, 특히 이로쿼이와 체로키 부족에 의해 널리 채택되었다. 세 자매 농법이 지역에서 지역으로, 부족에서 부족으로 퍼져나가면서, 원주민들은 작물의 유전적 다양성을 확장하여 다양한 지역 조건과 필요에 완벽하게 적응한 식물을 생산했다.

현대의 도전과 복원 노력: 식민지화 이후, 많은 전통적인 농업 자원이 잃어졌으며 원주민들은 땅에서 강제로 쫓겨나고 전통적인 관행에서 분리되었다. 오늘날, 많은 원주민 주도의 조직들이 전통적인 식량 자원을 되찾고 식량 주권을 보호하며 씨앗을 부족 공동체로 돌려보내기 위해 노력하고 있다. 이러한 노력은 단순히 식량을 확보하는 것을 넘어, 원주민의 문화와 전통을 회복하고 자립을 강화하는 데 중요한 역할을 한다.

세 자매 농법은 생태적 지속 가능성과 문화적 지속 가능성을 동시에 추구하는 전통적인 농업 기술로서, 현대 농업과 환경 보존에 중요한 교훈을 제공한다. 이를 통해 원주민 공동체는 전통을 계승하면서도, 현대 사회에서의 자립과 지속 가능성을 유지할 수 있는 방법을 모색하고 있다.

대평원의 들소 복원

약 11,000년 전부터 아메리카 원주민들은 대평원에서 들소(버팔로)를 사냥하기 시작했다. 코만치족(Comanche), 키오와족(Kiowa), 샤이엔족(Cheyenne), 크로우족(Crow), 라코타족(Lakota) 등 많은 부족들이 들소로부터 많은 일상 필요를 위한 음식과 재료를 제공받았다.

들소와 원주민의 공생 관계: 들소들은 원을 이루어 돌며 이동하는 습성이 있다. 원주민들이 들소를 따랐는지 아니면 사냥이 무리를 그렇게 이끌었는지는 불분명하다. 그러나 원과 같은 순환의 시작점을 찾아내려는 것은 요점을 놓치는 일이다. 식민지화 이전에 원주민, 들소, 초원, 토양은 공생 관계에 있었다. 들소 무리가 초원을 이동하면서 토양을 비옥하게 만들었고, 무리와 사냥꾼의 이동은 땅이 쉬고 영양분을 통합할 수 있도록 했다. 이러한 휴식 기간은 다양한 깊은 뿌리풀을 장려했고, 이 풀들은 다음 해에 돌아온 들소들에게 먹이가 되었다. 이 집단적 상호작용은 대평원에 가장 비옥한 농지를 형성했다.

들소 복원 운동: 오늘날 원주민들은 들소 복원 운동에 힘을 가하고 있다. 예를 들어, 20개 주의 80개 부족으로 구성된 부족 간 버팔로 위원회(Intertribal Buffalo Council)는 문화적 향상, 영적 부활, 생태 복원 및 경제 개발을 촉진하는 방식으로 부족 땅에 버팔로 무리를 재건하는 데 전념하고 있다. 이 복원 운동은 단순히 들소의 재도입을 넘어서, 원주민의 문화와 전통을 회복하고, 생태계의 건강을 되찾으며, 경제적 자립을 강화하는 데 기여하고 있다.

들소와 원주민의 공생 관계는 대평원의 생태계를 유지하고 발전시키는 데 중요한 역할을 해왔다. 이러한 관계는 단순한 사냥과 채집을 넘어서, 자연 환경과의 깊은 상호작용을 통해 형성된 것이다. 오늘날의 들소 복원 운동은 이러한 전통을 되살리고, 원주민 공동체의 자긍심과 자립을 회복하는 데 중요한 역할을 하고 있다. 이는 생태적, 문화적, 경제적 측면에서 지속 가능한 미래를 위한 중요한 발걸음이다.

연어 사람들Salmon People

태평양 북서부에서 연어의 중요성은 아무리 강조해도 지나치지 않다. 연어는 이곳에서 영원한 시간부터 살아온 사람들, 숲, 경관을 형성하는 데 도움을 주었다. 이 지역의 비유전자변형 프로젝트 본부는 워싱턴주 벨링햄에 있으며 이는 눅색(Nooksack), 새미시(Samish), 루미(Lummi)를 포함한 코스트 살리시(Coast Salish) 부족의 조상 땅에 위치해 있다.

연어와 원주민의 공생 관계: 태평양 북서부의 사람들은 숙련된 어업을 가능하게 하면서도 연어 개체군을 유지하고 더 큰 생태계를 지원하는 최첨단 장비와 관행을 개발했다. 원주민과 연어의 관계는 특정 부족의 정체성에 기여했으며, 이들은 지속적으로 환경 복원, 자원 관리 및 지역의 부족 조약 권리 보존에 중추적인 역할을 해왔다.

예를 들어, 네즈 퍼스족(Nez Perce), 우마틸라족(Umatilla), 웜 스프링스족(Warm Springs), 야키마족(Yakima) 등은 스스로를 연어 사람들(Salmon People)이라고 부른다. 이들은 컬럼비아 강 부족 간 어업 위원회(CRITFC: Columbia River Intertribal Fish Commission)를 결성하여 부족 조약 어업 권리, 연어 및 그들이 사는 유역을 보호하고 있다. CRITFC의 작업은 지역의 모든 주민과 생명체에게 이익을 준다.

연어와 생태계의 중요성: 연어는 태평양 북서부 생태계의 핵심 종이다. 연어의 회귀는 강과 하천의 영양 순환을 촉진하며, 숲과 경관의 건강을 유지하는 데 중요한 역할을 한다. 원주민들은 연어의 생태학적 중요성을 잘 이해하고 있었으며, 지속 가능한 어업 관행을 통해 연어 개체군을 유지하고 보호했다. 이는 원주민 공동체의 생존과 번영에 필수적인 요소였다.

로빈 월 키머러(Robin Wall Kimmerer)의 관점70): 로빈 월 키머러는 "식량 생산에서 명예의 회복을 촉구하며 그것이 낭비되었을 때 우리를 기다리고 있는 위험을 맞딱뜨리게 된다. 농업의 명예로운 소명은 더 많이 취하는 것을 요구하는 세계관과 경제 기관에 의해 훼손되고 있다"고 목소리를 높였다. 키머러의 관점은 현대 사회가 자연 자원을 과도하게 소비하고 이를 낭비하는 것에 대한 경고를 담고 있다. 그녀는 연어와 같은 자연 자원을 지속 가능하게 관리하고 보호하는 것이

---

70) 포타와토미(Potawatomi) 작가이자 과학자인 그녀의 에세이 "Corn Tastes Better on the Honor System"에서 설파함.

중요하다고 강조한다.

태평양 북서부에서 연어는 단순한 자원을 넘어, 원주민 공동체의 문화, 경제, 생태계를 형성하는 중요한 요소이다. 연어와 원주민의 공생 관계는 지속 가능한 자원 관리의 모델을 제공하며, 현대 사회가 배울 수 있는 많은 교훈을 담고 있다. 연어의 보호와 복원은 원주민의 문화와 전통을 회복하는 데 기여하며, 더 나아가 지역 생태계와 모든 주민의 복지를 증진하는 데 중요한 역할을 한다.

부족 식량 주권Tribal Food Sovereignty

오늘날 미원주민 주권 운동은 식민지화 이전의 원주민 식생활로 돌아갈 것을 주장한다. 이 운동은 원주민이 생산한 건강하고 문화적으로 의미 있는 식품에 접근할 수 있도록 부족의 자결권을 지지한다. 부족 지도자, 원로, 원주민 요리사, 치유사들은 이 운동을 지지하며 건강하고 번성하는 공동체로 돌아가 문화와 전통을 미래 세대에 보존할 것을 촉진하고 있다.

미국 식량 주권 연합에 따르면, "식량 주권은 사람들이 신체적 필요를 충족할 충분한 음식을 갖는 것 이상을 의미한다. 사람들은 토지와 사람들 간의 관계를 재건하고, 식량 공급자와 소비자 간의 관계를 재구축함으로써 식량 시스템에서의 권한을 되찾아야 한다"고 주장한다. 이는 단순히 음식을 확보하는 문제를 넘어, 전통적 지식과 문화를 회복하고 공동체의 자립을 강화하는 것을 의미한다.

Feeding America의 역할: Feeding America는 부족 파트너십에 참여하는 푸드뱅크(Food Bank) 네트워크를 지원함으로써 식량 주권 운동을 지지하고 있다. Feeding America는 푸드뱅크가 문화적으로 의미 있는 음식을 배포하도록 보조금과 인센티브를 제공하며 원주민 농부 및 목장에서 식량을 조달하고 부족 파트너십을 개발할 직원을 고용하도록 권장하고, 원주민 공동체가 그들의 식량 배포를 관리할 수 있도록 권한을 부여한다. Feeding America는 "플리머스, 매사추세츠에 백인 정착민들에게 농작물 재배, 사냥 및 채집 방법을 가르쳐줌으로써 식량 안보를 선사했다. 이제 우리 국가가 원주민 부족들에게 식량 안보를 되돌려주고 그들의 식량 주권을 촉진하는 이니셔티브를 지원할 차례다"라고 주장했다.

식량 주권 운동은 단순히 원주민들이 전통적인 식생활로 돌아가도록 돕는 것에 그치지 않는다. 이 운동은 다음과 같은 목표를 가지고 있다:

건강 증진: 원주민 공동체의 전통적인 식단은 현대의 가공식품보다 영양가가 높고 건강에 이롭다. 이를 통해 공동체의 전반적인 건강 상태를 개선할 수 있다.

문화 보존: 전통적인 식생활과 식량 생산 방식은 원주민 문화의 중요한 부분이다. 이를 되살리고 보존함으로써, 문화적 정체성과 자부심을 회복할 수 있다.

경제적 자립: 원주민 농부와 목장이 다시 활성화되면, 공동체는 외부에 의존하지 않고 자립할 수 있는 경제적 기반을 구축할 수 있다.

생태 복원: 전통적인 농업과 식량 생산 방식은 지속 가능하며, 자연 환경과 조화를 이루는 방식으로 이루어진다. 이를 통해 생태계 복원에도 기여할 수 있다.

미원주민 주권 운동과 식량 주권은 원주민 공동체의 건강, 문화, 경제적 자립, 생태 복원을 목표로 한다. 이 운동은 단순히 식량을 제공하는 것을 넘어, 원주민들이 전통적 지식과 문화를 되살리고, 자립할 수 있는 기반을 마련하는 데 중점을 두고 있다. Feeding America와 같은 조직의 지원을 통해, 원주민 공동체는 자신들의 식량 주권을 되찾고, 지속 가능한 미래를 향해 나아가고 있다. 이는 모든 주민과 생명체에게 이익을 주며, 공정하고 정의로운 사회를 실현하는 데 중요한 역할을 한다.

3. 인디언 물 권리(Indian Water Rights) 해결

인디언 물 권리는 미국의 원주민 부족이 역사적으로 자신들의 영토에서 물을 사용할 권리를 인정받는 것을 의미한다. 이는 특히 서부 지역과 같이 물이 귀한 곳에서 매우 중요한 문제이다. 인디언 물 권리는 그들의 생존, 경제적 발전, 문화적 관습 유지에 필수적이다. 물 권리가 확보되지 않으면 원주민 공동체는 농업, 낚시, 생활용수 등 기본적인 생활 조건을 유지하기 어려워진다.

인디언 물 권리는 단순히 물의 확보 문제를 넘어, 원주민의 자치권과 생존권, 그리고 역사적 정의와 관련된 중요한 문제이다. 원주민들이 자신들의 영토에서 물을 사용할 권리는 그들의 경제적, 문화적 생존을 위한 필수 요소이다. 또한, 물 권리 문제는 원주민과 연방 정부 간의 역사적 협약과 조약을 존중하고 이행하는 과정에서 매우 중요한 부분을 차지한다.

인디언 물 권리의 해결은 주요 물 권리 보유자의 물 권리를 해결하는 과정으로, 이를 통해 물 자원 관리의 확실성을 제공하고 개선한다. 이러한 권리 해결은 지역, 주 및 국가 차원에서 물 자원 관리에 큰 도움이 된다. 연방 정부는 미국 인디언에 대한 신탁 책임과 자치권 및 경제적 자립을 촉진하는 정책을 통해 주요 역할을 수행한다.

USGS의 역할: 비록 미국 지질조사국(USGS)이 직접 인디언 물 권리 협상과 해결에 관여하지는 않지만, USGS의 물 자원 임무 영역과 물 과학 센터는 의사 결정자에게 물 권리 해결 작업을 지원하는 데 필요한 기술 정보를 제공한다. USGS의 과학적 연구와 데이터는 물 자원 관리와 관련된 의사 결정 과정에서 중요한 참고 자료로 사용된다.

인디언 물 권리는 원주민의 생존, 경제적 발전, 문화적 관습 유지에 필수적인 요소로, 역사적 정의와 자치권을 확보하는 데 중요한 역할을 한다. 원주민의 물 권리를 인정하고 이를 해결하는 과정은 연방 정부와 원주민 간의 협력과 신뢰를 바탕으로 이루어져야 하며, 이는 지역, 주 및 국가 차원에서 물 자원 관리의 확실성과 개선에 기여할 것이다. USGS와 같은 기관의 지원을 통해, 물 자원 관리와 관련된 기술적 정보와 과학적 연구가 의사 결정에 반영될 수 있을 것이다. 이는 원주민 공동체가 지속 가능한 미래를 구축하는 데 중요한 역할을 할 것이다.

USGS의 역할

USGS 과학자들은 부족 지도자들과 긴밀히 협력하여 부족 영토의 수량 및 수질 문제와 관련된 물 가용성 문제를 해결한다. 2017년부터 2019년까지, GW-SIP(지하수 및 지표수 통합 프로그램)은 협력 매칭 자금(CMF)을 받아 부족 지도자들과 긴밀히 협력하여 인디언 물 권리 협상, 실행 및 해결을 위한 물 자원 조사를 수행했다. 이러한 CMF는 다음과 같은 활동을 지원했다:

현재 지하수 및 지표수 자원을 정량화하기 위한 데이터 제공

물질 및 수생 생태계의 현재 상태 결정

물 권리 해결 및 실행 과정에서 발생하는 특정 기술적 질문을 해결하기 위한 기술 전문 지식 및 연구 제공, 필요한 데이터 수집 및 평가, 모델링 또는 분석 연구, 또는 물 사용 시나리오 평가

지질학, 수문학 및 물 자원 분야의 일반적인 기술 지원 제공

관련 법제정 및 법적 다툼

인디언 물 권리는 역사적으로 원주민 부족이 자신들의 영토에서 물을 사용할 권리를 인정받는 중요한 문제이다. 이러한 권리는 여러 법적 판결과 법률을 통해 구체화되고 보호되어 왔다.

윈터스 대 미정부 (Winters v. United States, 1908): 윈터스 대 미정부 사건은 인디언 물 권리에 관한 중요한 법적 기반을 마련하였다. 1908년, 미국 대법원은 인디언 부족이 영토 조약 체결 시 암묵적으로 그 영토 내의 물을 사용할 권리를 포함한다고 판결하였다. 이 판결은 '윈터스 권리'로 알려져 있으며, 이후 인디언 물 권리 주장에 중요한 법적 근거가 되었다. 윈터스 결정은 인디언 부족이 자신의 영토에서 물을 사용할 권리가 자연스럽게 포함된다는 원칙을 확립하였다.

맥카란 수정법 (McCarran Amendment, 1952): 맥카란 수정법은 연방 정부가 주 법원에서 인디언 물 권리 소송을 진행할 수 있도록 허용하였다. 이 법은 인디언 물 권리가 주 차원에서 해결되는 경우가 많아지도록 만들었다. 이는 원주민과 주 정부 간의 법적 다툼을 해결하는 데 중요한 역할을 하였다. 맥카란 수정법은 주 법원이 인디언 물 권리 문제를 다룰 수 있는 권한을 부여함으로써, 연방 정부와 원주민 부족 간의 법적 분쟁을 주 법원에서 해결할 수 있는 길을 열어주었다.

연방 인디언 물 권리 청산법 (Federal Indian Water Rights Settlement Act): 연방 인디언 물 권리 청산법은 원주민 부족과 연방 정부 간의 물 권리 협상을 촉진하고, 합의된 물 권리의 시행을 보장하기 위해 제정되었다. 이 법은 원주민 부족의 물 권리를 보호하고, 이를 통해 경제적 발전을 지원하려는 목적을 가지고 있다. 청산법은 원주민 부족이 자신의 물 권리를 확립하고, 이를 통해 농업, 낚시, 생활용수 등 다양한 분야에서 경제적 자립을 도모할 수 있도록 돕는다. 이 법은 또한 연방 정부가 원주민 부족과의 협상을 통해 물 권리 문제를 해결하고, 이러한 합의를 법적으로 보장하도록 하는 역할을 한다.

인디언 물 권리는 원주민 부족의 생존, 경제적 발전, 문화적 관습 유지에 필수적인 요소로, 역사적 정의와 자치권을 확보하는 데 중요한 역할을 한다. 윈터스 대 미정부 판결, 맥카란 수정법, 그리고 연방 인디언 물 권리 청산법은 이러한 권리를 법적으로 보호하고, 원주민 부족이 자신들의 물 권리를 확립하고 경제적 자립을 도모하는 데 중요한 법적 기반을 제공한다. 이러한 법적 기반을 통해 원주민 공동체는 지속 가능한 미래를 구축할 수 있는 길을 열어주고 있다.

법적 다툼 사례

Arizona v. California (1963) : 이 사건은 미국 대법원이 콜로라도강 물의 사용과 관련하여 애리조나 주와 캘리포니아 주 간의 분쟁을 다룬 중요한 사건이다. 이 사건은 콜로라도강의 물을 여러 주와 인디언 부족 간에 어떻게 분배할 것인지에 대한 문제를 해결하는 데 중점을 두었다.

핵심 쟁점은 콜로라도강의 물을 애리조나주와 캘리포니아주, 그리고 그 외 다른 서부 주들과 인디언 부족 간에 어떻게 공정하게 분배할 것인가와 연방 정부가 물의 사용을 규제하고 관리할 수 있는 권한을 가지고 있는가에 대한 것이었다.

대법원은 애리조나 주와 캘리포니아주, 네바다주, 뉴멕시코주, 유타주, 그리고 인디언 부족에게 콜로라도강의 물을 특정 비율로 할당하였다. 대법원은 여러 인디언 부족, 특히 콜로라도 강 인디언 보호구역에게 중요한 물 권리를 할당하였다. 이 결정은 인디언 부족이 그들의 영토 내에서 충분한 물을 사용할 수 있도록 보장하였다. 연방 정부의 역할에 대해서도 연방 정부가 물 자원의 관리 및 규제에 있어서 중요한 역할을 한다는 것을 재확인하였다. 이 판결은 인디언 부족의 물 권리를 보호하고 보장하는 중요한 선례를 남겼다. 인디언 부족은 그들의 영토 내에서 생존과 경제적 발전을 위해 필요한 물 자원을 확보할 수 있게 되었다.

콜로라도 강의 물 분배 문제를 해결하는 과정에서 연방 정부와 주정부 간의 협력이 중요하게 부각되었다. 이 판결은 연방 정부의 권한을 강화하고, 주정부와의 협력을 통해 물 자원을 효율적으로 관리할 수 있는 길을 열어주었다. 이 사건은 이후 물 자원 관리와 관련된 여러 법적 분쟁에서 중요한 기준이 되었다. 특히 서부 지역에서의 물 사용과 관련된 법적 다툼에서 중요한 참조 사례로 활용되었다.

Wyoming v. United States (1975): 이 사건은 주와 연방 정부 간의 물 자원 관리와 관련된 중요한 법적 분쟁이다. 이 사건은 와이오밍주와 미국 연방정부 간의 물 권리와 관리 권한에 대한 충돌에서 비롯되었다. 핵심 쟁점은 와이오밍주와 연방 정부 간에 물 자원의 권리와 관리에 대한 분쟁으로서 연방 정부가 특정 자연 자원을 관리할 수 있는 권한과 그 한계를 묻는 케이스였다.

이 사건은 와이오밍주가 주 관할 내의 특정 수역에 대한 관리와 규제 권한을 주장하면서 시작되었다. 반면 연방 정부는 해당 수역이 연방 관할 하에 있으며 따라서 연방 법률이 우선적으로 적용된다고 주장하였다.

대법원은 연방 정부의 물 자원 관리 권한을 인정하면서 연방 법률이 해당 수역에 우선적으로 적용된다고 판결하였다. 또 와이오밍주의 물 자원 관리 권한이 연방 정부의 규제 하에 제한된다는 점을 명확히 하였다.

이 사건은 연방 정부와 주정부 간의 권한 분쟁에서 중요한 선례를 제공하였다. 특히 자연 자원 관리와 관련된 분쟁에서 연방 법률의 우선권을 재확인하였다. 또 이 판결은 물 자원 관리와 관련된 법적 기준을 명확히 하여 주정부와 연방 정부 간의 협력과 조정을 촉진하는 역할을 하였다. 이 사건은 이후 물 자원과 관련된 여러 법적 분쟁에서 중요한 참조 사례로 활용되었다.

인디언 물권리의 문제점 및 해결방안

미정부도 인디언 부족들이 심각한 물 부족 사태를 겪고 있으며 또 그들이 물 권리를 가지고 있다는 사실을 인정하면서 이 문제를 해결하기 위한 연구위원회를 조직하고 연구서를 발표하였다.[71] 이 연구가 밝힌 인디언 물권리에 관한 문제점과 해결방안이다.

인디언 보호구역 내 물 권리의 범위를 결정하는 데에는 여러 가지 어려움이 있다. 이러한 문제들은 다음과 같다:

양적 측정의 부족: 많은 부족의 물 권리는 보호구역이 설립될 당시 명확히 수량화되지 않아, 부족들이 얼마나 많은 물을 사용할 수 있는지에 대한 불확실성을 초래하고 있다.

지연된 판결 절차: 부족의 물 권리는 종종 주정부의 물법에 따라 판결을 받아야 하며 이는 길고 복잡한 절차로 인해 이러한 권리의 수량화를 지연시키고 있다.

수량화에 대한 이견: 부족의 물권리를 어떻게 수량화 할 것인지, 그리고 이를 충족하기 위해 물을 재분배하는 비용을 누가 부담할 것인지에 대한 의견 차이가 협상 과정을 복잡하게 만든다.

재정적 제약: 소송을 통해 물권리를 획득하더라도 부족들은 필요한 물 인프라를 개발할 재정 자원이 부족하여 '종이물' 이라 불리는 법적 권리는 있지만 실제로 물을 사용할 수 없는 상황에 처하게 된다.

소송 비용: 물권리를 소송을 통해 확보하는 것은 비용이 많이 들고 시간이 오래 걸릴 수 있으며 그 결과는 부족에게 실질적인 물 자원을 제공하지 못할 수 있다.

---

71) Indian Water Rights Settlements. 2023. Congressional Research Service https://crsreports. congress.gov

미정부는 인디언 물권리 분쟁을 해결하는 접근 방식으로 협상된 합의(negotiated settlements)를 제시하였다. 즉 협상을 통해 물권리를 문서상으로 명확히 수량화하자는 것이다. 또 협상된 합의는 물을 사용할 수 있도록 인프라 개발과 관련된 자금을 제공하여 부족들이 실제로 물을 사용할 수 있게 한다고 강조했다.

하지만 보고서는 원주민 부족에게 물권리를 주어야 한다는 당위성은 인정하면서도 문제점들만 강조하고 실제적인 대안은 전혀 내놓지 않아 인디언 부족의 물 문제해결이 갈 길이 멀어 보인다. 겨우 내놓은 분쟁 해결법으로 협상과 합의라니. 협상과 합의는 어떤 방법에서도 따라야 할 절차일 뿐 절대로 방법론이 될 수 없다. 부디 바라건대 미정부는 진정과 성의있는 자세로 신속하게 이 문제를 해결해 주어야 한다. 미정부의 주장대로 "협상과 합의"를 통해 부족들에게 물권리의 실질적인 혜택을 제공하고 장기적인 해결책을 마련하는 데 미정부가 진정한 안을 내놓기를 바란다.

인디언들의 물 부족 현상: 구체적인 예

인디언 보호구역 내의 물 부족 현상은 심각한 문제로, 많은 부족들이 지속 가능한 물 공급을 확보하지 못하고 있다. 이는 다양한 원인에 의해 발생하며, 구체적인 예와 데이터를 통해 그 심각성을 설명할 수 있다.

나바호 네이션(Navajo Nation): 나바호 네이션은 주로 건조한 사막 지대에 위치해 있으며 지리적 특성과 기후 변화로 인해 물 자원이 매우 제한적이다. 2020년 기준으로 나바호 네이션의 약 30%의 가구가 안전한 식수를 공급받지 못하고 있다. 이는 약 48,000명의 주민에게 해당된다.

피마 마리코파 인디언 공동체(Pima-Maricopa Indian Community): 애리조나 주에 위치한 피마 마리코파 인디언 공동체는 최근 몇 년 동안 심각한 가뭄과 물 부족에 직면했다. 이 지역은 주로 농업에 의존하고 있으며, 지속적인 가뭄과 강우량 감소로 인해 농업용 물 공급이 크게 줄어들었다. 2019년 보고서에 따르면 피마 마리 코파 인디언 공동체는 과거 20년 동안 물 사용량이 40% 이상 감소하였다. 물 부 족으로 인해 농작물 생산이 급감하면서 지역 경제에 큰 타격을 입었다. 이는 주 민들의 생계와 식량 안보에 직접적인 영향을 미쳤다.

워커 리버 파이우트 부족(Walker River Paiute Tribe) : 네바다 주에 위치한 워커 리버 파이우트 부족은 물 자원의 오염과 고갈로 어려움을 겪고 있다. 산업 활동과 농 업으로 인한 물 오염이 주요 원인이다. 또한, 지하수 과다 사용으로 인해 지하 수위가 급격히 낮아졌다. 워커 리버의 수질 검사 결과 2018년부터 2021년까지 질산염과 중금속 농도가 EPA 기준치를 초과하는 것으로 나타났다. 오염된 물 로 인해 건강 문제가 발생하고 있으며, 안전한 식수 확보를 위해 주민들은 멀리 떨어진 지역에서 물을 구해야 하는 상황이다.

4. 미원주민 공동체의 교육 문제

보딩스쿨의 폐해로 인해 원주민 부족들은 자신들의 정체성을 담보로 하는 교육 시스템을 구축하기 원한다. 하지만 지금 미원주민 공동체는 다음과 같은 심각한 교육적 도전에 직면해 있다.

첫째, 불충분한 학교 자금 지원

둘째, 자격을 갖춘 교사의 부족

세째, 학생 성취도 격차

네째, 고등 교육에서의 저조한 대표성

다섯째, 높은 중퇴율

여섯째, 자금 지원 문제

부족이 운영하는 학교는 미국 인디언 교육국(BIE)로부터 직접 자금을 받는다. 2001년에 주정부 차원에서 시행된 아동 낙오 방지법(No Child Left Behind Act) 72)는 부족이 운영하는 학교가 주정부 차원의 업무를 스스로 책임지게 만들었다. 이 법은 자금 지원을 시험 성적과 연계시켜 많은 부족이 운영하는 학교들의 자금이 감소하는 결과를 낳았다.

미국 원주민 학생들은 미국 내에서 가장 낮은 고등학교 졸업률을 보이고 있다. 또한 원주민 청소년의 중퇴율은 전국에서 가장 높다. 16세에서 24세 사이의 원주민 중 15%가 중퇴하는 반면 전국 평균 중퇴율은 9.9%이다. 원주민 학생들은 학사, 석사, 박사 과정에서 저조한 대표성을 보인다. 대학 수준에서 원주민 학생들의 모집과 유지가 큰 문제로 남아 있다. 원주민 교수들도 고등 교육 교직원 중 1% 미만을 차지하고 있다.

원주민 교육에서는 자격을 갖춘 교사와 적절한 교육 과정이 필요하다. 서구식 교육 모델은 원주민의 인식론에 적합하지 않다. 아동낙오방지법과 는 문화적으로 관련된 교육 과정을 채택하는 것을 어렵게 만든다.

부족들은 미국의 공인된 학습방법인 과학, 기술, 공학, 수학(STEM) 교육 과정을 자신들의 교육 시스템에 통합하려고 노력하고 있으나, 아직 합의된 방법은 없다. 원주민들은 STEM 분야에서 적어도 4배 이상 저조한 대표성을 보이고 있다. 2012년 기준으로 원주민 학생들은 과학 및 공학 분야에서 학사 학위의 0.6%, 석사 학위의 0.4%, 박사 학위의 0.2%를 차지하고 있다.

일부 부족들은 디지털 스토리텔링, 컴퓨터 언어 플랫폼, 오디오 녹음, 웹페이지 등의 미디어를 통해 자신들의 문화와 언어를 보존하는 데 기술을 사용하고 있다. 기술은 또한 경제적, 교육적 발전에 기여하며, STEM 지식은 원주민

72) No Child Left Behind Act(NCLB)는 2001년 미국에서 제정된 교육 개혁 법안으로, 2002년에 조지 W. 부시 대통령에 의해 서명되어 발효되었다. 이 법안의 주요 목표는 모든 학생들이 최소한의 학업 성취도를 달성하도록 보장하고, 특히 저소득층 학생들과 소수 인종 학생들의 학업 격차를 줄이는 것이다.

청소년들이 서구식 일자리에 진입하는 데 도움을 준다. STEM 분야에서의 원주민 대표성 증가는 원주민 자결 운동에 도움이 될 수 있다. STEM 분야에서의 원주민들은 자신들의 땅과 자원을 통제하는 역할을 맡을 수 있다.

원주민 및 비원주민을 망라한 학자들은 서구 지식과 원주민 지식을 통합하는 교육 과정을 개발했지만, 최선의 접근 방식에 대한 합의는 없다. 연방 정부는 원주민 학교와 협력하여 기술을 사용하여 문화적으로 대응하는 교육 과정을 지원하는 프로젝트에 자금을 지원했지만 이러한 기술과 교육 과정의 구현은 거의 이루어지지 않고 있다. 부족 공동체의 원로들은 기술에 대한 노출이 동화로 이어질 것을 두려워하며 디지털 콘텐츠에서의 저조한 대표성도 이러한 두려움을 부추긴다. 디지털 형평성은 부족들이 기술 인프라 유지, 신성한 부족 정보 보호 기준 개발, 부족 목표 촉진 방안을 마련하는 데 자원을 할당해야 하기 때문에 중요한 문제이다. STEM 교육 과정은 종종 원주민의 세계관을 경시한다. 서구의 STEM 모델은 개인주의와 인간을 자연 세계와 분리된 존재로 강조하여 원주민 과학과 상충된다.

잠재적 해결책

STEM에 대한 원주민 학생들의 관심을 증가시키는 것으로 입증된 방법은 다음과 같다: 배려심 있는 멘토, 실습 학습, 관찰 학습, 협력, 실제 응용 및 지역 사회 참여 등. 일부 부족 STEM 프로그램은 지역 사회 기반 과학 교육 과정을 채택하고 있다. 지역 사회 기반 과학 교육 과정의 특징은 지역적, 장소 기반, 실습, 지역 사회 참여, 시스템 사고 및 과학에 대한 전체론적 관점 통합, 여러 인식론 탐구 등이다.

Science, Technology, Society(STS) 모델은 과학, 기술, 그리고 사회가 상호작용하는 방식을 통합적으로 탐구하는 교육 접근 방식이다. 이 모델은 과학과 기술의 발전이 사회에 미치는 영향과 사회적, 윤리적 문제를 강조하며 학생들이 과학과 기술을 보다 넓은 사회적 맥락에서 이해하도록 돕는다. STS 모델의 주요 특징은

첫째, 통합적 학습: 과학, 기술, 그리고 사회적 문제를 통합하여 학습함으로써 학생들이 이들 간의 상호작용을 이해하도록 한다. 둘째, 문제 중심 학습: 실제 사회적 문제나 사례를 중심으로 학습을 진행하여 학생들이 이론을 실생활에 적용할 수 있도록 한다. 세째, 비판적 사고: 과학과 기술의 윤리적, 사회적, 환경적 영향을 평가하고 비판적으로 분석하는 능력을 기른다. 네째, 협력적 학습: 학생들이 그룹 활동을 통해 서로 다른 관점을 공유하고 협력하여 문제를 해결하도록 장려한다. 마지막으로 실제적 적용: 과학적 지식과 기술적 능력을 실제 사회 문제 해결에 적용하는 기회를 제공한다.

결국 STS 모델은 학생들이 단순히 과학적 지식을 습득하는 것을 넘어서, 과학과 기술이 사회에 미치는 영향을 깊이 이해하고, 그에 따른 책임감을 가지도록 하는 데 중점을 둔다. 예를 들어, 환경 문제, 공공 건강, 기술 윤리 등과 같은 주제를 통해 학생들이 과학과 기술이 사회에 미치는 영향을 탐구하고, 보다 나은 사회를 만들기 위한 방법을 모색하게 한다.

또 이미 살펴본 바와 같이 전통 생태 지식(TEK) 모델이 한 방법이다. 이 모델은 자연의 모든 것의 상호 연결성을 인식하는 "원주민 현실주의"의 가치를 강조한다.

메이커 문화 또는 메이커 운동(Maker Culture or Maker Movement)은 개인이나 소규모팀이 자신의 창의력과 기술을 활용하여 다양한 프로젝트를 제작하고 혁신하는 문화를 말한다. 이 운동은 DIY(Do It Yourself) 정신과 기술의 결합을 강조하며 누구나 접근할 수 있는 도구와 자원을 활용하여 새로운 제품이나 솔루션을 창

조하는 데 중점을 둔다. 메이커 운동의 주요 특징은 첫째, 창의적 자율성: 개인이 자신의 아이디어를 실현하고 혁신할 수 있는 자유를 중시한다. 둘째, 공동 작업: 다양한 배경을 가진 사람들이 함께 작업하여 지식을 공유하고 협력한다. 세째, 기술과 공학: 전자기기, 3D 프린터, 레이저 커터 등 다양한 도구와 기술을 활용하여 프로젝트를 진행한다. 네째, 교육과 학습: 워크숍, 해커톤, 메이커 페어 등 다양한 이벤트를 통해 기술을 배우고 공유한다. 다섯째, 오픈 소스 정신: 정보와 자원을 공개하여 다른 사람들이 쉽게 접근하고 활용할 수 있도록 장려한다.

메이커 문화는 전통적인 제조업과는 달리, 소규모 개인이나 팀이 자신만의 방식으로 혁신을 이루고 창의적인 아이디어를 실현하는 데 중점을 둔다. 이 운동은 특히 STEM(과학, 기술, 공학, 수학) 교육과 관련하여 학생들에게 실습 기회를 제공하고, 창의적 문제 해결 능력을 배양하는 데 중요한 역할을 하고 있다.

해커스페이스(Hackerspace)모델: 해커스페이스는 공동 작업 공간 또는 공동체로 사람들이 기술과 관련된 프로젝트를 탐구하고 협력하며 지식을 공유하는 장소다. 이 공간은 종종 오픈 소스 소프트웨어, 하드웨어, 과학, 기술, 공학, 예술, 수학 등의 분야에 관심이 있는 사람들이 모여 다양한 프로젝트를 수행하고 창의적인 활동을한다. 해커스페이스는 첫째, 공동 작업 환경을 제공하여 다양한 도구와 장비를 공유하며 사용 가능하고, 둘째, 다양한 배경을 가진 사람들이 협력하여 프로젝트를 진행한다. 세째, 워크숍, 세미나, 강의 등을 통해 지식을 공유하고 배울 수 있다. 네째, 실험, 제작, 연구 등을 통해 혁신적인 아이디어를 실현할 수 있는 장점이 있다.

해커스페이스는 기술과 창의력을 결합하여 새로운 것을 탐구하고 배우는 데 중점을 둔 공간으로 특히 STEM(과학, 기술, 공학, 수학) 교육과 관련된 학습에 유용한 환경을 제공한다.

5. 보호구역에서의 범죄문제

인디언 보호구역에서의 심각한 범죄 문제는 역사적으로 연방 정부의 낮은 우선순위로 인해 제대로 해결되지 않았다. 1885년 주요 범죄 법안(Major Crimes Act)과 그에 따른 법원 판결에 따라 보호구역에서 발생하는 심각한 범죄는 연방수사국(FBI)이 조사하고, 미국 연방 검사가 기소하도록 요구되었다. 그러나 조사에 따르면 FBI와 대부분의 연방 검사들에게 인디언 보호구역에서의 범죄 조사는 낮은 우선순위였음이 밝혀졌다. 그 결과, 보호구역 내 높은 범죄율은 계속해서 증가하고 있다. 또 심각한 범죄가 종종 제대로 조사되지 않거나 기소가 거부되었다.

부족 법원은 2010년 이전까지 최대 1년 이하의 형량만 선고할 수 있었다. 그러나 2010년 7월 29일에 제정된 부족 법률 및 질서 법안(Tribal Law and Order Act)에 따라, 부족 법원이 기록된 절차와 피고에게 추가 권리를 부여하는 경우 최대 3년의 형량을 부과할 수 있게 되었다. 이는 부족 법원의 권한을 확대하고, 보다 효과적으로 범죄를 다룰 수 있는 법적 기반을 마련한 중요한 변화였다.

법무부는 2010년 1월 11일 인디언 보호구역 법 집행 이니셔티브를 시작하여 보호구역 내 법집행의 문제를 인식하고 기존 문제를 해결하는 데 최우선 순위를 두었다. 특히, 가정 폭력 및 성폭행 관련 범죄의 기소 개선에 중점을 두었다.

공법 280호(PL 280)와 관할권 문제: 1953년에 제정된 공법 280호(PL 280)는 인디언 보호구역 내 인디언 관련 범죄에 대한 관할권을 특정 주에 부여하고, 다른 주들이 관할권을 맡을 수 있도록 허용하였다. 이후 입법은 주정부가 관할권을 반환할 수 있도록 허용했으며, 일부 지역에서 이러한 반환이 이루어졌다. 그러나 일부 PL 280 보호구역에서는 관할권 혼란, 부족 불만 및 소송이 발생하였으며, 범죄율 및 법 집행 대응에 대한 데이터 부족으로 인해 문제가 더욱 복잡해졌다.

원주민 여성에 대한 폭력 문제

높은 강간 발생률이 여전히 미국 원주민 여성 및 알래스카 원주민 여성에게 영향을 미치고 있다. 법무부에 따르면, 3명 중 1명의 여성이 강간 또는 강간 시도를 경험하였으며, 이는 전국 평균보다 두 배 이상 높은 수치이다. 80%의 미국 원주민 성폭행 피해자는 가해자가 "비인디언"이라고 보고하였다.

폭력 방지 여성법(VAWA) 개정과 특별 가정폭력 형사 관할권: 2013년 폭력 방지 여성법(VAWA: The Violence Against Women Act, 1994) 개정에서 비원주민 남성이 원주민 여성에 대해 저지른 범죄를 포함시키는 법적인 변화가 이루어졌다. VAWA를 통해 부족이 인디언 보호구역 내에서 비원주민 범죄자에 대한 "특별 가정폭력 형사 관할권"을 행사할 수 있도록 허용하였다. 이는 1978년 대법원의 Oliphant v. Suquamish Indian Tribe 판결 이후 처음으로 부족이 특정 범죄에 대해 비원주민을 기소할 수 있게 된 중요한 변화였다.

2022년 VAWA 재승인은 이 관할권을 확대하여 부족 사법 인력에 대한 폭행, 아동 폭력, 사법 방해, 성폭력, 성매매, 스토킹 등 추가 범죄를 포함시켰다. 이 재승인은 바이든 대통령에 의해 법으로 서명되었으며, 알래스카 부족이 모든 사람에 대해 특별 부족 형사 관할권(STCJ)을 행사할 수 있는 파일럿 프로그램도 도입하였다.

인디언 보호구역 내 범죄 문제와 이에 대한 법적 대응은 원주민 공동체의 자치와 생존에 중요한 영향을 미친다. 주요 범죄 법안과 부족 법률 및 질서 법안, 공법 280호, 폭력 방지 여성법(VAWA) 등의 법적 제도와 개정은 원주민 공동체의 공공 안전을 강화하고, 원주민 여성에 대한 폭력을 더 효과적으로 방지하기 위한 중요한 조치들이다. 이러한 법적 변화와 정책은 원주민 및 비원주민 범죄자가 부족 사법 시스템 내에서 효과적으로 기소될 수 있도록 함으로써, 부족 공동체의 공공 안전을 향상시키는 데 목적을 두고 있다.

6. 원주민 건강 격차와 건강 평등

미국 시민권위원회에 따르면 미원주민들은 당뇨병, 알코올 사용 장애, 결핵, 자살 등 충격적인 사망률을 보이고 있다. 높은 사망률뿐만 아니라 미원주민들은 다른 미국인들에 비해 현저히 낮은 건강 상태와 불균형한 질병 발생률을 겪고 있다.

이러한 도전에 대응하여 많은 미원주민들이 커뮤니티 보건 및 의학 분야로 진출하고 있다. 또한, 미원주민 커뮤니티와 협력하는 기관들은 그들의 전통을 배우고 존중하며 서양 의학의 이점을 그들의 문화적 관행에 통합하기 위해 파트너십을 구축하고 정책 및 프로그램 이사회의 대표를 모집하는 등 다양한 방법을 모색하고 있다.

미원주민과 알래스카 원주민 노인들은 오랫동안 건강과 의료 서비스 분야에서 격차를 경험해 왔다. 건강 격차는 사회에서 차별과 같은 불이익을 받은 인구 집단이 경험하는 예방 가능한 질병, 상해, 또는 폭력의 부담을 의미한다. 건강 격차는 인구 내 다양한 그룹의 건강 결과 차이를 보여준다. 이러한 격차 중 하나는 평균적으로 미원주민이 백인 미국인보다 12년에서 13년 더 일찍 사망한다는 것이다. 미원주민 인구는 대부분의 나이에서 높은 사망률을 보이지만 특히 젊은 연령대에서 더 높으며 주요 사망 원인 대부분에서 높은 사망률을 나타낸다. 2018년 65세 이상 미원주민 노인의 주요 사망 원인 다섯 가지는 심장 질환, 암, 만성 하부 호흡기 질환, 당뇨병, 그리고 뇌졸중이었다.

사회적 건강 결정 요인 [73]

미원주민과 알래스카 원주민 인구는 오랫동안 다른 그룹에 비해 더 나쁜 건강 결과를 경험해 왔다. 이유는 복잡하며 역사적 및 지속적인 인종차별, 빈곤,

---

73) NICOA(National Indian Council on Aging). American Indian Health Disparities. https://www.nicoa.org/elder-resources/health-disparities

부족한 교육, 양질의 의료 접근성 제한, 강제 이주, 비미원주민 문화로의 강제 동화와 관련이 있다. 건강 격차의 구체적인 원인은 복잡하며 사람들이 사는 장소와 그들에게 제공되고 접근 가능한 서비스와 관련이 있다. 정기적인 의료 서비스 제공원, 언어 및 의사소통 장벽, 의료 인력의 다양성 부족, 높은 빈곤율, 보험 커버리지 부족, 미국 인디언과 알래스카 원주민에 대한 차별, 의료 서비스로부터의 거리감 등의 요인이 미원주민커뮤니티에 건강 격차를 증가시켰다.

이러한 요인들이 미국 보건복지부가 정의하는 "사회적 건강 결정 요인"이다. 이 요인들은 크게 경제 안정성, 교육, 사회/커뮤니티 환경, 건강 및 의료, 그리고 주변 환경/환경으로 나눌 수 있다. 미원주민과 알래스카 원주민의 건강 격차는 체계적 문제의 증상이다. 건강 결과를 설명하고 위험 요소를 줄이며 체계적 변화를 구현하기 위해 여섯 가지 "사회적 건강 결정 요인"을 분석한다.

첫째, 소득 및 부의 격차: 높은 품질의 교육 접근이 부족하고, 지리적 위치, 언어 차이, 차별, 교통 장벽 등으로 인해 미원주민들이 높은 임금의 좋은 혜택을 가진 일자리를 얻기 어렵다.

둘째, 교육: 아동의 가족과 부족의 생활 방식에서 멀어지게 하는 기숙학교 교육 시스템에 대한 불신이 크다. 미원주민은 미국에서 가장 낮은 교육 성취율을 가진 그룹이다. 인디언 교육국(Bureau of Indian Education)이 운영하는 약 180개의 학교는 만성적으로 자금이 부족하며 대다수의 미원주민학 생들이 다니는 공립학교는 문화적으로 관련된 교육 과정이나 원주민 역사나 정체성을 촉진하는 교육을 제공하지 않는다.

세째, 사회/커뮤니티 환경: 수세기 동안 제도적 구조, 정책, 문화적 규범, 가치, 개인 행동에서의 인종차별은 미원주민들이 살고, 일하고, 배우고, 놀고, 예배하는 장소 및 관계성에 영향을 미쳤다.

네째, 건강 접근 및 이용: 의료 서비스에 대한 큰 장벽이 존재한다. 보험 부재, 교통, 보육, 업무에서 시간을 내기 어려운 점, 환자와 의료 서비스 제공자의 문화적으로 무감각한 상호작용, 치료에서의 불평등 등이 흔한 장벽이다.

다섯째, 주변 및 물리적 환경: 미원주민들이 거주하는 빈곤한 커뮤니티 환경은 공공 교통, 양질의 교육, 사회적 인프라, 주택, 저렴하고 영양가 있는 식품, 일자리, 의료 서비스에 대한 접근이 부족하다.

여섯째, 직장 환경: 근로 불평등의 원인 중 일부는 임시 고용 구조, 근로자 안전 조치 부족, 제한적이거나 없는 건강 보험 혜택, 나이, 성별 정체성, 인종, 계급을 기반으로 한 차별 등이다.

인디언 보건 서비스Indian Health Service

미원주민 커뮤니티와 연방 정부 사이에 협상된 조약 및 각종 법령들은 부족들이 의료 서비스를 받을 권리를 보장한다. 따라서 인디언 보건 서비스(IHS)는 500개가 넘는 연방으로 인정받은 부족들에게 의료 서비스를 제공한다. 인디언 보건 개선법(The Indian Health Care Improvement Act)은 환자 보호 및 적정부담 보험법(Patient Protection and Affordable Care Act)의 일부로 미국인들이 일반적으로 기대하는 포괄적인 입원 및 외래 환자 서비스를 보장하지 않는다는 점이 큰 헛점이다. 이는 자주 미원주민 건강 보험 프로그램으로 오해받는 IHS를 고려할 때 중요한 점이다. IHS는 일반 미국인이 사용하는 메디케어(Medicare)나 메디케이드(Medicaid)와 달리 권리 프로그램이 아니다. IHS는 IHS 시설에서 제공하는 일련의 직접 의료 서비스일 뿐이다. 이로 인해 메디케어나 메디케이드 또는 특히 민영 의료 프로그램과는 근본적으로 다른 역학이 발생한다. IHS는 의회가 제공하는 자원으로 할 수 있는 일을 하지만 측정 가능한 결과를 추구하는 과정에서 미원주민들의 건강 요구를 충족시키기 위해 필요한 서비스를 제공할 의무는 없다는 점이 문제다.

또 약 70퍼센트의 미원주민들은 도시와 도심 지역에 살고 있음에도 IHS 서비스는 주로 농촌 지역에 기반을 두고 있다. 지난 20년 동안 의료 서비스와 예방 서비스 확대에 개선이 있었음에도 불구하고 미원주민들의 고향 근처에 병원과 진료소가 부족한 상황은 여전히 문제가 되고 있다.

건강 평등은 모든 사람이 자신의 최고 수준의 건강을 달성할 수 있는 공정하고 정당한 기회를 갖는 것을 의미한다. 이를 위해서는 사회적 노력이 필요합니다. 특히 미원주님에 대해서는 역사적 및 현대적 불의를 해결하고 건강과 의료 접근에 대한 경제적, 사회적, 그 외의 장애를 제거하도록 적극적인 노력이 필요하며 예방 가능한 건강 격차를 줄이기 위한 각종 방안을 즉시 시행하여야 한다.

7. 예술과 스포츠 분야에서 원주민 이미지 왜곡 문제

역사적인 예술 작품에서 인디언의 묘사는 종종 미원주민의 문화를 왜곡하거나 편견을 강화하는 방식으로 이루어졌다. 이러한 묘사는 여러 문제를 안고 있으며, 미원주민의 정체성과 문화를 정확하게 반영하지 못한 경우가 많았다. 주요 문제들은 다음과 같다.

편견과 고정관념: 많은 예술 작품은 인디언을 야만적이거나 미개한 존재로 묘사했다. 이러한 묘사는 유럽인 및 미국인의 우월성을 강조하는 데 사용되었으며, 미원주민의 복잡한 사회 구조와 문화를 간과했다. 이러한 편견은 미원주민에 대한 부정적인 이미지를 강화하고, 이들에 대한 오해를 확산시켰다.

로맨틱화와 이상화: 다른 작품들은 미원주민을 고귀한 야만인(noble savage)으로 이상화했다. 이들은 자연과 조화를 이루며 사는 존재로 묘사되었지만, 이러한

묘사는 현실과 동떨어진 것이었다. 이는 미원주민을 실제 존재가 아닌 신화적 존재로 보이게 만들어, 그들의 실제 생활과 문화를 제대로 반영하지 못했다.

역사적 부정확성: 많은 예술 작품은 미원주민의 역사적 현실을 왜곡했다. 예를 들어, 특정 부족의 전통과 의상을 다른 부족의 것으로 잘못 묘사하거나, 중요한 역사적 사건을 편향된 시각에서 다루었다. 이러한 역사적 부정확성은 미원주민의 문화를 오해하게 만들고, 역사적 사실을 왜곡하는 결과를 초래했다.

문화적 착취: 미원주민의 전통, 의상, 예술 양식을 차용하면서도, 이를 제대로 인정하거나 존중하지 않았다. 이러한 문화적 착취는 미원주민의 문화를 상품화하고, 그들의 고유한 정체성을 훼손하는 결과를 낳았다. 미원주민의 예술과 전통을 무분별하게 차용하는 것은 그들의 문화적 자산을 왜곡하고 상품화하는 문제를 야기했다.

목소리의 부재: 역사적 예술 작품에서 미원주민의 관점이나 목소리가 거의 반영되지 않았다. 이는 그들의 이야기를 왜곡되거나 불완전하게 전달하게 만들었다. 미원주민의 시각을 배제한 채, 외부인의 시각에서만 그들을 묘사하는 것은 그들의 문화를 이해하는 데 있어 큰 한계를 가져왔다.

현대 예술계에서는 이러한 문제를 인식하고, 보다 공정하고 정확한 묘사를 통해 미원주민의 문화를 존중하려는 노력이 이루어지고 있다. 다음은 이러한 변화의 몇 가지 예이다:

미원주민 예술가의 참여: 미원주민 예술가들이 자신의 이야기를 직접 전달할 수 있는 기회를 제공하여, 그들의 시각과 경험을 반영한 작품이 증가하고 있다.

문화적 존중과 인정: 미원주민의 전통과 문화를 차용할 때, 그들의 문화를 존중하고, 정확하게 반영하려는 노력이 강화되고 있다.

교육과 인식 개선: 미원주민의 역사와 문화를 제대로 이해하기 위한 교육과 인식 개선 프로그램이 확대되고 있다.

이러한 노력들은 미원주민의 문화를 더 정확하게 반영하고, 그들의 정체성을 존중하는 방향으로 예술계의 변화를 이끌고 있다. 이를 통해 과거의 왜곡된 묘사를 극복하고, 미원주민의 풍부한 문화유산을 올바르게 이해하는 데 기여하고 있다.

스포츠에서 미원주민 마스코트 사용

미국과 캐나다에서 미원주민 마스코트 사용은 논란이 많은 주제이다. 특히 미원주민 활동가들은 이러한 마스코트가 해로운 고정관념을 계속 퍼뜨리고, 그들의 문화를 빼앗는 것이라고 주장한다. 유럽계 미국인들이 "인디언 놀이"를 한 역사는 최소한 18세기로 거슬러 올라간다. 지지자들은 이러한 마스코트가 미원주민 전사들의 영웅성을 기린다고 주장하지만, 아메리카 인디언 운동(AIM)과 같은 단체들은 이를 공격적이고 모욕적이라고 비판한다. 많은 미원주민들은 이러한 차별을 흑인들을 대상으로 한 모욕적 조롱인 "블랙 페이스(Black Face)"와 비교한다.

미원주민 마스코트 사용에 대한 비판: 미원주민 활동가들과 지지자들은 "게임에서 사람들이 블랙 페이스로 흑인을 조롱하는 것을 상상해 보라. 그런데 인디언 이름을 가진 팀이 있는 게임에 가면 얼굴에 전쟁 페인트를 한 팬들을 볼 수 있다. 이것이 블랙 페이스와 다를 바 없지 않은가?"라고 따지며 시정을 요청한다. 이러한 비판은 미원주민 마스코트가 단순한 이미지 이상으로, 그들의 문화를 왜곡하고 고정관념을 강화하며, 모욕적인 방식으로 사용된다는 점을 강조한다.

이러한 비판에 대응하여 많은 대학 및 프로 스포츠 팀들은 해당 인디언 부족 국가의 승인 없이 이러한 이미지를 더 이상 사용하지 않기로 했다. 예를 들어, 미국 메이저 야구팀인 클리브랜드 인디언스(Cleveland Indians)는 와우 추장(Chief Wahoo)의 이미지를 더 이상 사용하지 않기로 했다. 캘리포니아의 토말레스베이 고등학교(Tomales Bay High)와 세코이야 고등학교(Sequoia High) 역시 인디언 마스코트를 폐기했다. 그러나 일부 학교들은 여전히 이러한 마스코트를 사용하고 있다.

NCAA의 정책: 2005년 8월, 미국 대학 스포츠 협회(NCAA: National Collegiate Athletic Association)는 "적대적이고 모욕적인" 미원주민 마스코트 사용을 금지했다. 그러나 세미뇰 부족(Seminole Tribe of Florida)이 플로리다 주립대팀의 이름 "세미뇰" 사용을 승인한 것처럼 부족의 승인을 받은 경우에는 예외를 두었다. 이는 일부 팀이 부족과 협력하여 문화적 존중을 바탕으로 이름과 마스코트를 사용할 수 있도록 허용하는 예외를 인정한 것이다.

클리블랜드 인디언스의 이름 변경: 클리블랜드 인디언스는 2021년 시즌이 끝난 후 공식적으로 팀 이름을 클리블랜드 가디언스로 변경했다. 원주민 단체들은 1970년대부터 팀의 이름과 로고가 원주민을 비하하고 고정관념을 강화한다고 주장하며 반대 운동을 벌였다. 2016년 월드 시리즈에서 국제적인 주목을 받으면서 이 문제는 더욱 부각되었다. 2021년 7월 23일 팀은 새로운 이름이 "클리블랜드 가디언스"가 될 것이라고 발표했으며, 2022년 시즌부터 새로운 이름을 사용하기 시작했다.

미원주민 마스코트 사용 문제는 문화적 존중과 이해, 그리고 역사적 왜곡과 차별에 대한 민감성을 반영하는 중요한 주제이다. 이러한 논란은 미원주민의 문화와 정체성을 올바르게 인식하고 존중하는 방향으로 나아가야 한다는 점을 강조한다. 이는 단순히 마스코트와 팀 이름의 변경을 넘어, 미원주민에 대한 편견과 고정관념을 극복하고, 그들의 문화를 올바르게 존중하는 사회적 인식을 형성하는 데 기여할 것이다.

부 록

1. 전권 Plenary Power 의 해석법

전권 **(Plenary Power)** 의 해석 독점적 및 선점적? 또는 무제한 및 절대적?

1. 전권("Plenary")의 정의: 일반적인(법적이지 않은) 의미에서 −완전한, 전체적인, 완벽한… −전체 권력 또는 권위를 소유한…

2. 전권(Plenary power)의 정의: 법적(헌법적) 의미에서 의회(행정부, 사법부 또는 주가 아닌)가 단독 권한을 가짐..−"… 외국과의 무역을 규제하고… 주들 간의 무역을 규제하며, 인디언 부족과의 무역을 규제한다." −미국 헌법, 제1조, 제8절, 제3항 − '상업 조항' 은 의회의 "전면적 권력"이라 불리는 것의 유일한 명시적 헌법적 근거임 − '재산 조항'(제4조, 제3절, 제2항) 및 '조약 조항'(제2조, 제2절, 제2항)은 암묵적(즉, 암시된) 출처임. 다시 말해, 부족들은 이 조항에 명시되어 있지 않음.

3. 그러면 '상업 조항' 은 의회에 무엇을 할 수 있는 권한을 부여하는가? −보호구역에 대한 형사 및 민사 관할권을 규제할 수 있는가? 아니오. (그러나… 주요 범죄법, 공법 280…) −부족 종교의 실천을 규제할 수 있는가? 아니오. (그러나… 인디언 범죄 법원…) −보호구역 내에서 토지 소유를 어떻게 규제할 수 있는가? 아니오. (그러나… 일반 할당법…) −인디언 부족과의 무역을 규제할 수 있는가? 예. (예: 무역 및 상호작용법…)

4. 민주주의의 기본 원칙(이상) – "열거된 권한": 정부 권한은 헌법에 명시적으로 열거된 것들로만 제한됨 – "통치받는 자의 동의": 사람들은 자신들이 법을 만드는 과정에 참여하지 않았으므로 정부는 법을 제정할 수 없음 – "국민에 의한 정부" – "법치": 정부와 시민 모두가 동일한 법을 준수함

5. 전면적 권력의 무제한 및 절대성: 그것이 무엇인가? –부족과 부족 구성원에 대한 동의 없이 부과된 의회의 비열거된 권한 주장, 예: 인디언 이주법 1830 주요 범죄법 1885 일반 할당법 1887 인디언 시민권법 1924 인디언 민권법 1968 –어떻게 '민주주의'에서 이것이 가능할 수 있는가?

6. 전면적 권력의 무제한 및 절대성: 다른 하나 이상의 지지로,
예: 인디언 제거, 체로키 눈물의 길 1838: 행정부(잭슨)는 주(조지아)의 이익을 위해 사법부(워체스터)를 무시함 –미국 대 카가마 (United States v. Kagama, 1886) 대법원은 주요 범죄법의 헌법적 유효성을 유지함(인디언 국가에 대한 연방 형사 관할권 확장)... 인디언은 무력하다고 가정하여('피보호자', 의존적)... 미국의 '정복' 및 '자애적 부성주의'에 기초한 발견 정의를 재확인함으로써... 열거된 권한, 통치받는 자의 동의, 법치 등의 민주주의 원칙을 무시함

7. 전면적 권력의 무제한 및 절대성: 판례에 대한 준수로 –론 울프 대 히치콕 (Lone Wolf v. Hitchcock, 1903)
대법원은 의회가 인디언 조약을 일방적으로 폐기할 수 있다고 판결함. 연방 '보호자'가 '의존적 인디언 피보호자'에 대해 어떤 법을 통과시킬 수 있는 권한을 부여한다고 주장함. 헌법이 부족과 관련된 권한을 '정치적 부서'(의회 및 행정부)에 부여한다고 주장하여 정치적 질문 규칙에 따라 의회(및 행정부)에 위

임함 인디언 문제는 본질적으로 미국 외교 정책의 일면이며, 사법부가 권한을 가지지 않음(즉, 사법 검토 없음)

8. 전면적 권력의 독점 및 선점적 성격: 그것이 무엇인가? −헌법에 열거된 권한의 의회 주장 −상업 조항에 명시 −조약 조항, 재산 조항에 암시됨 −부족의 동의와 함께(이론적으로), 예:인디언 재조직법 (1934) −부족과의 협의와 함께, 예:인디언 종교 자유법 (1978) −부족의 초헌법적 지위로 인해 보호되지 않는 권리를 보호하기 위해, 예:인디언 아동 복지법 (1978), 인디언 게임 규제법 (1988), 네이티브 아메리칸 유물 보호 및 반환법 (1990)

9. 전면적 권력의 독점 및 선점적 성격. −그렇다, 예: 엑스 파테 크로우 도그 (Ex parte Crow Dog, 1883) 대법원은 인디언에 대한 범죄에 대해 연방 정부가 관할권을 가지지 않는다고 판결함 의회의 반응: 주요 범죄법(1885) 통과로 '무제한 및 절대' 전면적 권력을 주장함

10. 전면적 권력의 독점 및 선점적 성격 −탈튼 대 메이스 (Talton v. Mayes, 1896) : 대법원은 체로키 국가가 헌법 이전의 자치 정부 주권 권한을 가지고 있음을 판결함(따라서 이 권한은 본질적이며 헌법에서 "흘러나오는" 것이 아님)

11. 전면적 권력의 독점 및 선점적 성격 −페린 대 미국 (Perrin v. United States, 1914) : 대법원은 인디언에 대한 연방 조치는 "순전히 자의적이지 않고 합리적인 근거에 기초해야 한다"고 판결함.

12. 전면적 권력의 독점 및 선점적 성격 −모튼 대 만카리 (Morton v. Mancari, 1973)

대법원은 BIA의 '인디언 선호' 채용 정책을 지지하며 '인디언'이 정치적 분류이며 인종적 분류가 아니라고 주장함 부족과 미국 간의 독특한 관계를 인정함으로써 의회의 "독특한 의무"를 인정함으로써 (즉, 자치 정부, 자결권 등을 지지)

2. 연방정부 신탁책임 명령 3335호

미국 내무부 장관

워싱턴

주제: 연방정부의 연방 인정 인디언 부족 및 개별 인디언 수혜자에 대한 신탁 책임 재확인

제1조 목적

2009년, 장관 명령 3292호에 따라 인디언 신탁 관리 및 개혁에 관한 장관 위원회가 설립되었다. 위원회는 2013년 12월에 최종 보고서와 권고안을 발행했으며, 이는 미국의 신탁 책임에 대한 견해와 권고를 제시했다. 이 보고서에 대응하여, 본 명령은 내무부가 신탁 책임을 이행하기 위해 준수해야 할 지침 원칙을 명시한다.

제2조 권한

이 명령은 미국 헌법, 조약, 법률, 행정명령 및 연방–부족 신탁 관계의 기초를 형성하는 기타 연방법에 따라 발행되었으며, 연방 정부의 모든 연방 인정 인디언 부족 및 개별 인디언 수혜자에 대한 신탁 책임을 인정한다.

제3조 배경

신탁 책임은 미국 정부의 형성과 함께 시작된 잘 확립된 법적 원칙이다. 현대에 들어와서, 대통령, 의회 및 과거의 내무부 장관들은 신탁 책임을 반복적으로 인정하고, 연방 정부의 연방 인정 부족 및 개별 인디언 수혜자에 대한 신탁 책임을 준수하는 것의 중요성을 강조했다.

a. 법적 기초: 미국의 신탁 책임은 미국과 인디언 부족 간의 독특하고 역사적인 관계에서 기인한 잘 확립된 법적 의무이다. 헌법은 인디언 부족을 주 및 외국과 구별된 독립체로 인정하였다. 1831년, 미국은 인디언 부족에 대한 연방 신탁 관계의 존재를 공식적으로 인정했다. 최고 법원장 존 마샬은 "[…미국과 인디언 간의 관계는 다른 어느 두 민족 간의 관계와도 다르다.…]"고 관찰했다.(Cherokee Nation v. Georgia, 30 U.S. 1, 16 (1831)) 신탁 책임은 미국이 부족 및 개별 인디언의 토지, 자산, 자원 및 조약 및 유사하게 인정된 권리를 보호하기 위해 지켜야 할 최고 도덕적 의무로 구성된다.

제4조 새로운 신탁 시대

지난 몇십 년 동안 신탁 관계는 진화해왔다. 부족 자치 시대에, 연방 신탁 책임은 종종 내무부가 부족 정부와 계약을 체결하여 신탁 책임 하에 연방 서비스를 제공할 때 충족된다. 부족 정부는 대표하는 사람들에게 더 직접적으로 책임을 지며, 인디언 공동체가 직면한 문제를 더 잘 알고 있으며, 상황 변화에 더 신속하게 대응할 수 있다. 요컨대, 연방 신탁 책임은 입법적 승인과 충분한 자금을 통해 부족에게 권한을 부여함으로써 종종 최선으로 달성될 수 있다.

최근 수십 년 동안, 신탁 관계는 내무부가 주로 부족 신탁 기금 및 신탁 자산 관리 및 회계와 관련하여 신탁 책임을 다하지 못했다고 주장하는 소송으로 인해 어려운 시기를 겪었다. 인디언 부족과의 신뢰 관계를 재구축하기 위한 역사적인 노력의 일환으로, 내무부는 최근 여러 "신탁 위반" 소송을 해결했다. 여기에는 미국을 상대로 제기된 가장 큰 집단 소송 중 하나인 Cabell v. Salazar와 80개 이상의 인디언 부족 관련 소송이 포함된다. 이러한 사건의 해결은 내무부 역사에서 새로운 장을 열었으며, 인디언 부족과의 정부 대 정부 관계를 강화하고 부족 및 개별 인디언 수혜자와의 신탁 관계를 개선하기 위한 갱신된 약속을 반영한다.

제5조 지침 원칙

오랜 신탁 관계에 따라, 모든 내무부의 부서와 사무실은 다음의 지침 원칙을 준수해야 한다.

제6조 범위 및 제한

a. 이 명령은 지침 목적을 위한 것이며 모든 관련 법률과 규정을 준수한다.

b. 이 명령은 내무부의 법적 임무와 권한, 소송에서의 위치, 적용 가능한 특권, 또는 내무부 직원의 전문적 책임 의무를 변경하거나 수정하지 않는다.

c. 이 명령은 내무부의 행동, 활동 또는 정책 이니셔티브와 관련하여 추가 절차 요구 사항을 필요로 하지 않는다.

d. 이 명령의 이행은 자원의 가용성과 Anti-Deficiency Act의 요구 사항에 따라야 한다.

e. 이 명령을 통해 더 큰 효율성을 달성할 수 있다고 합의하는 경우, 인디언 부족과 내무부 간의 전략적 구현을 방해하지 않는다.

f. 이 명령은 미국의 신탁 책임 관리 능력을 향상시키기 위한 것이다. 법적 권리나 이익을 창출하지 않는다.

제7조 만료일

이 명령은 즉시 효력을 발휘하며, 내무부 매뉴얼에 통합되거나 수정, 정지, 또는 철회될 때까지 유효하다.

3. 범죄 관할권 차트 Criminal Jurisdiction Chart

인디언 국가 내에서 저지른 범죄에 대한 관할권은 18 U.S.C. § 1151(a), (b) & (c)로 정의됨:

(a) 공식 [인정된 보호구역 경계] 및 비공식 [부족 신탁지] 보호구역 (도로 포함)

(b) 의존 인디언 커뮤니티 및

(c) 신탁 또는 제한된 상태의 인디언 할당지 (도로 포함)

(인디언 국가에 대한 주 정부의 관할권을 부여한 연방 법률이 없는 경우)

A. 인디언 범죄자인 경우

1. 피해자 범죄: 피해자의 인격 또는 재산에 대한 범죄

피해자	범죄내용	관할권
인디언 (연방 정부 또는 연방 인정 부족에 의해 등록되거나 인디언으로 인정받으며 어느 정도의 인디언 혈통을 가진자)	주요 범죄법(Major Crimes Act) 범좌: 살인, 과실치사, 유괴, 신체 훼손, 성적 학대/공격, 근친상간, 살인 의도 공격, 중범죄 의도 공격, 위험한 무기를 이용한 공격, 심각한 신체 손상공격, 배우자/친밀한 파트너/데이트 파트너에 대한 신체적 학대공격, 16세 이하의사람에 대한 공격, 목 졸라 죽이려는 공격, 중범죄 아동 학대 또는 방치, 방화, 절도, 강도, 18 U.S.C. §661에 따른 중범죄 절도. (주요 범죄법 – 18 U.S.C. §1153 권한) (밑줄 친 주 범죄)	연방
	부족 코드에 포함된 나머지 모든 범죄: (부족 코드 권한 또는 25 CFR Pt. 11, CFR 인디언 범죄 법원의 경우)	연방, 부족
비인디언	주요 범죄법 범죄: 살인, 과실치사, 유괴, 신체 훼손, 성적 학대/공격, 근친상간, 살인 의도 공격, 중범죄 의도 공격, 위험한 무기를 이용한 공격, 심각한 신체 손상공격, 배우자/친밀한 파트너/데이트 파트너에 대한 신체적 학대 공격, 16세 이하의사람에 대한 공격, 목 졸라 죽이려는 공격, 중범죄 아동 학대 또는 방치, 방화, 절도, 강도, 18 U.S.C. §661에 따른 중범죄 절도. (주요 범죄법 – 18 U.S.C. §1153 권한) (밑줄 친 주 범죄)	연방
	부족이 인디언 피고를 처벌하지 않은 경우, 기타 연방 범죄, 주 법전에 포함된 범죄 (해당 범죄범주에 대한 연방 법률이 없는 경우)를 포함한 범죄: (일반 범죄법 – 18 U.S.C. §§ 1152 및 13 권한)	연방
	부족 코드에 포함된 나머지 모든 범좌: (부족 코드 권한 또는 25 CFR Pt. 11, CFR 인디언 범죄 법원의 경우)	연방, 부족

2. 피해자 없는 범죄: 범죄에 피해자의 인격 또는 재산이 포함되지 않은 경우 (예: 교통 위반, 무질서한 행위, 매춘 등)

범죄내용	관할권
범주에 대한 연방 법률이 없는 경우 주 법전에 있는 범죄: 동화 범죄법 권한에 따라 (18 U.S.C. §§ 1152 및 13 권한)	연방
부족 코드에 있는 범죄: (부족 코드 권한 또는 25 CFR Pt. 11, CFR 법원)	부족*

3. 인디언 국가에 적용되는 특수 범죄 (인디언 또는 비인디언)– 연방 (인디언 국가에서 저지른 범죄에 대한 연방 기소)

4. 전국적으로 모든 사람에게 일반적으로 적용되는 연방 범죄 – 연방 (인디언 또는 비인디언) (국가간 거래 또는 연방 이익에 영향을 미치는 경우)

B. 비인디언 범죄자인 경우

1. 피해자 범죄: 피해자의 인격 또는 재산에 대한 범죄

피해자	범죄내용	관할권
인디언 (연방 정부 또는 연방 인정 부족에 의해 등록되거나 인디언으로 인정받으며 어느 정도의 인디언 혈통을 가진 자)	인디언 국가 범죄법 범죄: 연방 법전에 따라 "미국의 특별 해상 및 영토 관할권"에 적용되는 모든 연방 범죄. (일반범죄법 – 18 U.S.C. § 1152 권한)	연방
	범주에 대한 연방 법률이 없는 경우 주 법전에 있는 모든 범죄: 동화 범죄법 권한에 따라 (18 U.S.C. §§ 1152 및 13 권한)	연방
	가정폭력, 데이트 폭력 또는 보호 명령 위반 범죄 [피고인이 인디언 국가에 거주하거나, 인디언국가에서 일하거나, 참가 부족의 구성원 또는 인디언 국가에 거주하는 참가 부족의 인디언의 배우자, 친밀한 파트너 또는 데이트 파트너인 경우] (특별 가정폭력 형사 관할권) (25 U.S.C. § 1304 권한에 따른 부족 코드)	부족

피해자	범죄내용	관할권
비인디언	주 법전에 포함된 모든 범죄. (미국 대 맥브래트니 판결, 104 U.S. 621 (1881) 권한)	주

2. 피해자 없는 범죄: 범죄에 피해자의 인격 또는 재산이 포함되지 않은 경우 (예: 교통 위반, 무질서한 행위, 매춘 등) – 주만

3. 인디언 국가에 적용되는 특수 범죄 (인디언 또는 비인디언) – 연방 (인디언 국가에서 저지른 범죄에 대한 연방 기소)

4. 전국적으로 모든 사람에게 일반적으로 적용되는 연방 범죄 – 연방 (인디언 또는 비인디언) (국가간 거래 또는 연방 이익에 영향을 미치는 경우)

부족 법원은 부족법에 따라 설립된 부족 법원 또는 25 CFR Pt. 11에 따라 설립된 "CFR" 인디언 범죄 법원일 수 있음.

4. 법률 원칙<small>Rules of Law</small>

인디언 부족 법원 관할권에 대한 판결의 법칙

Oliphant v. Suquamish Indian Tribe (1978): 인디언 부족 법원은 명시적인 의회의 승인 없이는 비원주민에 대한 형사 관할권을 가지지 않는다.

United States v. Lara (2004): 의회는 부족의 고유한 법적 권한을 행사하도록 부족이 비회원 인디언을 기소할 수 있도록 허용할 수 있다.

Bryan v. Itasca County (1976): 의회가 주에 인디언 토지에 대한 민사 관할권을 부여하더라도, 주정부에 인디언 보호구역에 거주하는 인디언을 과세할 권한을 부여하지는 않는다.

Montana v. United States (1981): 인디언 부족은 부족 회원이 아닌 사람들이 소유한 단순 보유의 보호구역에서 비원주민의 어업 및 사냥을 규제할 권한이 없다.

Solem v. Bartlett (1984): 보호구역이 비원주민의 정착지로 개방되더라도 보호구역은 반드시 인디언의 성격을 잃지 않는다.

United States v. Antelope (1977): 인디언이라는 신분으로 인해 연방 형사법에 따라 기소되는 것은 헌법 제5조의 적법 절차 조항을 위반하지 않는다.

관련 법률

Major Crimes Act (MCA) **1885** 및 수정안: 주요 범죄 행위를 규제하며 부족 내에서 발생하는 중범죄에 대해 연방 관할권을 부여한다.

Public Law 280 (PL 280) **1953** 및 수정안: 주에 인디언 예약지에 대한 제한적

인 형사 및 민사 관할권을 부여 한다.

"Duro fix" 1991 인디언 부족이 비회원 인디언을 기소할 수 있도록 부족의 고유한 권한을 확립한다.

"듀로 수정" Duro Fix 1991

"듀로 수정"이라는 용어는 미국 의회가 1990년 대법원 판결 듀로 대 레이나(Duro v. Reina)에 대응하여 취한 수정 입법 조치를 의미한다. 이 사건에서 대법원은 부족 법원이 기소 부족의 구성원이 아닌 인디언을 기소할 권한이 없다고 판결했다. 이 결정은 부족 법원이 비구성원 인디언과 관련된 사건에서 공동체 내의 법과 질서를 유지할 능력을 제한함으로써 사법권의 공백을 초래했다.

듀로 대 레이나 (1990) 판결: 대법원은 부족이 비구성원 인디언에 대한 형사 사법권을 행사할 수 없다고 판결했으며, 이는 다른 부족의 구성원이거나 어느 부족에도 등록되지 않은 개인을 의미한다.

이 듀로 판결에 대응하여 의회는 1991년에 인디언 시민권 법(Indian Civil Rights Act, ICRA)에 대한 수정안을 통해 입법적 수정을 시행했다. 수정안은 부족의 고유 주권 권한이 비구성원 인디언을 포함한 모든 인디언에 대한 형사 사법권을 행사할 수 있음을 명확히 했다. ICRA 수정안은 인디언 부족의 고유 주권 권한에 모든 인디언을 기소할 수 있는 권한이 포함되어 있음을 명확히 하여, 대법원 판결로 인한 사법권 공백을 메웠다. 이 복원된 권한은 부족 영토 내에서 법과 질서를 유지하고 부족 주권을 지키는 데 필수적이었다.

영향: "듀로 수정"은 비구성원 인디언과 관련된 형사 사건을 기소하고 처리할 수 있는 부족 권한을 재확인하여, 부족이 공동체 내에서 효과적으로 통치하고 사법을 집행할 수 있도록 했다. 이 입법 조치는 부족 주권을 지원하고 부족 영토의 통치와 안전에 영향을 미치는 문제를 해결하려는 의회의 의지를 보여주

었다. 요컨대, "듀로 수정"은 대법원이 부족의 사법권에 부과한 중요한 제한을 수정함으로써 부족 법원이 공동체 내에서 법과 질서를 유지하고 사법을 집행할 수 있는 능력을 강화한 것이다.

5. 인디언 토지 구분

인디언 토지는 크게 신탁토지, 제한된 수수료 토지, 수수료 토지 및 할당지로 나눌 수 있다.

신탁 토지Trust Lands

- 가장 일반적인 형태의 인디언 토지형태이다.
- 인디언 국가에서 가장 일반적인 토지 소유 형태다.
- 법적 소유권은 연방 정부가 보유한다.
- 부족 신탁 토지는 공동으로 보유되며, 부족 정부가 BIA(미국 인디언 사무국)의 감독 하에 관리한다.
- 개인도 신탁 토지의 일부를 신탁 할당지로 보유할 수 있다.
- 신탁 토지는 연방 정부의 동의 없이는 양도하거나 판매할 수 없다.
- 이는 신탁 토지를 담보로 사용하는 것을 더 어렵게 만들지만, 신탁 토지에 대한 임대는 대출 보증으로 쉽게 사용된다.
- 임차권 담보 대출은 대출자가 신탁 토지에서 주택과 사업에 투자하는 주요 수단이다.
- 하와이주도 약 200,000에이커의 하와이 원주민 토지를 하와이 원주민을 위한 신탁으로 보유하며 이는 임차권 담보 대출 자격이 있는 주거지로 사용될 수 있다.

제한된 수수료 토지Restricted Fee Lands

- 제한된 토지의 법적 소유권은 부족이나 개인이 보유하지만 BIA의 승인이 없이는 판매하거나 양도할 수 없다.
- 이는 제한된 수수료 토지를 담보로 사용하는 것을 더 어렵게 만들지만 제한된 수수료 토지에 대한 임대는 대출 보증으로 쉽게 사용된다.
- 임차권 담보 대출은 대출자가 제한된 수수료 토지에서 주택과 사업에 투자하는 주요 수단이 된다.
- 이러한 토지는 부족 관할 구역에 있으며 연방법의 보호를 받으며, 일반적으로 주 또는 지방 세금의 적용을 받지 않음.

수수료 토지Fee Lands

- 토지 소유자는 토지의 법적 소유권을 보유한다.
- 수수료 토지는 연방 승인 없이 자유롭게 양도할 수 있으며 따라서 담보로 사용될 수 있다.
- 부족 또는 개인이 소유한 경우 수수료 토지는 부족 관할 구역에 속한다.

할당지Allotted Lands

- 할당지는 개별 부족 구성원이 보유한 개별 구획이다.
- 초기 할당지는 1887년 일반 할당법에 의해 설정되었으며 이 법은 부족 구성원당 약 160에이커의 개별 구획으로 나누었다.
- 120,000개 이상의 할당지 구획이 연방 정부에 의해 개별 인디언 소유자를 위해 신탁 상태로 유지되고 있다.
- 연방 정부는 BIA를 통해 할당지를 관리하며 이는 주로 임대하거나 예를 들어, 통행권, 방목, 채광 및 농업에서 발생하는 로열티를 협상하는 것을 포함한다.

- 임대 수익은 할당 소유자에게 분배하기 위해 연방 신탁 계정에 보관한다.

분할 소유 – 분할 소유권

- 할당지가 유언 없이 소유자가 사망하면 소유권은 모든 상속인 사이에 나뉘지만 토지 자체는 물리적으로 나뉘지 않는다.
- 원래 할당자의 상속인은 할당지에 대한 분할된 이해관계를 보유한다.
- 많은 할당지는 현재 수백 명, 심지어 수천 명의 개별 소유자가 있다.
- 세대별로 세 자녀를 사용한 단순한 분할도 가능하다.

일반 유언 검인 규칙:General probate rules

- 토지 소유자가 사망하면, BIA(미국 인디언 사무국)는 토지를 소유자의 상속인에게 전달하기 위해 유언 검인을 해야 한다.
- 유언이 있는 경우, 토지 소유자는 토지를 비인디언에게 신탁 상태로 상속하는 것을 제외하고는 거의 모든 것을 할 수 있다. 단 비인디언이 직계 후손인 경우는 예외로 한다.
- 유언이 없는 경우, 토지를 소유자의 상속인에게 분할하는 과정이 복잡해짐: 생존 배우자는 "생명 부동산"을 받아 사망할 때까지 토지를 소유하게 되며 이후에는 자녀, 손자, 부모 또는 형제자매에게 상속된다.

2012년 HEARTH 법안

신탁 토지의 임대는 신탁 토지를 판매하거나 담보로 사용할 수 없기 때문에 부족 주택 개발에 중요한 역할을 한다. 인디언 거주지에서 모기지 융자는 일반적으로 임차권에 의해 담보된다. 개별 임대 승인의 지연은 주택 구매자와 대출자 모두에게 큰 불만을 초래한다.

2012년에 부족 토지에 대한 권한을 크게 변경하면서 의회는 책임 있는 부족 주택 소유 촉진 및 진흥 법안(Helping Expedite and Advance Responsible Tribal Homeownership Act, HEARTH)을 통해 장기 임대법을 개정했다. HEARTH 법안 개정은 부족 법률에 따라 부족 신탁 토지를 직접 임대할 수 있는 권한을 인디언 부족에 부여하며 추가적인 내무부 장관의 승인이 필요하지 않다. 이를 통해 부족은 토지 사용 결정에 대한 더 많은 결정권을 행사하고 대규모 주택 소유와 비즈니스 개발에 더 효율적으로 참여할 수 있게 된다.

HEARTH 법안 개정의 통과는 부족 지도자들과 부족 조직들에 의해 다음과 같은 이유로 큰 호응을 받았다.

첫째, 부족이 부족 토지에서 경제 성장과 일자리 창출의 잠재력을 실현할 수 있도록 권한을 부여함.

둘째, 지역사회 개발을 증가시킴.

세째, 부족의 자치권을 강화함.

HEARTH 법안 개정은 부족이 BIA의 최소한의 개입으로 임대 계약을 협상하고 체결할 수 있는 대안적인 토지 임대 과정을 확립하였다. 내용으로는

첫째, 부족이 내무부 장관의 승인을 받은 자체 부족 임대 규정을 채택한 경우, 임대를 발급하는 데 BIA 승인이 더 이상 필요하지 않는다.

둘째, 부족 임대 규정은 최대 75년 동안 주거 목적으로 토지를 임대할 수 있도록 할 수 있다.

세째, 연방 정부가 연방 자금 지원 활동과 관련된 환경 검토 과정을 수행한 경우 부족은 해당 연방 환경 검토를 신뢰할 수 있다.

네째, 승인된 부족 임대 규정에 따라 임대를 발급하는 부족은 발급된 임대의 사본을 BIA에 제공해야 한다.

이로 인해 부족은 각 거래별로 BIA 승인을 받을 필요가 없게 되었다. 더 많은 부족 임대 권한은 주권과 자치권을 강화하며 부족이 토지를 더 효율적으로 개발할 수 있는 능력을 더욱 향상시킨다는 장점이 부각되었다.

6. 미국 독립선언서에 반영된 미원주민

미국 독립 선언서 (1776년 7월 4일)

미국의 13개 연합 식민지 대표자들이 만장일치로 선언함.

인류 사건의 과정에서, 한 민족이 다른 민족과 맺은 정치적 결속을 해체하고, 자연의 법칙과 신의 법칙에 의해 부여된 독립적이고 평등한 지위를 취할 필요가 생길 때, 인류의 의견에 대한 적절한 존중은 그들이 분리되어야 할 이유를 밝히기를 요구합니다.

우리는 다음의 진리를 자명하다고 믿습니다. 모든 인간은 평등하게 태어났으며, 그들은 창조주로부터 양도할 수 없는 권리를 부여받았습니다. 그 중에는 생명, 자유, 행복 추구의 권리가 있습니다. 이러한 권리를 확보하기 위해 정부는 인간들 사이에 설립되며, 그 정당한 권한은 피지배자의 동의로부터 유래합니다. 어떤 정부 형태가 이러한 목적을 파괴하게 되면, 국민은 그 정부를 변경하거나 폐지할 권리가 있으며, 그들의 안전과 행복을 확보할 새로운 정부를 설립할 권리가 있습니다. 실제로, 오랜 기간 동안 설립된 정부는 사소하고 일시적인 이유로 변경되지 않는다는 것이 신중함을 지시합니다. 따라서 모든 경험은, 악행이 견딜 수 있는 한 인간은 그것을 참아왔다는 것을 보여줍니다. 그러나 오랜 기간의 학대와 착취로 인해 절대 전제 정치로 그들을 이끌려는 의도가 명백히 드러날 때, 그들은 그러한 정부를 폐지하고 미래의 안전을 위한 새로운 수호자를 마련하는 것이 그들의 권리이자 의무입니다. 이러한 식민지의 인내심이 바로 그러한 상태에 있으며, 이제 그들이 이전의 정부 체계를 변경해야 하는 필연적인 필요성이 그들을 강요하고 있습니다. 현 영국 국왕의 역사는 반복되는 상처와 착취의 역사이며, 그 모든 목적은 이 주들에 대한 절대 폭정의 확립에 있습니다. 이를 증명하기 위해, 다음의 사실들을 공정한 세상에 제출합니다.

그는 공공선에 가장 필요하고 건전한 법률에 대해 승인하기를 거부했습니다. 그는 긴급하고 중대한 법률을 통과시키는 것을 그의 승인이 있을 때까지 연기시켰고, 그렇게 연기된 후에도 이를 무시했습니다. 그는 대규모 지역 주민들을 위한 다른 법률을 통과시키기를 거부했으며, 그들이 입법부에서 대표권을 포기하지 않으면 안 된다고 요구했습니다. 그는 불편하고 멀리 떨어진 장소에서 입법부를 소집하여, 그들이 그의 조치에 순응하도록 피로하게 만들었습니다. 그는 인민의 권리를 남성답게 저항하는 것을 이유로 반복적으로 대표자회를 해산했습니다. 그는 그러한 해산 후 오랫동안 다른 선거를 실시하지 않았으며, 그 결과 입법권은 소멸될 수 없어 국민 전체에게로 돌아갔으며, 그 동안 국가는 외부의 침입과 내부의 혼란에 노출되었습니다.

그는 이 국가들의 인구 증가를 막기 위해 외국인 귀화를 방해하고, 그들의 이주를 촉진하는 법률을 통과시키기를 거부했으며, 새로운 토지의 할당 조건을 강화했습니다. 그는 사법권을 설립하기 위한 법률에 대해 승인하기를 거부함으로써 정의의 집행을 방해했습니다. 그는 판사들이 그들의 직무 기간과 봉급 금액에 있어서 그의 의지에만 의존하도록 만들었습니다. 그는 많은 새로운 관직을 설치하고, 이곳에 대거의 관리들을 보내어 우리의 국민을 괴롭히고 그들의 재산을 착취하게 했습니다. 그는 우리의 입법부의 동의 없이 평화 시에 상비군을 유지했습니다. 그는 군대를 독립시키고 민간 권력보다 우월하게 만들려 했습니다. 그는 우리의 헌법과 무관하며 우리의 법률에 의해 인정되지 않는 관할권에 우리를 종속시키기 위해 다른 사람들과 결탁했습니다. 그는 대규모의 무장 병력을 우리 사이에 주둔시키기 위해 허락했습니다. 그는 그들이 저지른 살인에 대해 모의 재판을 통해 처벌을 면제했습니다. 그는 우리와 전 세계의 무역을 차단했습니다. 그는 우리의 동의 없이 세금을 부과했습니다. 그는 많은 경우 우리를 배심원 재판의 혜택에서 박탈했습니다. 그는 우리의 동의를 받지 않고 외국으로 보내져 재판을 받게 했습니다. 그는 이웃 주에서 자유로운 영국 법체계를 폐지하고, 그곳에 독재 정부를 세우고, 그 경계를 확대하여 한 번에 이러한 절대적 통치를 이 식민지에 도입할 수 있는 예와 도구로 만들었습니다. 그는 우리의 헌장을 박탈하고, 우리의 가장 소중한 법률을 폐지하며, 우리의 정부 형태를 근본적으로 변경했습니다. 그는 우리의 입법부를 정지시키고, 자신들이 모든 경우에 대해 입법할 권한을 부여받았다고 선언했습니다. 그는 우리를 그의 보호에서 제외하고 전쟁을 선포함으로써 여기에서 정부를 포기했습니다. 그는 우리의 바다를 약탈하고, 우리의 해안을 약탈하며, 우리의 도시를 불태우고, 우리의 국민의 생명을 파괴했습니다. 그는 지금 대규모의 외국 용병 군대를 운송하여 이미 시작된 죽음, 황폐, 폭정의 일을 완성하고 있으며, 가장 야만적인 시대에도 거의 유례없는 잔인함과 배반의 상황으로 문명화된 국가의 수장으로서 전혀 어울리지 않는 일을 하고 있습니다. 그는 고해상에서 포로로 잡힌 우리 동료 시민들을 무기로 사용하게 하여 그들의 친구와 형제들을 처형하게 하거나 스스로 죽음을 맞게 했습니다. 그는 우리 사이에 국내 반란을 일으키고, 우리 국경의 주민들에게 무자비한 인디언 야만인들을 들여오려고 했으며, 그들의 전쟁 규칙은 모든 연령, 성별, 조건을 가리지 않고 파괴하는 것입니다.

이 모든 억압 단계에서 우리는 가장 겸손한 표현으로 구제를 청원했습니다.

우리의 반복된 청원은 반복된 부상으로만 응답되었습니다. 이러한 성격의 군주는 자유로운 국민의 통치자가 될 수 없습니다.

우리는 우리의 영국 형제들에게도 부족함이 없었습니다. 우리는 그들에게 그들의 입법부가 우리에게 부당한 관할권을 확대하려는 시도에 대해 경고했습니다. 우리는 이곳에서 우리의 이민과 정착의 상황을 상기시켰습니다. 우리는 그들의 고유한 정의와 관대함에 호소했으며, 우리의 공동 혈연의 유대로 그들에게 이러한 찬탈을 부인할 것을 호소했습니다. 그러나 그들도 정의와 혈연의 목소리에 귀를 기울이지 않았습니다. 따라서 우리는 분리의 필연성에 순응하고, 그들을 전쟁 중에는 적으로, 평화 시에는 친구로 대할 수밖에 없습니다.

그러므로 우리는 미국의 연합 식민지 대표로서, 세계의 최고 재판관에게 우리의 의도를 호소하며, 이 식민지의 선량한 국민의 이름과 권한으로, 이 연합 식민지가 자유롭고 독립된 국가임을, 그리고 당연히 그래야 한다고 선언하고 발표합니다. 우리는 영국 왕관에 대한 모든 충성을 포기하며, 그들과의 모든 정치적 연결을 완전히 해소합니다. 독립된 국가로서 우리는 전쟁을 벌이고, 평화를 체결하며, 동맹을 맺고, 무역을 설립하며, 독립된 국가가 마땅히 할 수 있는 모든 행동과 일을 할 수 있는 완전한 권한을 가지고 있습니다. 이 선언을 지지하기 위해, 우리는 신의 섭리에 대한 확고한 신뢰를 가지고, 서로에게 우리의 생명, 재산, 신성한 명예를 서약합니다.

미합중국 헌법(The Constitution of the United States of America) 74)

제1조 입법부

제1항 (입법권) 이 헌법에 의하여 부여되는 모든 입법권은 합중국의회에 속하며, 합중국의회는 상원과 하원으로 구성한다.

제2항 (하원)

1. 하원은 각 주(states)의 주민이 2년마다 선출하는 의원으로 구성하며, 각 주의 선거인은 가장 많은 의원을 가진 주의회의 선거인에게 요구되는 자격요건을 구비하여야 한다.

2. 누구든지 연령이 25세에 미달한 자, 합중국 시민으로서 기간이 7년이 되지 아니한 자, 그리고 선거 당시에 선출되는 주의 주민이 아닌 자는 하원의원이 될 수 없다.

3. 하원의원수와 직접세는 연방에 가입하는 각 주의 인구수에 비례하여 각 주에 배정한다. 각 주의 인구수는 연기계약 노무자를 포함한 자유인의 총수에, **과세하지 아니하는 인디언을 제외하고**, 그 밖의 인구총수의 5분의 3을 가산하여 결정한다. 인구수의 산정은 제1회 합중국의회를 개회한 후 3년 이내에 행하며, 그 후는 10년마다 법률이 정하는 바에 따라 행한다. 하원의원 수는 인구 3만 명당 1인의 비율을 초과하지 못한 다. 다만, 각 주는 적어도 1명의 하원의원을 가져야 한다. 위의 인구수의 산정이 있을 때까지 뉴햄프셔주는 3명, 매사추세츠주는 8명, 로드아일랜드주와 프로비던스 식민지(Providence Plantations)는 1명, 코네 티컷주는 5명, 뉴욕주는 6명, 뉴저지주는 4명, 펜실베이니아주는 8명, 델라웨어주는 1명, 메릴랜드주는 6 명, 버지니아주는 10명, 노스 캐롤라이나주는 5명, 사우스 캐롤라이나주는 5명, 그리고 조지아주는

---

74) 미합중국 헌법중에서 미인디언관계조항 발췌

3명의 의원을 각각 선출할 수 있다.

4. 어느 주에서, 그 주에서 선출된 하원의원에 결원이 생겼을 경우에는 그 주의 행정부가 그 결원을 채우기 위한 보궐선거의 명령을 내려야 한다.

5. 하원은 그 의장과 그 밖의 임원을 선임하며, 탄핵권을 독점하여 가진다.(이하 생략)

제1조 제8항 연방의회는 다음의 권한을 가진다.

1. 합중국의 채무를 지불하고, 공동 방위와 일반 복지를 위하여 조세, 관세, 공과금 및 소비세를 부과징수한 다. 다만, 관세, 공과금 및 소비세는 합중국 전역을 통하여 획일적이어야 한다.

2. 합중국의 신용으로 금전을 차입한다.

3. 외국과의, 주 상호간의 그리고 **인디언부족과의 통상을 규제한다.**

4. 시민권 부여에 관한 통일적인 규정과 합중국 전체를 위한 파산에 관한 통일적인 법률을 제정한다.

5. 화폐를 주조하고, 미국 화폐 및 외국 화폐의 가치를 규정하며, 도량형의 기준을 정한다.

6. 합중국의 유가증권 및 통화의 위조에 관한 별칙을 정한다.

7. 우편관서와 우편 도로를 건설한다.

8. 저작자와 발명자에게 그들의 저술과 발명에 대한 독점적인 권리를 일정기간 확보해 줌으로써 과학과 유용한 기술의 발달을 촉진시킨다.

9. 연방대법원 아래에 하급법원을 조직한다.

10. 공해에서 발생한 해적행위와 중죄 그리고 국제법에 위배되는 범죄를 정의하고 이에 대한 벌칙을 정한다.

11. 전쟁을 포고하고, 나포인허장을 수여하고, 지상 및 해상의 포획에 관한 규

칙을 정한다.

12. 육군을 모집, 편성하고 이를 유지한다. 다만, 이 목적을 위한 경비의 지출기
   간은 2년을 초과하지 못한다.

13. 해군을 창설하고 이를 유지한다.

14. 육해군의 통수 및 규제에 관한 규칙을 정한다.

15. 연방 법률을 집행하고, 반란을 진압하고, 침략을 격퇴하기 위하여 민병의
   소집에 관한 규칙을 정한다.

16. 민병대의 편성, 무장 및 훈련에 관한 규칙과 합중국의 군무에 복무하는 자
   들을 다스리는 규칙을 정한다. 다만, 각 주는 민병대의 장교를 임명하고, 연
   방의회가 정한 군율에 따라 민병대를 훈련시키는 권한을 각 각 보유한다.

17. 특정주가 합중국에게 양도하고, 연방의회가 이를 수령함으로써 합중국정
   부 소재지로 되는 지역(10평방 마일을 초과하지 못함)에 대하여는 어떠한 경우를
   막론하고 독점적인 입법권을 행사하며, 요새, 무기고, 조병창, 조선소 및 기
   타 필요한 건물을 세우기 위하여 주의회의 승인을 얻어 구입한 모든 장소에
   대해서 미합중국 헌법 [미국] 미국 469 도 이와 똑같은 권한을 행사한다.

18. 위에 기술한 권한들과, 이 헌법이 합중국 정부 또는 그 부처 또는 그 관리에
   게 부여한 모든 기타 권한을 행사하는데 필요하고 적절한 모든 법률을 제정
   한다.

(이하생략)

에필로그

나의 인디언 사랑

1983년 2월 15일 생물학 박사과정 유학차 뉴욕으로 비행하는 16시간 내내 울다가 눈이 퉁퉁 부어버렸다. 한많은 땅을 뒤로 하고 새 땅을 찾아 가는 것도 아닌데, 왜 그렇게 울었나. 유학 성공에 대한 두려움도, 다시 못 볼 가족들 때문도 아니었다. 아무리 꿈이라지만 내 땅을 두고 떠나야 한다는 사실 자체가 서글펐다.

유학을 끝내고 고국으로 바로 돌아가려던 꿈은 다시 바뀌어 목사가 되었다. 이민자들을 위한 목회는 전통적인 교회생활이 기준이었던 나에게 좌절과 변화란 양면을 가진 동전의 토스로 내 앞에 던져졌다.

공부를 핑계삼아 황량한 마음을 달랠 곳을 찾은 곳이 미시시피였다. 여기서 나는 깊은 상실과 고독의 시간을 겪었다. 의사의 오진으로 인해 간단하게 치료될 수 있었던 병이 평생 불치병이란 라벨을 붙인 고통으로 둔갑했고 병은 반드시 치료가 답이라는 무속적 신앙적 해법과 부딪혀야 했다. 이때부터 난 실패한 목회자가 되었다. 자기 병도 못 고치는 목사. 무슨 큰 문제가 있어 하나님으로부터도 고침을 받지 못하는 장기 환자 목사가 되었다. 이후 주위의 친한 지인들이 하나 둘씩 떠났다.

이런 고독을 안고 찾은 곳이 미시시피 목화밭이었다. 목화밭에 주저 앉아 한없이 서럽게 울었다. 하루 종일 땡볕에서 죽을 고생하면서 목화를 따는 흑인들을 채찍으로 때려가며 생산을 독려하던 농장주들이 그나마 쉬는 휴일 그들에게 깨끗한 옷을 입혀 데리고 간 곳이 교회란다. 주일 날 교회에서 180도 변신하여 인자한 웃음으로 사람들을 대하며 웃던 자신들의 주인들에게 '그렇게 믿지 마세요' 하며 만든 찬양, "신자되기 원합니다.' '나는 참 신자가 되렵니다, 저들처럼 안되기를…' 외로울 때마다 목화밭을 찾아 이들이 부른 이 영가를 나도 따라 불렀다.

> 쇠사슬에 묶여 팔려온 이들,
>
> 살덩이로 삽을 삼아 척박한 땅을 갈아 엎으니
>
> 봄마다 어김없이 피어오르는 그 목화꽃은 마치 그들의 혼처럼,
>
> 땅 위에서 다시 깨어나 고요히, 그러나 영원히 그 자리를 지킨다.

불치병 선언을 받고 캘리포니아로 차를 몰고 오는 동안 여러 인디언 보호구역을 지나게 되었다. 인디언 보호구역이라니? 그들을 왜 가두어 보호해야 한단 말인가? 동물도 아닌 사람이 보호구역에 갇혀 산다는 것이 나를 우울하게 만들었다. 사실 우리 몽골족들이 베링해를 건너 아메리카 대륙으로 건너 왔다는 기원설을 따른다면 그들은 우리의 선조들이다. 그렇다면 나도 인디언이다. 그들의 아들이다. 이런 마음은 미국땅에 오래 발 붙여 살면 살수록 더욱 살갗을 에인다.

사랑하는 딸 조이가 태어났다. 아들 둘에 이어 막둥이로 다운신드롬이란 장애를 가지고 태어났다. 이로 인해 이전에 전혀 경험하지 못했던 세계가 펼쳐졌다. 사람들은 불행의 땅을 밟게 된 것이라고 했지만 나에겐 신비의 땅으로 다가왔다. 나에게 주어진 다운신드롬의 땅은 빅뱅처럼 점점 신비의 세계를 펼쳐 주었다. 다운신드롬 별을 따라 미지의 세계를 향해, 선교사라는 이름으로 세계 곳곳의 장애인들을 만나 그들과 함께 웃고 울었다.

이제 나의 뼈를 묻을 곳을 찾아 안착하고 싶었다. 그곳이 현생 인류가 첫발을 떼었다는 아프리카 땅. 우간다. 거기서 말라리아와 싸움에서 지고 배반의 칼을 맞고 남아공으로 잠시 피신해 회복을 꿈꾸었다. 하지만 세번의 말라리아는 불치의 지병의 몸에 마무리 일격을 가하고 말았다.

남아공 타운쉽(township)에서 난 또 아파르트헤이트(Apartheid)의 구역질나는 부산물을 보았다. 자존의 몸부림을 했다는 이유로 27년간이나 갇혀 있었던 로벤섬 감방에서 넬슨 만델라는 복수의 칼을 갈기 보다는 희망의 촛불을 기어코 꺼뜨리지 않았다. 이 감방 앞에 서서 나는 부활한 예수의 무덤을 보았다. 결국 살아나와 대통령이 된 후 자신들을 못살게 한 백인들과 교회를 단죄해야 한다는 국민들의 극도에 달한 분노의 함성에 맞서 만델라는 보복과 처벌보다는 용서와 화해를 통해 치유와 진전을 이루어야 한다면서 진실과 화해위원회를 만들었다.

코로나 팬데믹은 나를 다시 미국 땅으로 귀환시켰다.

지난 인생을 뒤돌아 보다 보니 내가 밟은 땅들은 모두 역사적인 땅이었다. 사연 없는 땅이야 있겠는가 마는 역사에 씻을 수 없는 오욕을 덮어 쓴 땅을 밟게 된 나의 인생여정은 결코 기구한 운명이 아니라 그 땅에서 들리는 소리를 들을 수 있어 오히려 복되다.

땅은 통곡한다.
땅은 말한다.
그리고 땅은 고발한다.

비록 수많은 사연들을 안고 이름 없이 묻힌 가련한 인생들이라 할지라도
그들이 묻힌 땅은 신성하다.

땅을 빼앗고 되팔며 부를 이루며 거룩을 가장해도 인디언의 숨결은 대지에 스며 사라지지 않는다.

불꽃 지핀 자리마다 노래가 피어나고 바람에 흔들리는 갈대마다 혼이 깃들어 누구도 이 땅에서 그들을 지울 순 없으리.

대지 깊은 곳, 인디언의 혼은 여전히 눈을 뜨고 있다.

나의 심혼이 심심해지려고 하는 지금

나의 인생 여정에 걸쳐 절절이 들은 땅의 호소를

다시 한번 호흡하고 싶어 필을 들었다.

흙에서 나와 흙으로 돌아갈 우리 본래의 모습을 잊고,

이 땅 위에서 온갖 미사여구로 권력과 부를 쌓으며

하나님의 영광을 외치는 화려한 무늬의 종교인들이여,

단 한 번만이라도 귀를 열어 이 땅 깊은 곳에서 울려 나오는

절규의 소리에 귀 기울이시오.

참고문헌

Allen, Paula Gunn. *Studies in American Indian Literature: Critical Essays and Course Designs*. New York: Modern Language Association, 1983.

American Indian Literatures. Albuquerque: University of New Mexico Press, 1989.

Axtell, James. *After Columbus: Essays in the Ethnohistory of Colonial North America*. New York: Oxford University Press, 1985.

Brumble, David H., III. *American Indian Autobiography*. Berkeley: University of California Press, 1988.

Calloway, Colin G. *First Peoples: A Documentary Survey of American Indian History*. 5th ed. Boston: Bedford / St. Martin's, 2016.

—————, *New Worlds for All: Indians, Europeans, and the Remaking of Early America*. Baltimore: Johns Hopkins U P, 1997.

Canby, William C. *American Indian Law in a Nutshell*. Seventh edition. West Academic Publishing, 2020.

Carr, Helen. *Inventing the American Primitive: Politics, Gender, and the Representation of Native American Literary Traditions, 1789–1936*. New York: New York University Press, 1996.

Charles M. Segal; David C. Stineback. *Puritans, Indians, and Manifest Destiny*. 1977.

Cohen, Fay G., and Jeanne Hueving. *Tribal Sovereignty: Indian Tribes in U.S. History*. Seattle: Daybreak Star, 1991.

Crawford, Suzanne J., and Dennis F. Kelley. *American Indian Religious Traditions: An Encyclopedia*. 3 vols. Oxford: ABC–CLIO Publishing, 2005.

Deloria, Philip. *Indians in Unexpected Places* (Cultureamerica). Lawrence: U P of Kansas, 2004.

—————, *Playing Indian*. New Haven: Yale U P, 1999.

Deloria, Vine Jr., and Clifford M. Lytle. *American Indians, American Justice*. Austin: University of Texas Press, 1983.

Deloria, Vine, and David Wilkins. *Tribes, Treaties, and Constitutional Tribulations*. Austin:

University of Texas Press, 1999.

Derounian–Stodola, Kathryn Zabelle, and James Arthur Levernier. *The Indian Captivity Narrative: 1550–1900*. New York: Twayne, 1993.

Dippie, Brian W. *The Vanishing American: White Attitudes and U.S.* Indian Policy. Lawrence: University Press of Kansas, 1982.

Drinno, Richard. *Facing West: The Metaphysics of Indian–Hating and Empire–Building.*

Dunbar–Ortiz, Roxanne. *An Indigenous Peoples' History of the United States*. Boston: Beacon, 2014.

Echo–Hawk, Walter R. *In the Courts of the Conqueror: The 10 Worst Indian Law Cases Ever Decided*. Fulcrum Pub., 2010.

Estes, Nick. *Our History Is the Future: Standing Rock Versus the Dakota Access Pipeline, and the Long Tradition of Indigenous Resistance*. Haymarket Books, 2019.

Goldberg, Carole E., et al. *Indian Law Stories*. Foundation Press/Thomson Reuters, 2011.

Gridley, Marion E. *American Indian Tribes*. New York: Dodd, Mead, and Co., 1974.

Hafen, P. Jane. *Indigenous Peoples and Place*. Malden, MA: Blackwell, 2003.

Handbook of North American Indians. Washington, DC: Smithsonian Institute, 1978.

Jakoski, Helen, ed. *Early Native American Writing: New Critical Essays*. New York: Cambridge University Press, 1996.

Jara, Rene, and Nicholas Spadaccini, eds. *Amerindian Images and the Legacy of Columbus*. Minneapolis: University of Minnesota Press, 1992.

Jehlen, Myra. *American Incarnation: The Individual, The Nation, and The Continent*. Cambridge, MA: Harvard University Press, 1986.

Jennings, Francis. *The Invasion of America: Indians, Colonialism, and the Cant of Conquest. 1975*. New York: W. W. Norton, 1976.

Johnson, Troy, ed. *Contemporary Native American Political Issues*. Walnut Creek: Alta Mira Press, 1999.

Kelly, Lawrence E. *Federal Indian Policy*. New York: Chelsea House, 1990.

Kimmerer, Robin Wall. *Braiding Sweetgrass*. Milkweed Editions, 2013.

Krupat, Arnold. *Ethnocriticism: Ethnography, History, Literature*. Berkeley: U of California P, 1992.

–––––. *For Those Who Come After: A Study of Native American Autobiography*. Berkeley: University of California Press, 1985.

Lincoln, Kenneth. *Indi'n Humor: Bicultural Play in Native America*. New York: Oxford University Press, 1993.

Miller, Robert. *Native America, Discovered and Conquered*. 2006.

Murray, David. *Forked Tongues: Speech, Writing, and Representation in North American Indian Texts*. Bloomington: Indiana University Press, 1991.

Nauta, Laura. *Native Americans: a Resource Guide*. Beltsville: U.S. Department of Agriculture, 1992.

Neihardt, John G. *The Sixth Grandfather*. University of Nebraska Press, 1985.

Owens, Louis. *Mixedblood Messages: Literature, Film, Family, Place*. Norman, OK: U of Oklahoma P, 1998.

Pulitano, Elvira. *Toward a Native American Critical Theory*. Lincoln, NE: U of Nebraska P, 2003.

Scheckel, Susan. *The Insistence of the Indian: Race and Nationalism in Nineteenth-Century American Culture*. Princeton: Princeton U P, 1998.

Sheehan, Bernard. *Seeds of Extinction: Jeffersonian Philanthropy and the American Indian*. [1973] New York: W. W. Norton, 1974.

Silverman, Kenneth. *A Cultural History of the American Revolution*. New York: Thomas Y. Crowell, 1976.

Stensland, Anna. *Literature By and About the American Indian: An Annotated Bibliography*. Urbana: NCTE, 1979.

Swann, Brian, and Arnold Krupat, eds. *Recovering the World: Essays on Native American Literature*. Berkeley: University of California Press, 1987.

Swann, Brian, ed. *Smoothing the Ground: Essays on Native American Oral Literature*. Berkeley: University of California Press, 1983.

Vecsey, Christopher. *Imagine Ourselves Richly: Mythic Narratives of North American Indians*. New York: Harper San Francisco, 1991.

Walker, Cheryl. *Indian Nation: Native American Literature and Nineteenth-Century Nationalisms*. 1997.

Warrior, Robert Allen. *Tribal Secrets: Recovering American Indian Intellectual Traditions*. Minneapolis: University of Minnesota Press, 1995.

Weaver, Jace. *Other Words: American Indian Literature, Law, and Culture*. Norman: U P of Oklahoma, 2001.

Wilkins, David E. *American Indian Politics and the American Political System*. Lanham: Rowman & Littlefield Publishers, Inc., 2002.